»Eine seltsame Verdoppelung: Das Leben in der
russischen Sprache und in der deutschen Sprache
und ist die gleichzeitige Präsenz in zwei
chiedenen Dimensionen, die zwar voneinander
en und miteinander kommunizieren können,
ber in einigen Bereichen durch eine undurchlässige
Wand voneinander getrennt sind. Und jetzt: Das
Leben, das ich ohne Oleg weiterlebe, und das andere
Leben, das bereits zu einer Angelegenheit der
Archivierung und des Kommentierens geworden ist.
Sind aus zwei Dimensionen vier geworden?«

S. FISCHER

OLGA MARTYNOVA

GESPRÄCH
ÜBER
DIE
TRAUER

S. FISCHER

Erschienen bei S. FISCHER

© 2023 S. Fischer Verlag GmbH,
Hedderichstr. 114, D-60596 Frankfurt am Main

Satz: Fotosatz Amann, Memmingen
Druck und Bindung: GGP Media GmbH, Pößneck
Printed in Germany
ISBN 978-3-10-397519-2

Für O. J.

3. August

Angesichts des Todes: Abwesenheit der Gegenwart. Gleichzeitiger Lauf der Vergangenheit und der Zukunft. Dazwischen ein Vakuumkorridor. Eine temporale Anomalie einer Grenzerfahrung.

Vielleicht erlaubt diese Abwesenheit der Gegenwart, den unerträglichen Schmerz zu ertragen. Wozu nur?

Später überfährt dich die Gegenwart wie eine Lokomotive.

Bis der Trost eintritt, schimmert noch Hoffnung.

Die Wunde ist heiß, offen, sie riecht nach seidenem Blut. Die Narbe ist kalt, geschlossen und hässlich.

Später wird das Leben durch die Poren der Zeit hineinsickern und mit seinem Gestank den sterilen Raum ohne Gegenwart mit Gegenwart füllen. Die Aggression der Gegenwart.

Das Leben steht still, bis die Wunde sich schließt.

Dann beginnt es sich zu bewegen.

Das Leben mit einem Henkergesicht.

11. August

Die am meisten unerwiderte Liebe ist die Liebe zu einem Gestorbenen.

12. August

Der dritte Tag in Edenkoben. Edenkobener Tal. Weinberge. Pfälzer Wald. Viel Himmel. Hier ist Olegs Präsenz noch stärker als in Frankfurt. Als würde er auf uns in »unserem« Zimmer des *Herrenhauses* warten, wenn Daniel und ich in den Weinbergen unterwegs sind.

Die Dankbarkeit an Barbara und Konrad Stahl, die uns eingeladen haben, hier den August zu verbringen.

13. August

Gleich am Morgen: Jetzt würden wir Vorhänge aufschieben, den über den Weinbergen stehenden Regen sehen, uns freuen, dass es kühler geworden ist.

Später: Jetzt würden wir Kaffee trinken.

Das Denken geht nur in solchen einfachen Schritten.

Das übrige Denken wird blockiert. Aber ich schreibe einen versprochenen kleinen Text, ich will allen zugesagten Verpflichtungen nachkommen. »Keinen einzigen Tag begann ich ohne ein gewisses Staunen, wie ein Mensch noch weiterlebt, wenn ihm das Herz herausgerissen und der Kopf abgehackt wurde«, schrieb Fjodor Tjutschew zwei Jahre nach dem Tod seiner Geliebten. Das fiel mir heute ein.

Nach dem Regen: Die Luft widerstrebt dem Atmen nicht mehr. Wir würden in die Weinberge gehen (wir wären gegangen …).

14. August

Aus einem Brief von Jelena Schwarz von 1999 (damals habe ich dem nicht die gebührende Bedeutung beimessen können, aber jetzt): »Das Schlimmste ist, dass alles zum Gegenstand der Kunst wird. Selbst das, was auf keinen Fall dazu werden kann.« Es geht um die Gedichte, die sie nach dem Tod ihrer Mutter geschrieben hat.

Die Mutter war für Lena der wichtigste Mensch ihres Lebens (danach kam ihr erster Mann, danach der Pudel Jascha. In den letzten Jahren der Japan-Chin Haiku. Ich denke, nächste Freunde waren in dieser Reihe irgendwo zwischen Jascha und Haiku).

15. August
Die anfängliche Betäubung aller Gefühle lässt manchmal nach. Wie bei einer unerwartet lange dauernden Zahnbehandlung, wenn der Schmerz durch die Anästhesie munter durchdringt. Was bedeutet »Schmerz«, wenn er nicht körperlich ist?

Novalis: »Im höchsten Schmerz tritt zuweilen eine Paralysis der Empfindsamkeit ein. Die Seele zersetzt sich. Daher der tödtliche Frost, die freye Denkkraft, der schmetternde unaufhörliche Witz dieser Art von Verzweiflung. Keine Neigung ist mehr vorhanden; der Mensch steht wie eine verderbliche Macht allein. Unverbunden mit der übrigen Welt verzehrt er sich allmählig selbst, und ist seinem Princip nach Misanthrop und Misotheos.«

Der Schmerz und die Erstarrung (»Paralysis der Empfindsamkeit«) – im Wechselspiel. Präzise dosiert, dass man gerade noch am Leben bleibt.

16. August

Heute kann ich kaum aus dem Bett. Es ist schon Abend. Ich versuche, wenigstens ein paar E-Mails zu beantworten.

Die paradiesische Landschaft von Edenkoben.

Als wäre in der labyrinthischen Unendlichkeit der Weinberge ein Teil von uns stecken geblieben (als wäre? »Unsere Schatten sind auf dem Pfad von dem Mond umgerissen.«):

OLEG JURJEW: *Über Weingärten* [Auszug]

Weingärten sind die perfidesten aller Labyrinthe: Kaum Biegungen und Blind-Enden, lediglich falsche Ein- und Ausgänge haben sie, aus welchem Grund es nahezu unmöglich ist, in das Zentrum des Labyrinths zu gelangen. Und wenn zufällig doch, dann ist es völlig unmöglich, zurück zu finden, zumindest nicht, wie du davor warst. [...]

Nachts geht in die Weingärten gar niemand. [...] Nur wir gehen hier spazieren am Labyrinthsperimeter, der überall ist, entlang – an den falschen Ein- und Ausgängen vorbei. Unsere Sandalen tappen leise, wir schauen über uns empor – in den Himmel, wo der Wein sich spiegelt als Sterne.

Unsere Schatten sind auf dem Pfad von dem Mond umgerissen. Der Mond ist feucht und mulmig und strahlend. [...]

Blickst du zufällig querdurch – durch einen falschen Ein- oder Ausgang: da ist weit vorn ein dumpfes flimmriges Licht. Kann sein, dass das Nachbardorf hindurchleuchtet, kann auch sein, dass da das Labyrinthzentrum leuchtet, das nirgendwo ist.

Die Toten und ihre Trauernden kommen ins Zentrum des Labyrinths, das nirgendwo ist.

17. August
Olegs russischer Verlag macht ein Buch mit den letzten, nicht veröffentlichten Gedichten. Beim Korrekturlesen misstraue ich meinen Kräften und der Konzentration.

18. August
Das Buch wird gut aussehen: Schrift, Satzspiegel, Umschlag. Das posthume Buch. Obwohl ich keine Minute an etwas anderes denken kann, irritiert mich jede Handlung, die mit Olegs Tod verbunden ist, zum Beispiel den Ordner »Nachlass« zu öffnen, und versetzt mich in einen apathischen Zustand, in dem ich zu nichts fähig bin, dessen ich mich schäme.

Aus diesem Buch:

OLEG JURJEW

Ich schäme mich zu sterben – vor dir.
Bereits sind deine Augen, die Stirn, als sähe ich
Von einem Flussgrund durch Wasserschichten,
                        fließend-leuchtend.
Und einen Dunst um dich – meine Scham deines
                             Kummers.

So lange haben du und ich Wange an Wange gelebt,
Dass ich schlichtweg vergaß, dass ich nunmehr
dein Schicksal war,
Ich weiß erst jetzt, was dieses Schicksal ist,
Und was die Schwärze ist um deine Augen, deine
Stirn.

(13.04.2011)
Übersetzt von Olga Martynova

19. August
Wieder so ein Tag: Ich stehe spät auf, gehe früh ins Bett, schlafe meistens auch tagsüber, höre Requiems: Mozart, Ligeti.

20. August
Meine Korrekturfahnen für »Sprache im technischen Zeitalter« wird dankenswerterweise die Redaktion lesen. Ich habe das nicht geschafft.

22. August
Adrian La Salvia plant in seiner Übersetzer-Werkstatt (beim Erlanger Poetenfest) eine Gedenkstunde für Oleg ein.

25. August, Erlangen
Einmal haben Oleg, Elke Erb und ich hier über die Übersetzung russischer Gedichte gesprochen. Als hätte ich darüber bloß irgendwo gelesen. Die Erinnerungen kommen durch die »Paralysis der Empfindsamkeit« nicht durch.

26. August

Novalis wollte seiner Sophie nachsterben und starb nach. Er wollte das über Jahre hinweg, sogar über eine andere Verlobung hinweg. Er hat den Selbstmord in Erwägung gezogen, wurde aber durch den natürlichen Tod daran gehindert. Eine glückliche Fügung. (Brecht: »*Glücklicher Vorgang. Das Kind kommt gelaufen. Mutter, binde mir die Schürze! Die Schürze wird gebunden.*«)

27. August

Das Bedürfnis zu wissen, wie andere Trauernde damit umgehen, was man nicht umgehen kann.

Ein Grund, warum ich beschloss, all das niederzuschreiben.

Augusta Laar schreibt mir mit mutiger Offenheit über ihren Verlust, der 20 Jahre zurückliegt.

29. August

30. August

Jede Handlung, die eine bestimmte Fertigkeit vorausgesetzt hat, zum Beispiel heute eine Annonce für die Gedenkabende in Petersburg zu schreiben, und die als getane Arbeit eine Genugtuung hätte bringen sollen, führt in die Leere, wo der Schmerz in freudiger Erwartung aufschaut (ich will das Wort vermeiden, finde kein anderes).

6. September, Novi Sad

Erste neue (zu einem Ort, wo wir zusammen nicht gewesen sind) Reise. Es gibt Albträume, die nicht wegen ihres Inhalts als solche wahrgenommen werden, sondern wegen des Aufwachens: Der Traum war ganz alltäglich, nur erwacht man im verschwitzten Nachthemd, und die Haare am Kopf bewegen sich wie Meeresalgen.

7. September, Novi Sad
Gleich beginnt eine Abendveranstaltung. Verica Tričković und ich haben ausgemacht, dass wir mit einem Gedicht von Oleg beginnen (auf Russisch und auf Serbisch).

10. September, Belgrad
Ich checke bei jeder Wi-Fi-Gelegenheit zwanghaft meine E-Mails, als würde ich glauben, Oleg würde mir eine Nachricht schreiben. Und ich ihm antworten.

Via Wi-Fi ins Nichts:

Der Košava. So heißt der Wind hier.

Überall Popcorn. Serben meinen wohl, im Kino zu leben. In einem Film und als Zuschauer zugleich.

Buchläden (Ivo Andrić) und Restaurants (Vuk Karadžić) werden nach Schriftstellern benannt.

Im Osten Europas haben ältere Herren immer noch keine Hemmungen, Frauen paternalistisch an den Schultern und nackten Armen zu berühren, selbstbewusst und selbstverliebt.

14. September, wieder Frankfurt
Eine Zeile aus einem Gedicht von Oleg: »Ich erinnere mein Leben als wir.« (1983)

Als hätte Oleg *damals* das für *mich jetzt* geschrieben.

Nur kann ich mich an »damals« nicht erinnern. Ich erinnere mich nur an die Zeit von der Diagnose bis zum Tod.

Ein Freund sagte, nach dem Tod seines Vaters habe er sich ein Jahr lang nur an dessen Krankheit erinnern können.

15. September

Am Abend am Main. Ein langsamer Schwan im Wasser. Man trifft selten einen Schwan, der allein ist. Seine weißen Federn können vermutlich den Schmutz abweisen. Aber nur bis zu einem gewissen Grad: Sein Hals, den er immer wieder zum Fischen ins Wasser eintaucht, ist dunkelgrau.

Orpheus bei Platon wollte als Schwan wiedergeboren werden: Wegen der Mänaden, die ihn zerrissen haben, ekelte es ihn vor Frauen, und er wollte aus einem Ei schlüpfen. Dachte er nicht mehr an Eurydike?

16. September

Daniels Geburtstag. Daniel schreibt an dem Nachwort zu Wsewolod Petrows Erzählungen. Eines der Projekte, die wir zu dritt begonnen haben.

Später gehen wir ins English Theatre: »The Lion in Winter« von James Goldman.

20. September

Ich versuche, mir vorzustellen, was Oleg jetzt machen würde, wäre ich gestorben, nicht er. Wie er aufstehen würde, Tee trinken, seine Medizin nehmen, den Computer einschalten. Unbewusst warten, dass sich etwas ereignet, das eine Verbindung zu mir herstellen würde, eine E-Mail, eine SMS, ein Anruf, ein Hauch Wind. Wie er mit großer Mühe und gegen

Unwillen alles erledigen würde, was zu erledigen ist, und dann: eine Enttäuschung, dass er diese Leistung nicht mit mir teilen kann. Freilich ist das eine lächerliche Leistung eines Trauernden, Kraft für die einfachsten Dinge des Alltags zu finden.

21.–22. September

Gedenkabend für Gregor Laschen in Utrecht. Er ist einen Monat vor Oleg gestorben. Gregors Familie und Dichterfreunde, auch Kollegen aus dem akademischen Leben.

Jemand hat aus Versehen einen Sekt auf meinen Rucksack gekippt. Am meisten hat mein Novalis gelitten, die »Hymnen an die Nacht«. Das Buch, das alle natürlichen Sinne verneint, wurde mit von Gefühlen sprudelndem Wein übergossen. »Endet nie des Irdischen Gewalt?«, hätte das Buch empört fragen können.

Wenn ich in Gesellschaft bin, beginnt »des Irdischen Gewalt«. Was mich von meiner Trauer ablenkt, ist störend.

Weil mir Novalis so nah ist, scheint mir manchmal, dass Oleg ein Kind ist, wie Sophie es war. Schutzlos und schutzbedürftig.

»Nah« ist natürlich übertrieben und überhaupt falsch. Novalis befand sich noch *vor* dem Leben (wenn auch er fast nichts mehr vor sich hatte); und ich befinde mich *nach* dem Leben (egal wie lange noch).

5. Oktober

Daniel und ich sind aus Petersburg zurück. Gedenkabende im Achmatowa-Museum und im Theater von Danila Korogodsky. Aus Korogodskys Wohnung, wo wir danach bis tief in die Nacht saßen, sieht man den Fluss Fontanka und sein Prachtufer mit den Häusern aus dem 18. und 19. Jahrhundert. Es gibt Städte, deren gesamte Erzählung darum kreist, dass sie ans Jenseits grenzen. Jede Petersburger Sommernacht lässt die Trennwände zittern. Hat Orpheus im Averno-See die gespiegelten Lichter einer Petersburger Straßenbahn gesehen?

Nach Jelena Schwarz' Tod bat eine Zeitschrift Oleg oder mich um eine Rezension ihrer letzten Gedichte. Wir haben sie in Gesprächsform geschrieben. Und noch einmal die schnelle Zeit ihres Sterbens miterlebt.

»[…] Oleg: ›… dieses Buch ist nicht nur eine kleine Sammlung großer Gedichte, es ist ein Fenster in den Tod. Oder sogar so: ein Fenster in ein Fenster in den Tod. Ein Fenster, in dem es noch ein Fenster gibt, erst dieses ist in den Tod geöffnet. Am ersten Fenster sitzt der Dichter und schaut mal dorthin, mal zurück, ins vergangene Leben – das bereits vergangene. Deshalb ist für mich das Schlüsselgedicht des Buches ›Erinnerung an Intensivstation mit der Aussicht auf Newas Wasser‹. Durch das Krankenzimmerfenster wird der Dichter in den Tod-Newa hineingezogen.‹

Ich: ›Also kann man sich Petersburg nicht entziehen. Es wartet auf einen jeden – jenseits.‹ […]«

Wir waren auch in Pawlowsk, der Sommerresidenz des Zaren Pawel I. Unser verrückter Zar ließ aus freimaurerischen Gründen einen schottischen freimaurerischen Architekten die Parklandschaft in Pawlowsk nach Himmelskarten planen. Seitdem spiegeln sie einander, der Himmel und der Pawlowsker Park.

6. Oktober

Alexander Block sagte angeblich über Achmatowa, sie schreibe so, als täte sie dies unter der Beobachtung eines Mannes, während man so schreiben solle, als stünde man vor Gottes Augen. Ich habe 37 Jahre alles in der Erwartung gemacht, es mit Oleg zu teilen. Und jetzt ...

Blocks Bemerkung sieht misogyn aus, ist es aber nicht. Misogyn wäre, von ihr nicht zu verlangen, dass sie zum Gottesnarren würde.

12. Oktober

Ich versuche, für »NLO« (Neue literarische Rundschau, Moskau) den versprochenen Text zur geplanten Publikation in Olegs Andenken zu schreiben, »mit herausgerissenem Herz und abgehacktem Kopf«.

19. Oktober

Nach dem Tod meines Vaters habe ich lange getrauert. Das war (und ist an manchen Tagen, ganz verschwinden kann Trauer nicht) eben eine starke Trauer, kein Verlust, der mein weiteres Leben bestimmt und das eigentliche Ende meines Lebens ist. Ich glaube, Oleg hat so einen existenziellen Verlust nicht erlebt. Wäre ich als Erste gestorben, hätte ich das auch nicht. Das gehört nicht zwangsläufig zu jedem Leben. Interessanterweise.

21. Oktober

Menschen, die wissen, was so ein Verlust bedeutet, verstehen einander und erkennen einander. Und erkennen einander an.

Augusta Laar. Als würde sie mich laufen lehren, mir sagen, hier kannst du einen Schritt machen, der Boden wird halten.

24. Oktober
Meine heiß geliebte Vergangenheit.

»Amata nobis quantum amabitur nulla!«, aus einer Erzählung von Iwan Bunin.

27. Oktober
Kurz nachdem wir uns kennengelernt hatten, Anfang der 1980er Jahre, hat Oleg eine Geschichte über Joseph Brodsky erzählt, der bereits seit zehn Jahren in den USA lebte (solche Anekdoten waren eine verbreitete folkloristische Gattung unter jungen Autoren in Leningrad). Eine der Moden und Freiheiten der für uns damals, in der späten Phase der sowjetischen Stagnation, schon legendären 60er Jahre waren »Poetenturniere«: Jeder, der wollte, las Gedichte (in einem Café) und alle Anwesenden kürten den »König der Dichter«. Bei einem solchen »Turnier« soll Brodsky auf die Bühne gestiegen sein und hastig, mit seinen vielen Sprachfehlern die Hälfte der Laute nicht aussprechen könnend, gerufen haben: »Was macht ihr!? Das ist doch Profanierung der Poesie!«

An diese »Profanierung der Poesie« dachte ich, als ich keine Herbstlesungen abgesagt hatte. Ich wusste nicht, was ich lesen könnte, ohne das Gefühl zu bekommen, das sei ein Verrat nicht nur an der Trauer, sondern auch an den Gedichten, bloß eine mechanische Wiedergabe.

Ich habe am Ende eine Mischung aus deutschen und russischen Texten zusammengestellt und gesagt, dass ich nach

Olegs Tod keine Gedichte auf Russisch schreiben kann (kann ich überhaupt schreiben? Auch die deutschen Gedichte wurden *vor* Olegs Tod geschrieben).

Und danach gedacht:

Ich stehe auf der Bühne und performe Schmerz-Stand-up.

Als würde ich meine Trauer verkaufen. Würde ich das nicht tun, wäre es, als hätte ich Oleg und mich verraten.

Das hat keine Lösung. Wie auch das Fehlen eines Menschen keine Lösung hat.

Aus Olegs Notizbüchern: »Die Verwandlung in eine literarische Figur ist die Berufskrankheit der Schriftsteller. Im Laufe der Zeit beginnt der Schriftsteller, sein eigenes Leben als Literatur zu betrachten – dieses oder jenes Genres, dieser oder jener Qualität, je nachdem; er verliert langsam das Volumen und verwandelt sich in eine literarische Figur.«

28. Oktober
Florenz-Ausstellung in der Alten Pinakothek. Ich hätte das lieber sein lassen sollen. Die Bilder sind fade geworden. Als wäre einem der Geruchs- oder Geschmackssinn abhandengekommen.

29. Oktober

1. November
Heute Morgen – eine Erinnerung an unsere Schiffsreise nach Amsterdam. Wir schauten nachts durch die Glaswand auf das langsame Wasser, die Wiesen mit den knietief im Nebel

weidenden Kühen. Oleg, dem es nicht gut ging, wie so oft in den letzten Jahren, sprach mit zärtlicher Dankbarkeit über diese schemenhafte Schönheit der Welt.

3. November

3. November 2018–2022
… die zusammenleben im Gedächtnis …

»A Grief Observed« (in der deutschen Übersetzung »Über die Trauer«, ich würde das vielleicht als »Untersuchung der Trauer« übersetzen), das Clive Staples Lewis nach dem Tod seiner Frau schrieb, ist im englischsprachigen Raum eine Bibel der Trauernden. (In Deutschland ist er hauptsächlich durch seine Kinderbücher »Die Chroniken von Narnia« bekannt.)
Lewis registriert, wie sein Glaube dem Verlust weicht. Ob des qualvollen Todes seiner Frau ist er bereit, in Gott einen verrückten Sadisten zu sehen (wie Hiob? Aus der Sicht des Glaubens ist das immer noch besser, als Gott zu streichen).

Es gibt Menschen, die ihren Glauben trotz des Wissens um die unlösbare Unvollkommenheit der Welt bewahren. Ihr Glaube ist nicht jungfräulich, sie sind nicht getäuscht wie Buddha Gautama, bevor er einen Bettler, einen Kranken und einen Toten gesehen hat, aber sie reden sich irgendetwas ein. Und wenn der einzige Mensch, der für sie wirklich zählt, stirbt oder leidet, durchbricht das die solipsistische Schale.

Die anderen hingegen beginnen erst dann zu glauben. Auch hier wird die solipsistische Schale durchbrochen.

Die Trauer gibt mit einer unwiderlegbaren Schärfe zu spüren, dass es etwas außerhalb des eigenen Bewusstseins gibt, sie ist nicht nur eine offene Wunde, sie ist eine offene Frage über die Grenzen der wahrnehmbaren Welt hinaus.

In der akuten Trauer sind Materialisten und religiöse Menschen gleich verunsichert. Die einen *zwingen* sich zum Weiternichtglauben, die anderen zum Weiterglauben. Die meisten gewinnen mit der Zeit ihr Weltbild zurück. Beide in entgegensetzte Richtungen laufenden Impulse treffen sich im Nichts, was natürlich ein Pseudonym Gottes ist. Die Frage des Glaubens stellt sich von selbst im Zusammenhang mit der Trauer, auch den Atheisten, auch wenn die Antwort weiterhin »nein« lautet.

Joan Didion in »Das Jahr magischen Denkens« (dem Buch über die Trauer um ihren Mann): Sie habe daran, womit sie in der katholischen Umgebung aufgewachsen sei, an die Auferstehung von den Toten, nicht geglaubt und dies für eine klare Denkweise gehalten. Im Trauerzustand sieht sie in ihrem Unglauben eine nur noch stärkere Verwirrung.

Julian Barnes in »Lebensstufen« (einem Trauerbuch, geschrieben nach dem Tod seiner Frau): »Als wir Gott getötet – oder verbannt – haben, haben wir auch uns selbst getötet. […] Natürlich war es richtig […]. Aber wir haben den Ast abgesägt, auf dem wir saßen.«

Barnes hat sein Buch über die erste Trauerzeit hinaus und über Jahre geschrieben, was es von vielen anderen Trauerzeugnissen unterscheidet. Die Wörter »Schmerz« (»pain«) und »Leid« (»grief«) werden dadurch nicht weniger unvermeidbar. Der deutsche Übersetzer hat »grief« als »Leid« wiedergegeben. Mit »Trauer« gibt er das Wort »mourning« wieder. Barnes fragt sich nach dem Unterschied zwischen »grief« und »mourning«: »Man kann versuchsweise sagen, Leid ist ein Zustand und Trauer ein Prozess, aber beides muss sich zwangsläufig überschneiden. Nimmt der Zustand ab? Schreitet der Prozess voran? Woran erkennt man das?«

Joan Didion versucht »grief« und »mourning« (in der deutschen Übersetzung ebenso »Leid« und »Trauer«) in ähnlicher Weise voneinander zu trennen. »Leid« sei passiv, das, was geschieht. »Trauer« sei »Auseinandersetzung mit Leid«. Die »Trauer« nach dem Tod ihrer Eltern war ein Einschnitt im Leben, aber der Lauf des Lebens wurde bei allem Schmerz nicht aufgehoben. Das »Leid« nach dem Tod ihres Mannes änderte alles (»Das Leben ändert sich schnell. Das Leben ändert sich in einem Augenblick. […] das Leben, das man kennt, hört auf« – so beginnt ihr Trauerbuch).

Allerdings kann das unterschiedlich sein, wessen Tod »Trauer« und wessen Tod »Leid« auslöst (die Unzulänglichkeit dieser Wörter …). Bei Roland Barthes war der Tod seiner Mutter ein existenzieller, den Lauf des weiteren Lebens bestimmender Verlust.
Barthes denkt an Marcel Proust und dessen Trauer um die Mutter: »Proust spricht von *Kummer*, nicht von *Trauer*

(neuer psychoanalytischer Ausdruck, der die Dinge verzerrt).«

Auf Französisch sind das »deuil« (»Trauer«) / »chagrin« (»Kummer«). Das entspricht wohl den englischen »mourning« und »grief«. Barthes' datierte Notizen auf einzelnen Papierblättern wurden posthum verlegt. Die Herausgeber betitelten sie »Journal de deuil« (»Tagebuch der Trauer«), obwohl Barthes eben dieses Wort als Dinge verzerrend bezeichnet. Eine Notiz lautet: »Nicht von *Trauer* sprechen, das ist zu psychoanalytisch. Ich habe Kummer.«

Alles, was nicht rechtzeitig vernichtet wird, wird zu Freiwild für die Herausgeber. Wenn ich in der Nacht Atemnot bekomme, denke ich mit Bedauern, dass ich nicht alles gelöscht habe, was ich keinem zeigen will, auch der Nachwelt nicht, und verspreche mir, mich darum zu kümmern. Aus Kraftmangel bleibt das unerledigt.

Freuds »Trauer und Melancholie« heißt auf Englisch »Mourning and Melancholia«, aber für die Freud'sche »Trauerarbeit« wird abwechselnd »grief work« und »mourning work« verwendet.

Ich ziehe das Wort »Trauer« allen anderen vor, weil es den Ausnahmezustand der menschlichen Psyche schlicht benennt, ohne zu unbefriedigend unpräzisen Wörtern wie »Schmerz« oder »Verzweiflung« oder »Leid« zu greifen. Der Mensch wird von der Trauer genauso ergriffen wie von der Verliebtheit. Die Trauer ist ein anderer Aggregatzustand des Menschen. Die Wirklichkeit beginnt zu zittern, die festen Oberflächen scheinen sich aufzulösen, nichts ist mehr so sicher.

Der Gedanke an Selbstmord soll gedacht werden, er ist ein natürlicher Bestandteil der Trauer, ist nicht affektiert, was Außenstehenden schwer zu vermitteln ist. Barnes: »Es hat eine Weile gedauert, aber ich erinnere mich an den Moment – besser gesagt, das plötzlich auftauchende Argument –, mit dem es weniger wahrscheinlich wurde, dass ich mich umbringen würde. Sofern sie überhaupt lebendig war, sagte ich mir, dann war sie in meiner Erinnerung lebendig. […] Sie würde ein zweites Mal sterben, meine leuchtenden Erinnerungen an sie würden verblassen, während das Badewasser sich rötete.«

Man kann sich kaum jemanden vorstellen, der von dem nüchternen Barnes entfernter wäre als der ekstatische Novalis, aber hier treffen sie sich.

Novalis: »Der Mensch lebt, wirkt nur in der Idee fort, durch die Erinnerung an sein Daseyn. Vor der Hand giebts kein anderes Mittel der Geisterwirkungen auf dieser Welt. Daher ist es Pflicht an die Verstorbenen zu denken. Es ist der einzige Weg in Gemeinschaft mit ihnen zu bleiben. Gott selbst ist auf keine andere Weise bey uns wirksam als durch den Glauben.«

Ebenso spricht Roland Barthes davon, dass die Erinnerung an seine tote Mutter völlig von ihm abhänge.

Auch Hölderlin:
»Sie sich nicht fassen können
Einander, die zusammenlebten
Im Gedächtnis«.

5. November

Die Frage »Wie geht es dir?« irritiert. Soll man die Wahrheit sagen? Die niemand braucht. Soll man lügen?

Hansjörg Schneider (»Nachtbuch für Astrid«) schreibt über Arten, »die Hilflosigkeit einem trauernden Mann gegenüber, der seine langjährige Geliebte verloren hat, auszudrücken«. So sei »Aktion Wie gehts? Die Kondolanten wollen dem Trauernden helfen, indem sie sich nach seinem Zustand erkundigen. Das ist Stumpfsinn. Man sieht ja, wie es ihm geht. Er ist am Ende.«

Die Fragenden sind in keiner Weise schuld und folgen den zweifellos notwendigen Formalitäten. Wenn sich zwei Trauernde treffen, stellen sie sich gegenseitig diese Frage, wohl wissend, wie sinnlos das ist. In solchen Treffen zweier Trauernder liegt ein gewisser Slapstick.

Die Antwort »Danke, gut« fühlt sich als Verrat an, als würde man seinen Toten verleugnen.

6. November

Einer der wenigen Gedanken, dem etwas Kraft abzugewinnen ist: Das ist ganz normal, dass es mir schlecht geht.

10. November 2018–2022
Sprachverlust

Neapel.

Die neapolitanischen Gassen sind auf den ersten Blick ein Wirrwarr, auf den zweiten sind sie eine mit Farben und Tönen übersättigte Ordnung. Ich kaufe mir eine Babà, das mit Rum oder Madeira getränkte Hefegebäck, das wir als Kinder in Leningrad unter dem Namen »ромовая баба« oder »ромбаба« (Rum-Babà) in jedem Brotladen kaufen konnten. Mitten in der Mangelwirtschaft gab es Einsprengsel von ehemaligem Luxus, die im Laufe aller sowjetischen Jahrzehnte nicht vollständig ausgerottet worden waren. An »ромовая баба« dachten wir bei späteren Begegnungen mit der Babà in Frankreich oder Italien. Der chaotische Stoff der Welt wird durch solche Muster zusammengehalten.

Ich sehe diese Muster jetzt vielleicht noch deutlicher, aber:

In dem Roman »Die Erben« von William Golding bleibt am Ende ein Neandertaler als Letzter seiner Gattung übrig. Er hat keinen mehr, der seine Sprache spräche, und wird zu einer unbestimmten Kreatur, stumm, seine Sprache ist tot geworden. Ohne Oleg bin ich wie jener Neandertaler. Ein ungefähres Wesen mit einer Babà in der Hand, die keine Bedeutung mehr hat.

In einem Gedicht von Jelena Schwarz schreit ein solch ungefähres Wesen die Sprachfetzen vor sich hin – ein schiffbrüchiger Papagei auf einem Brett:

[…]

Er singt ein Lied über eine Mulattin, oder
Schreit plötzlich mit ganzer Kraft
Ganz oben auf der Woge, auf dem Wellenkamm –
Dass das Vögelchen, das arme, Wodka will.

Und er schaut mit so viel Stolz
Auf dieses gekräuselte Tal.
Wie sehr berührt im Herzen
Die Hochmut hilfloser, schwacher Wesen.

[...]

Er murmelt nickend:
Da stimm ich zu, jedoch ...
Allerdings ... wohl kaum ... außer ...
Ausnehmend ... und außerdem ...

[...]

Er schielt mit schläfrigem Auge,
Um das Meer auszutricksen.
God damn! ... In einem gewissen
Maße, und strenggenommen ...

[...]

Via Wi-Fi ins Nichts. Eine Freude mit jemandem zu teilen, für den diese Freude in keiner Weise mehr von Bedeutung ist. In Neapel fühlt sich das weniger absurd an als
anderswo. Neapel meint es mit Toten und Trauernden gut.
Es spielt seine sinnliche Fülle nicht gegen den Tod aus.
Verkaufsstände mit Babàs, Weihnachtskrippen, Spaghetti-
dosierern (ein schmales Brettchen mit drei Löchern von
verschiedenen Durchmessern); Innenhöfe mit Spring-
brunnen und blühenden Zitronen; Menschen, die Kaffee

trinken im Gehen oder mit Mobiltelefonen aus ihren Fenstern hängen, weil Wände aus dem porösen neapolitanischen Tuff den Empfang verhindern; und natürlich Motorroller – all das birst vom Leben und grenzt an die Totenwelt, die hier nicht verdrängt wird.

Die Ähnlichkeit, wenn nicht gar Verwandtschaft, von Petersburg und Neapel liegt nicht auf der Hand. Beide Städte scheinen das Gegenteil voneinander zu sein. Neapel ist südlich offen und durchlässig. Nicht nur Walter Benjamin vergleicht es mit einem afrikanischen Dorf, wo innen und außen nahtlos ineinander übergehen würden. Dagegen ist Petersburg nördlich zugeknöpft. Was Neapel in seiner theatralischen Natur zur Schau stellt, muss man in Petersburg noch erraten. Dabei ist Petersburg ebenso theatralisch, nur äußert sich seine Theatralik in den kalten klassizistischen und eitlen barocken Fassaden, *hinter* denen seine groteske Welt versteckt ist. Dieses Versteckte, die Bresche ins Jenseits brachte den Philosophen Wladimir Toporow auf den genialen Begriff »Petersburger Text«: Als würden Dichter an einem gemeinsamen grotesken Kunstwerk arbeiten. Der treue Begleiter des Petersburger Textes ist der Tod.

Als würde ich Neapel nicht zum ersten Mal begegnen, sondern mich an es erinnern.

Den neapolitanischen Totenkult hat die katholische Kirche Ende der 1960er Jahre verboten. Es ist zu bezweifeln, dass solche Verbote befolgt werden. Hier sieht es nicht danach aus.

Die Kirche Santa Maria delle Anime del Purgatorio ist laut Reiseführer der Haupttempel des Totenkultes (später werde ich lernen, dass solche Stätten über die ganze Stadt verstreut sind). Hier: Glanzlichter auf den bronzenen Schädeln beidseitig der Vortreppe und barocker Glanz drinnen. Um in die Unterkirche hinabzusteigen, zahlt man Eintritt: Als wäre das bloß ein Museum des gewesenen Kultes. Unten keine Pracht mehr, kahle Steinwände und nicht mehr bronzene, sondern wirkliche Schädel und Knochen, geordnet in Kästchen, ausgeziert mit Blumen, Bändchen, Spitzen, Broschen, Rosenkränzen, Bildchen. Man wird beobachtet. Nicht von den Toten (oder sie machen das diskret), sondern von den Frauen, die oben Tickets verkaufen, der ganze untere Raum ist mit Überwachungskameras versehen, selbst die hinterste Krypta, und kaum holt man das Mobiltelefon zum Fotografieren heraus, mahnt der Lautsprecher, das zu unterlassen. An einer Wand leuchtet die Zahl 16753. Wieder oben, frage ich nach deren Bedeutung und erfahre, dass das eine Kunstinstallation ist: So viele Flüchtlinge sind in den letzten fünf Jahren unterwegs zu uns ertrunken. Man kann sich kaum ein Kunstwerk vorstellen, das zum neapolitanischen Totenkult besser passen würde.

Wenn die Toten einen ordentlichen Abschied nicht nur brauchen, damit wir hier Menschen bleiben, sondern weil die Seelen der Unbeweinten sonst keinen sicheren Weg durchs Fegefeuer finden würden – was für eine Verwirrung muss im Jenseits herrschen, wenn nach Seuchen, Hungersnöten, Kriegen, Erdbeben und Vulkanausbrüchen Gebeine zusammengeschart oder gar verschollen bleiben. Nicht nur in Neapel, immer und überall sind wir auch im Tod nicht alle gleich, und in Zeiten der Not reicht der Platz nicht für alle Leichen. Neapel allerdings erklärt *alle* verwahrlosten Knochen zu Reliquien. Man »adoptiert« herrenlose Gebeine und betet für die Seelen, die dazu gehör(t)en, damit sie das Fegefeuer glimpflich passieren und im Gegenzug zu himmlischen Patronen ihrer Fürsorger werden. Eine anonyme Seele von Neapel bekommt die Illusion, für jemanden (die Person, die ihre sterblichen Überreste, den Schädel pflegt) der wichtigste Tote zu sein. Schafft sie es, daran zu glauben? Im Idealfall würden *alle* Gebeine ihre letzte Ruhe finden und *alle* Seelen bekämen ihr Geleit. Erlösung für alle! Genauso utopisch wie Champagner für alle.

Die Tuffhöhlen des Friedhofs Fontanelle in dem aus den Filmen des italienischen Neorealismus bekannten Viertel Sanità. Dass der neapolitanische poröse Tuff die Mobilfunksignale nicht durchlässt, heißt noch nicht, dass das auch für die Seelen und Gebete gilt. Sie gleiten auf und ab und hängen an den Sonnenstrahlen, die aus den Rissen oben kommen und silberne staubige Luft durchschießen. Die Gewölbe sind verstörend hoch, seltsam hell, bieten viel (Schau-)Platz für Gebeine. Schädel in den Puppenhäuschen. Knochenstapel in Fächern und Nischen wie weiland bei einer tüchtigen Hausfrau die Einweckgläser mit Marmelade und eingelegtem Gemüse.

»Die Wahl eines Schädels wird nicht leichtgenommen: die Leute gehen bedächtig auf die Suche, von einem Sarg zum anderen, während ihr Blick die traurigen Überreste mustert. Jäh bleiben sie stehen und beugen sich vor, um einen Schädel zu ergreifen, auf dem sie noch keinen Namen entdecken.

Sie betrachten ihn von allen Seiten, prüfen Konsistenz und Resonanz, indem sie ihn immer weiter herumdrehen und abklopfen [...]. Ein an einer Mütze erkenntlicher Aufseher, der durch die Gänge schlendert, dient manchmal als Ratgeber und sogar als Lieferant. Ich hörte, wie ein Herr in Schwarz ihn fragte, ob er keinen Damenschädel zu finden wüsste. ›Keiner frei!‹ erwiderte er. ›Aber wir erwarten morgen eine Sendung Skelette, und dann werde ich wohl das Gewünschte für Sie haben.‹ Er half einer Frau bei der Wahl, doch das begleitende kleine Mädchen protestierte: ›Mama, nimm nicht diesen Schädel, ich will einen mit Zähnen haben.‹ Kinderschädel sind nicht aufzutreiben. ›Alle fragen danach‹, sagte der Aufseher zu mir.« (Roger Peyrefitte, »Vom Vesuv zum Ätna«.)

Roger Peyrefitte war hier 1952, als der Totenkult noch nicht verboten war. Warum hat die katholische Kirche ihn untersagt? Weil er an Heidentum erinnert? Aber was erinnert an den christlichen Bräuchen nicht daran? Oder teilt die Kirche die Abneigung gegen die Toten, die die meisten Menschen haben? Oder weil die Knochen des gemeinen Volkes von den wirklichen Reliquien ablenken? Oder weil sie eigentlich nicht glaubt, dass das Jenseits wichtiger ist als das Diesseits? Warum auch immer. Der verbotene Kult dringt durch die Tuffwände.

Neapel scheint keine irrationale Furcht vor den Toten zu haben.

»... das Totsein ist mühsam ...«, Rilke. Das tibetanische Totenbuch und das altägyptische Totenbuch sind Ratgeber fürs Totsein. Brauchen unsere Toten unsere Unterstützung? Man begleitet sie auf ihrem Weg durch die Jenseitskorridore nicht immer uneigennützig. Oft glauben Menschen, auch solche, die keine volkstümlichen Kulte und überhaupt keine Religion praktizieren, ihre Verstorbenen würden ihnen bei den irdischen Angelegenheiten helfen können. Sie können das nicht. Sie haben hier keine Macht. Sie sind schutzlos, passiv, ausgeliefert, sind in unserer Macht.

Elias Canetti: »Die Toten haben vor den Lebenden Angst. Die Lebenden aber, die es nicht wissen, fürchten die Toten.«

10. November

Neapel, wo ich von einer nicht russischen und nicht deutschen Sprache umgeben bin, passt zum Sprachverlust, der Olegs Tod für mich ist.

Während des Podiumsgesprächs fragte Valentina di Rosa, die mich nach Neapel eingeladen hatte, warum ich Prosa auf Deutsch und Gedichte auf Russisch schreibe. Ich sagte, dass für mich das Schreiben von russischen Gedichten nach Olegs Tod jeden Sinn verloren hat. Danach wie im Oktober: Ich bin auf der Bühne und performe Schmerz-Stand-up.

Im theatralischen Neapel ist diese Schamlosigkeit, die Trauer, fast gerechtfertigt.

10. November 2018–2022

»Vergilgrab« in Neapel. Hoch auf dem Hügel. Mit Aussicht auf das Meer und den Vesuv. Irgendwo hier hat Petrarca einen Olivenbaum gepflanzt. Ich habe nichts mitgebracht. Im Gegenteil: Ich brach mir einen Zitronenzweig ab, mit drei kleinen Früchten (aus einem plötzlichen Gefühl, jetzt und hier habe ich das Recht dazu. Die Schamlosigkeit der Trauer). Auf halbem Weg nach oben Giacomo Leopardis Grab. Eigentlich ist die Zugehörigkeit genauso unbelegt wie bei Vergil. Leopardi (1798–1837) hat fast dieselben Lebensdaten wie Puschkin (1799–1837). Er starb in Armut und während einer Epidemie und war für eines der Massengräber prädestiniert. Es gibt Spekulationen, dass es so geschehen sei und das Grabmal in der Kirche San Vitale Martire im Stadtteil Fuorigrotta einen Unbekannten beherbergt habe. Was bedeuten würde, dass jeder beliebige Knochen unter dem Gewölbe des Fontanelle-Friedhofs Leopardis Knochen sein kann und ich an seinem Schädel unwissend vorbeigehen könnte. Und dass im 20. Jahrhundert aus jener Kirche die sterblichen Überreste eines Unbekannten hierher, in den *Parco Vergiliano*, gebracht wurden.

Als sicher gilt, dass Vergils Asche von Brundisium nach Neapel über den Wasserweg gebracht wurde. Einmal las Oleg in Kroatien am Strand »Der Tod des Vergil« von Hermann Broch und sah auf der anderen Seite der Adria ein Schiff mit dem toten Vergil fahren.

Oleg Jurjew: *Tod des Vergil: Verspätete Nachrichten*

1

Von Italien unter der Cholera
bis Dalmatien unter der Pest
das stets gleiche Schwapp der Galeere –
– Sind das wir oder nicht wir?

2

Immer diamantener, immer azurener,
immer enger bei sich selbst
unter dem himmlischen Spiegelei,
dem die Finsternis Blasen schlägt,
von den Rudern die Sterne tropfen,
fort-und-fort-bringend um den Verstand
diese Tagesnacht, diesen Meeresstaub –
die Adria selbst.

3

Wie vom Schimmern durchnähte Schleime
schwimmt das Öl mit in Schlieren –
von Brindisi hinter dem Meer
gleitet der Hauch Vergils –
– Das sind wir, die rudernd weinen
mit gealterten Neuigkeiten
und die Ton- und Schwarzerde führen
in abgekahlten Schläuchen.

4

Von Apulien, unter den Winden dorrend,
bis zum Säulenhort Hadrians

trochäisch das Schwapp und Schwapp
quert die Klammer Adria –
Gott wird nicht stöhnen, Donner nicht dröhnen
und abschüttet nicht werden Homer,
mag der Mond an unsern Rudern trocknen
und das Versmaß wechseln den Takt.

5
– Sind denn wir Feinde des Hexameters?
– Wir sind wir doch und nicht die!
– Gestorben ist Vergil?
– Gestorben. Uns helfe Gott!

Übersetzt von Elke Erb

Weil Oleg kurz vor dem Tod gesagt hatte, er möchte in
dem Familiengrab auf dem jüdischen Friedhof in Petersburg begraben werden (»ich möchte zu meinem Groß-
vater«), hatten wir keine andere Möglichkeit, als ihn zu
kremieren (was er wusste) und über den Himmel nach
Petersburg zu bringen. Wir haben damit viel Ärgernis,
weil das Gesetzen des Judaismus widerspricht. Das war
der letzte Wille, das Einzige, bei dem ich sicher war, dass
ich das tue, was Oleg wollte (und ich persönlich denke,
wenn die Kremation für Buddha und Vergil gut war, können auch Oleg und ich das über uns ergehen lassen). Als
Klaus Reichert dieses Vergil-Gedicht auf dem Gedenkabend in Frankfurt vorgelesen hatte (zu diesem Zeitpunkt
wartete Olegs Asche auf die letzte Reise), dachte ich, dass
Oleg über Vergils posthumes Los als Hinweis für uns
geschrieben hatte (ein typisch verwirrter Gedanke eines

unter Trauerschock stehenden Menschen, der mir immer noch ganz logisch zu sein scheint). Etwa ein Jahr nach Olegs Tod habe ich gelesen, dass im Land Hessen das Verbot eingeführt worden sei, die Asche den Verwandten auszuhändigen, sie soll direkt zum Bestattungsort. Das macht solche Aktionen unmöglich, weil die bürokratischen Hürden, die ohnehin schon kaum zu bewältigen waren, damit unüberwindbar werden.

Frühjahr 2022. Krieg in der Ukraine. Ich kann nicht nach Russland. Nicht zu dem Grab. Und wenn ich jetzt sterbe, soll meine Asche irgendwo warten, bis sie zu Olegs Asche gebracht werden kann. Große Katastrophen haben viele für die Welt unsichtbare Folgen.

12. November

Parco Vergiliano, der Berg der Poeten. Hier hätte noch ein Dichter begraben werden können: Jewgeni Baratynski (1800–1844), der in Neapel gestorben ist. Kurz vor seinem plötzlichen Tod hatte er ein großartiges Gedicht geschrieben, das von der Freude spricht, endlich auf dem Schiff zu sein, das nach Italien fährt, und zu wissen, dass das Schicksal ein gutes Los für ihn zieht: »Bald werde ich das irdische Elysium sehen.« Wäre er nicht in einem Zypressensarg nach Petersburg gebracht worden, wäre er der Dritte im Bunde der »Monte-Vergiliano«-Poeten. Allerdings kann man das ruhig so sehen, denn die Präsenz der beiden anderen hier ist auch unbelegt.

16. November

~~Wieder in Deutschland. Bei einer Lesung ein plötzliches Verlangen zu fragen, wie das möglich ist, dass man meine~~

~~offene Wunde nicht sieht, dass man nicht sieht, dass ich verblute.~~ (Ich habe den Satz mehrmals gestrichen und wieder geschrieben. Schamlosigkeit der Trauer)

25. November
Im Islam heißt es, ein Selbstmörder würde in alle Ewigkeit den Tod immer wieder sterben, den er für sich auswählte. Wer sich erstochen hat, wird das immer wieder wiederholen: ein Sisyphus der Selbsttötung.

Julian Barnes: »... meine leuchtenden Erinnerungen an sie würden verblassen, während das Badewasser sich rötete.« »Das Badewasser«, weil der Selbstmord ein Bad, ein Glas Wein und ein scharfes japanisches Tranchiermesser wäre. Eine verlockende Beschreibung, insbesondere für die Weinliebhaber. Dann die Sisyphus-Ewigkeit mit gutem Wein und dem sich kinematographisch rötenden Wasser verbringen. Aber ohne den Menschen, um dessen willen ... eine raffinierte Folter.

»Woher soll ich wissen, dass ich nicht leide, wenn ich tot bin?«, schreibt Roland Barthes, der an die unsterbliche Seele nicht glaubt. Und in der Tat, woher?

Ich habe die Option des Selbstmordes aus demselben Grund abgelehnt, aus dem ich auf Alkohol, Beruhigungsmittel u. Ä. verzichte. Ich will meine Trauer durchleben.

Und, ja, die Trauer ist eine Verbindung zu dem Gestorbenen. Vielleicht die allerletzte, deshalb ...

26. November

In den ersten Tagen (sogar Stunden) nach Olegs Tod fragten mich Menschen, die neben mir waren, ob ich Wein habe, sie gingen davon aus, dass ich etwas trinken sollte. Ein absurder Vorschlag. Man ist in der akuten Trauer wie unter Drogen, ist in einer anderen Dimension, die Konturen der gewohnten Welt wackeln auch ohne Alkohol.

»Abwesenheit der Gegenwart. Gleichzeitiger Lauf der Vergangenheit und der Zukunft. Dazwischen ein Vakuumkorridor. Eine temporale Anomalie einer Grenzerfahrung.«

Nunc stans, erstarrtes Jetzt – vielleicht teilen die Toten in solchen Momenten ihre Ewigkeit mit uns oder bringen diese Ewigkeit so nah, dass wir sie spüren können, keine Berührung, kontaktlose Ahnung.

»Bis der Trost eintritt, schimmert noch Hoffnung.«

27. November 2018–2022
… die zusammenleben im Gedächtnis … (2)

Trauer ist hässlich, unästhetisch und hat nichts von der milden Eleganz der Friedhofsengel.

Auch Liebe ist unschöner als ihr Ruf. Liebende wissen nicht recht, was sie voneinander wollen. Physische Befriedigung löst das Problem nicht. Sie wollen einander wahrscheinlich vernichten, als wären ihre lebenden und begehrenden Körper nur die Störung auf dem Weg zueinander. Liebe ist lebensfeindlich. Lukrez in »Über die Natur der Dinge« findet sie widerlich und ungesund. Anders als bei dem normalen physischen Begehren seien Liebende ewig unbefriedigt:

»Pressen mit Gier sie die Brust an die Brust; es vermischt sich des Mundes
Speichel, sie pressen den Zahn in die Lippen mit keuchendem Atem:
Doch umsonst, sie können ja nichts dem Körper entreißen
Oder mit ihrem Leib sich ganz in den andern versenken,
Was sie wirklich bisweilen zu tun um die Wette bemüht sind;
So fest hängen sie beide in Venus' Banden zusammen.«

Die Folge eines solchen Liebeswahns:

»… der Kräfteverfall und vernichtende Mühsal.«

Lukrez' Rezept ist, sich mit anderen zu vergnügen und das Objekt der Liebe zu meiden:

»man sollte der Liebe
Jegliche Nahrung entziehen ….«

Stattdessen wird eine normale körperliche Liebesübung mit anderen empfohlen:

»den Sinn auf anderes richten
Und den gesammelten Saft auf beliebige Leiber verschleudern,
Statt ihn aufzubewahren, um einer Liebe zu fröhnen.«

Solche von Lukrez verabscheute Liebe und Trauer haben viel gemeinsam. Man begehrt das Unmögliche.

28. November

Einmal sagte Oleg vor einer gemeinsamen Reise, er möge unsere Zugfahrten. Das zu hören war eine sehr traurige Freude, hinter diesen Worten steckte das Wissen, wie wenig Zeit uns noch geblieben war. Es war noch weniger Zeit, als wir (ich) dachte(n). Unsere kurzen Reisen waren wie Zeit und Raum abseits von Zeit und Raum.

29. November

In der DB-Lounge. Ich werde in Kiel im selben Hotel sein, wo wir vor zehn Jahren waren, als Oleg zu einem Festival eingeladen worden war.

30. November, Kiel

Vor zehn Jahren war das Hotel voll vom Festivalleben. Ich weiß noch, dass wir am liebsten allein sein wollten und auf das Wasser der Förde schauen. Heute Morgen war ich fast allein im großen Frühstücksraum. Ich saß vor der Glaswand und sah die Förde dahinter. So lange, bis ich gehen musste. Es regnete, die Glaswand war auch verweint.

Was ich durchlebe: meine Trauer oder Olegs Tod? Egoismus oder Empathie? Kann man das trennen?

1. Dezember

Auf den Reisen ohne Oleg fällt mir immer wieder etwas auf, was er bemerkt hätte.

Ich weiß nicht, wohin damit. Via Wi-Fi ins Nichts:

Kieler Taxifahrer

Der zweite ist großleibig, mit der ausgebildeten Stimme

eines Tribuns, beklagt, dass die Sozialdemokraten und die Grünen alle Arbeitsplätze in der Stadt abgeschafft hätten. Und: »Viele Taxifahrer fahren Leute aus dem Stadtparlament nicht mehr, aus Protest.«

Der vierte ist schmal und schweigsam, hört »Radio Klassik«, bei der kurzen Unterbrechung der Musik für Nachrichten dreht er die Lautstärke runter.

Der erste und der dritte waren im Vergleich zu den Frankfurter Rüpeln auffällig höflich, was auch für den zweiten und den vierten stimmt.

Die ersten drei sagten »moin«. Der vierte sagte »Guten Morgen«.

3. Dezember

Ist die Frage an Gott: »Glaubst du, dass ich existiere?«, nicht eine Frage an Gestorbene?

4. Dezember

Ich habe den Nachruf auf den gestern gestorbenen Andrej Bitow geschrieben. Wir haben ihn gekannt, Oleg besser als ich. Vielleicht hilft das, dachte ich, die Erinnerungen aus der Starre zu holen.

Ist der Neandertaler aus Goldings Roman seinen Erinnerungen, die er mit niemandem mehr teilen konnte, abhandengekommen?

11. Dezember

Einen Tag darauf, am fünften Dezember, starb Paulus Böhmer.

11. Dezember 2018–2022

Als ich diesen Satz am 11. Dezember 2018 geschrieben habe, schien er mir (in meinem Sprachverlust ohne Oleg) ausdrucksvoll und für sich selbst sprechend, mir schien, dass er alles einschließe: dass Paulus Böhmer und Oleg eine tiefe Sympathie füreinander hatten, dass er einige Wochen davor (am 20. September) Daniel und mich als einzige Gäste zu seinem Geburtstag eingeladen hat, dass ich nach Olegs Tod wusste, wie sehr Paulus meine Trauer versteht, dass Paulus ein großartiger Dichter ist.

Allerletzte Zeilen aus Paulus Böhmers letztem Buch (von Lydia und Daniel-Dylan Böhmer posthum herausgegeben):

Noch einmal. So sein.
Wie Hangwiesen. Marder. Wie Torholz.
Wie im allerletzten Pyjama.

Am Strand, dem Horizont entgegen, gehen
der große und der kleine Vogel Roch.
Der kleine watschelt (noch), der große wackelt
(schon).

Der Kleine zwitschert und der Große denkt:
Der Körper ist das Ereignis.
Gebete sind Gotteslästerung,
wissen die Katzen.
Am Horizont abschwindet Land und Meer.
Zum Wasser will

alles.

Wasser will weg.

Ich nicht.

12. Dezember

In Kiel gab es im georgischen Restaurant »Medea« Tapak-Hähnchen. Was kann vergeblicher sein als das Lieblingsessen eines Gestorbenen.

Einmal habe ich aus Litauen ein geräuchertes Hähnchen nach Frankfurt mitgebracht, weil Oleg laut Familienüberlieferung das als Kind mochte. Daran hatte ich mich in der Vilniuser Markthalle erinnert, war mir aber nicht sicher gewesen, ob ich das über die Grenze bringen dürfte. Alles war gut gelaufen. Im »Medea« dachte ich, dass ich das Tapak-Hähnchen nicht ins Jenseits befördern kann (und es wäre dort auch unnütz). Höchstens sein Tapak-Seelchen. Aber über sein Seelchen verfüge ich nicht. Nicht einmal über mein eigenes.

Der Kopf eines Trauernden ist nicht viel klarer als der Kopf eines Verliebten und jedem Quatsch ausgeliefert.

13. Dezember

Heimke Lüdemann, die mich zum Abendessen im »Medea« eingeladen hatte, sagte, dass Oleg und ich nicht das waren, was man gewöhnlich unter einem »Ehepaar« versteht, nämlich dass Leute einfach dumpf dasitzen und schweigen; oder dumpf plaudern; oder zanken.

Ist nicht ein jedes Paar ein Lebewesen? Auch wenn sie sich miteinander langweilen oder in gegenseitige Kränkungen verstrickt sind oder Liebschaften woanders haben oder vom Leben insgesamt überfordert sind?

Ich denke nicht, dass meine Trauer deshalb stärker wäre, weil ich um einen Menschen trauere, der mir so verwandt war, als wären wir Zwillinge.

Unter den Motiven, die in Olegs Notizbüchern immer wieder auftauchen, gibt es eines von der Liebesbeziehung von Bruder und Schwester. Eine der Notizen, ein Witz:

»›Meine Tragödie ist, dass ich in meine Schwester verliebt bin.‹

›Aber Sie haben keine Schwester!‹

›Darin besteht die Tragödie!‹«

Trauer hat ihre Gesetze, die vom Leben nur bedingt abhängen. Wenn überhaupt. Sie überfällt auch Menschen, für die das Zu-zweit-Leben lästig oder langweilig oder in jeder beliebigen Weise überfordernd war (das gilt für alle möglichen Verbindungen, auch für Geschwister, Eltern und Kinder und was auch immer, unterschiedliche Formen von Zu-dritt- oder Zu-viert-Leben).

Vor vielen Jahren sagte ich nach einer Lesung von B., dass mich seine Gedichte, die um den Tod seiner Frau kreisten, menschlich zu sehr ergriffen hätten und ich deshalb zu keiner qualitativen Einschätzung bereit sei. »Na ja«, sagte jemand, »das ist alles unecht, sie lebten wie Hund und Katze!«

So spricht die Ahnungslosigkeit.

16. Dezember

Händel / Jaroussky.

In den letzten Jahren haben wir fast jeden Abend barocke Musik gehört. Nun. Aus der *geteilten* Musik ist *halbierte* Musik geworden. Das erklärt, warum mir die Bilder in der Pinakothek fade vorkamen, die Farben waren *um die Hälfte verdünnt*.

Nachdem wir in Bayreuth Tannhäuser gehört hatten, spielte Oleg Glucks »Orpheus und Eurydike« (mit Janet Baker als Orpheus) mehrmals nacheinander ab, um den Ohrwurm Wagner loszuwerden (er schenkte mir seine Facebook-Notiz zum Tannhäuser, als ich das Bayreuther Kapitel in »Der Engelherd« schrieb).

16. Dezember 2018–2022
Orpheus und das Leben

Julian Barnes über Glucks »Orpheus«: »… diese Oper, die geradezu perfekt auf die Leidtragenden [im Original »griefstruck«] zugeschnitten ist.« Wenn der Herrscher der Unterwelt unter der einzigen Bedingung erlaubt hat, Eurydike wieder ins Leben herauszuführen, Orpheus dürfe auf sie nicht zurückblicken, solange sie nicht draußen sind, wer bei Verstand würde sich umdrehen?, fragt Barnes und antwortet: »Natürlich musste Orpheus sich nach der flehenden Eurydike umdrehen – wie könnte es anders sein? […] Man verliert die ganze Welt um eines Blickes willen? Aber klar doch.«
Nach Olegs Tod hatte und habe ich eine Hemmung, Glucks »Orpheus« zu hören.
Eurydikes Klage bei Gluck: Wozu sollte sie aus ihrer Todesruhe zurückkehren, wenn sie jetzt diesem Leid ausgeliefert ist, dass er ihr nicht einmal einen Blick gönnt! Sie gibt ihm zu verstehen, er sei an all ihrem Unglück schuld. Wer als Erster gestorben ist, der gewinnt alle Streite. Wer noch auf der Seite der Lebenden ist, wird dem Gestorbenen in allem recht geben. Deshalb blickt er zurück und ist wieder an allem schuld.

Ich vergesse immer, in welchen Opern es bei der ursprünglichen tragischen Version bleibt und in welchen Orpheus und Eurydike glücklich wiedervereint werden.

So oder so sind Orpheus und die Oper füreinander bestimmt, und die älteste erhaltene Oper ist »Euridice« von Jacopo Peri von 1600. Weder ihre wunderschöne klagende Monotonie noch die sieben Jahre jüngere und viel energischere »L'Orfeo« von Claudio Monteverdi, noch »L'anima del filosofo ossia Orfeo ed Euridice« von Joseph Haydn konnten sich für Oleg und mich mit Glucks »Orfeo ed Euridice« messen, auch nicht dessen spätere französische Version »Orphée et Eurydice«.

Am Anfang, wenn Orpheus den Namen Eurydike singt, ist der Klang der Trauer mit solcher Absolutheit getroffen, als wäre Orpheus' Kopf bereits von Mänaden abgerissen, als würde der Kopf bereits den Fluss Hebros hinunter zum Meer schwimmen und Eurydikes Namen singen, bis Apollo ihm befiehlt, die Klappe zu halten, weil das Leben in der Gegenwart dieser Klage nur erstarren kann. Dieser Klang am Anfang kann nicht übertroffen werden. Da bleibt dem Komponisten nur, am Ende in eine freudige Wendung auszuweichen. Aber man glaubt dieser Wendung nicht.

Ich dachte, Orpheus würde deshalb immer wieder bemüht, weil nicht so viele Zeugnisse über die Trauer abgelegt sind. Das stimmt nicht. Vielleicht wegen erstens der Einfachheit und zweitens der Rätselhaftigkeit seiner Geschichte.

Jeder Mythos hat eine auf den Alltag anwendbare Bedeutung: Marsyas, der Apollo zum Wettbewerb aufforderte, verlor und von Apollo bei lebendigem Leib gehäutet wurde – Anmaßung und Inspiration; Midas, der sich erbat, dass alles, was er berührt, zu Gold werde, und beinah verhungerte, denn Gold kann man nicht essen – Gier und Dummheit; Niobe, die mit ihren vierzehn Kindern vor den Göttern angab und sie alle verlor – Stolz und Unvorsichtigkeit. Aber Orpheus – was hat er falsch gemacht? Was bedeutet sein Umdrehen?

Im 20. Jahrhundert steigt Orpheus in die Unterwelt hinab, ohne sich vom Fleck zu rühren. Die Hölle wird diesseits gedacht. Den Erdenbewohnern kommt ihre Angst vor der Jenseits-Hölle nun endlich lächerlich vor, denn sie sehen sie gleich hier, beginnend mit der Familie und fraktal weiter zu den Gemeinden, den Völkern, den Staaten.

Bei Jean Cocteau ist die Hölle bloß der Familienalltag von Orpheus und Eurydike. In seinem Theaterstück »Orpheus« ist das viel klarer gezeichnet als in dem später gedrehten Film. In dem Stück scheitert das Leben an der Unmöglichkeit, Streit und Spannungen zu vermeiden. Erst der Tod Eurydikes macht sie zu *Eurydike*. Nach der glücklichen Rückkehr aus dem Jenseits beginnt alles von neuem, sie stirbt wieder. Der finalen Szene, einer Idylle im Jenseits-Paradies, glaubt man nicht mehr, dieses Paradies unterscheidet sich von der Hölle nur dadurch, dass Liebende nicht streiten, aber vielleicht nur solange der Vorhang nicht zugezogen wird. In dem Film scheitert die Liebe nicht an sich selbst, sondern an Orpheus' Leidenschaft für *Madame la mort*. Vielleicht traute Cocteau der Bühne mehr zu als der Leinwand.

Für Arno Schmidt ist die Hölle die niedersächsische Provinz. In der Erzählung »Caliban über Setebos« heißt es, dass man »unter dem Vorwand Mythologischer Themen sich recht munter mit der Realität beschäftigen« darf. Die Hölle ist die Dorfkneipe mit einem Fernseher und Gesprächen der Stammgäste und dem Unterweltgott Pluto: dem Wirt O. Tulp. Die Eurydike, die Jugendliebe, wird in der Hölle zwar gefunden, aber gleich für immer verloren, nicht der Tod verstellt sie, sondern das Leben, das sie in ein chthonisches Wesen verwandelt hat (»1 breites gusseisernes Gesicht«). Die Hölle ist der Kuhstall, wo Eurydike die Geliebte eines anderen chthonischen Wesens ist, mit »gedunsnem bleichen Rundkopf«, der sich »bestimmt nicht zum Spaß« so oft kratzt. Die Hölle ist der sogenannte »kosmokomische Eros«: »er raufte sie mit der Linken gemächlich am Haar während seine Rechte ab ovo bergob zoomte, und an ihrer Brust herum handikappte.« Alles ist von der trüben Flut der Lebenshölle überschwemmt (in Cocteaus Film heißt es, Orpheus und Eurydike kehrten in ihren trüben Strom, in das Leben, zurück).

Entzaubert, nicht weil sie alt geworden ist, so viel Phantasie hat Schmidts Erzähler, dass er darauf vorbereitet ist. »Sie verlor sich« durchs Leben, durch sich selbst.

In »Eurydice« von Jean Anouilh ist das ebenso »einfach« das Leben, gegen welches das Paar das Spiel verliert. Der Tod, *M. Henri*, erklärt diesen Umstand für Orpheus, für den Fall, der Trottel würde das von selbst nicht erkennen. Wenn Orpheus und Eurydike am Ende des Stückes vom Leben befreit sind, sind sie wie in einem Gedicht von William Blake, in »The Gates of Paradise«:

Mutual forgiveness of each vice,
Such are the gates of paradise.

(Das gegenseitige Verzeihen aller Laster
ist das Tor zum Paradies.)

Sollen/können wir Cocteau und Anouilh glauben? Werden ihre Orpheus und Eurydike, falls sie ins Jenseits samt ihrer Persönlichkeiten befördert wurden, die irdische Hölle dort nicht auferstehen lassen? Sollen wir glauben, dass sie wohlgemut durchs Jenseits flanieren werden, wie bei Ovid, nachdem Mänaden Orpheus zerrissen haben?

In der Flur der Seligen forschend,
Fand er Eurydice nun, und umschlang sie mit
                              sehnenden Armen.
Jetzo wandeln sie dort mit vereinigtem Schritte,
                              die beiden;
Bald geht jene voran, und er folgt; bald eilet er
                              selbst vor;
Und nach Eurydice darf mit Sicherheit Orpheus
                              sich umsehn.

Sollen/können wir diesem Bild glauben?

In Tennessee Williams' »Orpheus steigt herab« ist die Hölle die US-amerikanische südliche Provinz, es bedarf keiner weiteren Parallelen, oder es sind alle Personen vom Leben so unwiderruflich entstellt, dass man niemanden mehr identifizieren kann; wer soll da Orpheus sein, wer Eurydike?

Das sind häusliche, unspektakuläre Höllen, die in den riesigen Höllengebieten, die die Geschichte errichtet, zu finden sind.

Lidia Ginsburg hat während der Blockade Leningrads (1941–1944, durch die Wehrmacht, mehr als eine Million Leningrader sind dabei verhungert oder erfroren) ein Tagebuch geschrieben. Dort: »Unter den Umständen der Blockade war die erste, naheliegende Stufe der sozialen Absicherung die Familie. Man würde sagen: Die Bande der Liebe und des Blutes erleichtern das Opfer. Nein, es ist bei weitem nicht so einfach. So schmerzhaft, so entsetzlich waren die Berührungen der Menschen untereinander, dass es in der Nähe, der Enge schon schwierig war, Liebe von Hass zu unterscheiden – Gefühle gegenüber denen, die man nicht verlassen konnte. Verlassen nicht – aber kränken, demütigen. Die Verbindung aber fiel einfach nicht auseinander. Die Leute teilten ihr Brot – mal krümmten sie sich dabei vor Mitleid, mal verfluchten sie einander.«
Noch schonungsloser ist das in ihrer Prosa, in der sie eigene Erfahrungen belletrisiert und verfremdet, wie es bei den russischen Formalisten heißt, zu denen sie (als Schülerin aus der jüngeren Generation) gehört. In dieser Prosa ist ihr Blockade-Stellvertreter ein Mann namens Otter, dessen Familie seine alte Tante ist, die in ihrer Kraftlosigkeit die ärgerlichen Eigenschaften nicht verliert: Eitelkeit, Egoismus, Neid, praktische Ungeschicklichkeit, Verlogenheit, List, Sturheit. All das nervt und reizt Otter, und dass es dazu nicht nur fast kein Essen gibt, sondern auch kein Wasser, keine Heizung, überhaupt nichts, nur den

gefrorenen Schmutz, die gefrorene Scheiße, Läuse, dass jede einfachste Handlung nach heroischen Mühen verlangt – dafür macht er, machen insgesamt alle Menschen unbewusst und ungewollt ihre Nächsten und Geliebtesten verantwortlich. Wenn die Tante stirbt, sieht Otter mit peinigender Klarheit, dass der Tote von allem befreit ist, was zu Lebzeiten abstoßen konnte: »Es ist ungerecht, Menschen vorzuwerfen, dass sie die Lebenden nicht schonen und die Toten beweinen. […] In Abwesenheit des nächsten Menschen ist die Gereiztheit untätig und nichts steht den guten Gefühlen im Wege, auch der Reue, dem Bedauern wegen eigener Grobheit, für die es keine Impulse mehr gibt und die deshalb unbegreiflich wird. Und nun wird die Abwesenheit eine ewige. Die Gereiztheit ist für immer verschwunden; Reue und Bedauern sind endgültig geworden.«

Der Tod befreit Menschen von allem, was sie, wenn sie am Leben sind, voneinander abstößt. Das macht die Trauer zu einer reinen Substanz, jeder Trauernde erlebt eine Erleuchtung, die vom Trauerschmerz verdeckt ist und unbemerkt bleibt (manche buddhistischen Lehrer sagen, ein jeder erlebt eine Erleuchtung im Laufe seines Lebens, wenn auch manchmal nur für eine sehr kurze Sequenz).

Lidia Ginsburg hätte ihren Otter, dem seine Tante von der Blockade weggepeinigt wird, auch Orpheus nennen können (für die Trauer ist die Art der Bindung nicht von Bedeutung). Er würde zu den übrigen profanierten Orpheusen des 20. Jahrhunderts gut passen.

In Olegs Gedicht wird Eurydikes Frage: »Wer bringt [...] mir Armen und dir das Verderben, mein Orpheus?«, beantwortet: das Leben.

OLEG JURJEW: *Nichts ist übrig ...*

Nichts ist übrig, alleine der Wind brennt
Im goldenen Haar der sterbenden Weiden, brennt
In den Stämmen der weinroten Ahorne, bleichen
                                 zerrissenen Buchen,
Der Bader Allah hat sich verlaufen und lässt
Einen Fluss aus Granitzubern ein,
Und der Mond reißt sich miauend vom Ast.

Nichts ist übrig – weder selbst noch du,
Alleine der Zug steht still, der über die Brücke eilt
Durch Wirbel verrußten, verbrannten Schaschlik-
                                 geruchs,
Alleine das unauffällige Leben, das uns zum
                                 Verderben geworden,
Zieht sich, noch nicht satt, in die Dunkelheit zurück,
Und braun sind seine schuftigen Augen.

                           Übersetzt von Daniel Jurjew

12. Dezember

Menschen fragen sich, was hat sie in das eine oder andere Elend geführt. Die nach menschlichem Ermessen einzig korrekte Antwort: einfach so.

Adam erzählt in Dantes »Commedia«, dass nicht das eigentliche Essen von der verbotenen Frucht der Sündenfall war, sondern die Überschreitung der gesetzten Grenze. Vielleicht gilt das auch für Orpheus' Umdrehen. Einfach so. Das Leben.

Adam wusste nach dem Verzehr der Frucht, dass er sterblich ist.

Orpheus wusste nach dem Umblicken, dass Eurydike tot ist. War dieses Wissen sein Fehler?

27. Dezember

Seit fünf Tagen in Edenkoben.

Via Wi-Fi ins Nichts.

Heute ist Raureif, genau der gleiche, den wir hier einmal zusammen gesehen haben: Man erkennt, welche Fenster im Herbst nicht abgewischt wurden, dicke vereiste Staubfäden glitzern in der Sonne. Die Spinnwebsterne an Tannen wie Weihnachtsschmuck.

30. Dezember

Warum ich das auf Deutsch schreibe. Das Denken in einer Sprache, die du als Kind nicht kanntest, geschieht in einem gewissen Sinne im Jenseits, oder eher zwischen Jenseits und Diesseits.

Das Schreiben und Denken in einer völlig unbekannten Sprache ist eine Abstraktion wie der Tod oder die Zeit vor der Geburt.

Olegs und mein gemeinsamer Raum bleibt russisch. Ich spreche aus diesem Raum hinaus. Beim Passieren der Grenze wird die Sprache eine andere.

2019

2. Januar 2019 (eigentlich 2018, ich kann dieses Jahr nicht verlassen und will das auch nicht. Das ist das letzte Jahr unseres Zusammenseins.)

6. Januar 2019(18)
Gestern war ein halbes Jahr. Oleg, der die Sprache der Zahlen und Daten verstand, hätte (wäre ich und nicht er am 5. Juli gestorben) gestern etwas dazu geschrieben (falls er überhaupt solche Notizen geführt hätte, was zu bezweifeln ist). Mir waren Daten immer egal. Und jetzt?

15. Januar (2019, nichts zu machen, 2019 ist da. Ich sehe die messbare Zeit an, ich sage: 2018, 2019. Ich weiß nicht, was das heißt. Mein letzter Tag ist der 5. Juli 2018.) Nunc stans, erstarrte Ewigkeit der Toten, die die Trauernden in sich tragen.

Jerusalem (7.–13.)

Besuch bei Olegs Mutter. Wir haben uns nie besonders gut verstanden. Jetzt teilen wir den tiefsten Einschnitt in unseren Leben, das, was unsere Persönlichkeiten in jedem kleinsten Teil durchbrannte. Weder sie noch ich neigen zum Seelenausschütten, zu vertrauten Gesprächen und herzlichen Gesten im Umgang. Stillschweigend aber wissen wir beide, dass wir in derselben Hölle benachbart und damit todsicher verbunden sind.

Tempelberg.

Klagemauer.

Via Wi-Fi ins Nichts.

Beim Rückflug ein sehr alter deutscher Herr: »Darf ich fragen, was Sie dazu gebracht hat, Novalis zu lesen«, mit erstauntem Nachdruck bei *Novalis*. »Das ist gewiss eine schwierige Lektüre?« Daniel und ich sprachen Russisch miteinander, er war gerührt. Nachdem ich »Nein, ich kann ziemlich gut Deutsch lesen« gesagt hatte, verlor er jegliches Interesse.

16. Januar

18. Januar

Ich war so eng mit Oleg verbunden, dass es keinen Platz für andere Freundschaften gab (nur Lena Schwarz war das, was man Freund nennen kann, und Vadim Strukow, der Tänzer, der beste Drosselmeier aus Tschaikowskis »Nussknacker«, den man sich vorstellen kann; beide tot.)

23. Januar

Manchmal ist eine Erinnerung in ihrer kurzen Sequenz von der Realität nicht unterscheidbar.

Iwan Bunin sagte, es sei einfacher, für eine Frau zu sterben, als mit ihr das ganze Leben zu leben. Ein Männerspruch nicht ohne Häme. Für die Trauer würde gelten: Es ist einfacher, einem Menschen nachzusterben, als die Trauer zu durchleben, zu durchdenken.

Ich hege die Illusion, den Schmerz zerlegen und seine

Struktur untersuchen zu können. Er ist aber schwer, inert und homogen.

24. Januar
Trauer ist das Konzentrieren auf den Schock, der andauert. Als wäre es möglich, den Schock zu zerlegen und zu untersuchen. Die einzige Erkenntnis daraus ist, dass dieses Konzentrieren zu nichts führt. Und doch ist das eine Erkenntnis.

25. Januar
Vielleicht vermissen uns unsere Toten genauso, wie wir sie vermissen.

27. Januar
Ich vermisse Oleg wie einen Lebenden. Wie vermisst man jemanden wie/als einen Lebenden? Fordernd. Sogar herausfordernd. Wer ist herausgefordert? Nicht der Tote, die absolute Passivität der Toten schützt sie vor unserer Albernheit. Wer/was ist herausgefordert? Die Leere. »Ohne Oleg bin ich leerer als du«, kann ich ihr sagen. Ob die Leere Sinn für Humor hat …

28. Januar
Die verbreitete Vorstellung, die Toten würden uns sehen und hören.

In Dantes Commedia allerdings wollen die Schatten der Hölle von dem Weltenwanderer Dante Auskunft über die andere Seite, sie wüssten die Zukunft, aber nicht die Gegenwart. Die im Purgatorium wissen wenigstens von den Gebeten, die für ihre Seelen von den Lebenden gesprochen werden. Im Paradies sind sie allwissend. Wir denken unsere Toten im Paradies.

Wie nachvollziehbar fühlt sich das an, dass sie alles unmittelbar mitbekämen. Wenn sie dort klüger werden als wir hier, sind unsere Sorgen für sie ein Kinderlallen und kaum verständlich. Wenn sie dort genauso dumm sind wie wir hier, dann bleibt jeder bei seinen Albernheiten, seiner Schuld, seiner Sehnsucht, seinen Ängsten und allem, wodurch Menschen voneinander getrennt sind. Vielleicht hören sie uns nicht, hoffen aber, dass wir sie hören.

28. Januar 2018–2022
Der Tod des Anderen ist ein Ereignis des Lebens

Es heißt, die moderne Leistungs- und Konsumgesellschaft will die Trauer verjagen. Dabei zeugt beinah alles, was wir über den Umgang mit Tod und Trauer in der Vergangenheit wissen, von Hemmungen und Verdrängen.
Ich sage in einem Atemzug »Tod und Trauer«. Doch vielleicht scheut man heute die Trauer tatsächlich mehr als früher, vielleicht wurden Tod und Trauer getrennter wahrgenommen?
Im 16. Jahrhundert spottet Montaigne über Menschen, die den Tod verdrängen, die Trauer aber verehren:
»Die Menschen, sie kommen, sie gehen, sie trotten, sie tanzen – und vom Tod kein Wort. [...] Dann aber, wenn er sie ereilt, sie selbst oder ihre Frauen, Kinder und Freunde, plötzlich und hinterrücks, welch Jammern und Heulen, welche Wut und Verzweiflung brechen da hervor und überwältigen sie!« (»Philosophieren heißt sterben lernen«)

Die Trauer sei im Gegenteil willkommen, wofür Montaigne ebenso kein Verständnis hat: »Die Weisheit, die Tugend und das Gewissen werden damit drapiert – was für eine alberne und abstoßende Aufmachung!« (»Über die Traurigkeit«)

Wie fast alle damals hat Montaigne früh viele Verluste erlebt, von seinen sechs Töchtern hat nur eine das Erwachsenenalter erreicht, er wusste, wovon er sprach, wenn er sagte, er gehöre zu denen, die am stärksten gegen die Trauer gefeit sind.

Aber Montaigne scheut die Widersprüchlichkeit nicht und erklärt seine Trauer um Étienne de La Boétie zu einem hochwertigen und sinnspendenden Gefühl und die »Essays« zur andauernden Trauerfeier.

Sein Ideal, bei allen Gemütsbewegungen maßvoll zu bleiben, verliert hier jede Gültigkeit: »Wenn ich mein ganzes spätes Leben, obwohl ich es dank der Gnade Gottes angenehm, bequem und, vom Verlust eines solchen Freundes abgesehen, frei vom schweren Kummer verbringen durfte […] – wenn ich dieses ganze spätere Leben, sage ich, mit jenen vier Jahren vergleiche, in denen es mir vergönnt war, die beglückende Nähe und Gesellschaft dieses Mannes zu genießen, so ist es nichts als Rauch. Nichts als freudlose, dunkle Nacht.« (»Über die Freundschaft«)

Man staunt, dass das Montaigne sagt, der ansonsten bei sokratischer Verachtung des Todes bleibt: »... die Verachtung des Todes: sie gibt unserem Leben eine gelassene Ruhe […] Das ist der Grund, warum alle philosophischen Lehren sich in diesem Punkt treffen«. Auch *nach* Montaigne treffen sie sich in diesem Punkt. Alles, was sie einander und uns an diesem Punkt zu sagen hatten, haben sie bereits gesagt. Kann man nun weiterziehen?

Natürlich haben Stoiker auch den Tod des Anderen gemeint (»Ich wusste, dass mein Sohn sterblich ist«, soll einer auf die Nachricht über den Tod seines Sohnes gesagt haben). Aber irgendwann begann langsam eine Wende, ein Aufstand, die Weigerung, den Tod des Anderen mitanzuerkennen. Vielleicht hat Montaigne in seiner Widersprüchlichkeit sogar einen ersten Schritt gemacht: von der Verachtung des eigenen Todes zu dem Sturz aller Weltweisheit vor dem Tod des Anderen.

***

Epikur: Der Tod gehe uns nichts an, weil es entweder uns oder ihn gibt und der Mensch und sein Tod sich also nie begegnen. Wittgensteins elegante Paraphrase: »Der Tod ist kein Ereignis des Lebens. Den Tod erlebt man nicht.« Das gilt nur für den eigenen Tod. Der Tod des Anderen geht uns sehr wohl an. Er wird *erlebt*. Er *ist* ein Ereignis des Lebens. Gegen die Angst kann man denken (außer der Momente einer unmittelbaren Gefahr). Gegen die Trauer nicht. Die ganze Philosophie, die uns sterben lehrt, ist unwirksam angesichts der Trauer. Alle Argumente würden stimmen. Aber die Wirklichkeit der Trauer siegt über alle Argumente.

***

Jelena Schwarz schreibt, dass sie nach dem Tod ihrer Mutter »Hamlet« immer wieder lesen musste, wie ein krankes

Tier ein bestimmtes Kraut frisst, und erst langsam begriff, warum: »Hamlet« sei eine Tragödie der Verwaisung: Nicht nur Hamlet hat den Vater verloren, auch Ophelia, Laertes und Fortinbras. Ähnlich wähle ich mir seit Olegs Tod meine Lektüre aus, fast unbewusst, aber sehr bestimmt. Mich interessieren die Spuren der Auflehnung gegen die Anerkennung des Todes (des Anderen).

Emmanuel Lévinas: »Der Tod des Anderen, der stirbt, betrifft mich in meiner Identität selbst als verantwortliches Ich.«

Mit dem Wechsel der Perspektive von meinem Tod zum Tod des Anderen kann die ganze Philosophie noch einmal und anders erzählt werden. Es gibt allmählich sichtbarer werdende Linien, die zu einem anderen Treffpunkt führen als der husarenhaften Todesverachtung der Stoiker: zur Weigerung, den Tod (des Anderen) zu akzeptieren. Emmanuel Lévinas und Nikolai Fjodorow sind zwei sehr unterschiedliche Denker. Und doch, sie treffen sich in *diesem Punkt*, an dem ich stehe und nach Verbündeten suche.

***

Emmanuel Lévinas (1905–1995) wurde in Kowno, Russland, heute Kaunas, Litauen, geboren. Der Zweite Weltkrieg erreichte ihn in Frankreich (davor hatte er in Freiburg studiert). Seine Eltern, seine beiden Brüder und die Familie seiner Frau wurden als Juden ermordet. Er betrat nie wieder deutschen Boden. Seine französischen Bücher sind voll von im deutschen Original belassenen Begriffen.

Mit seiner Frau zu Hause sprach er Russisch. Die Widmung von einem seiner wichtigsten Werke »Jenseits des Seins«: »Dem Gedenken der nächsten Angehörigen unter den sechs Millionen der von den Nationalsozialisten Ermordeten, neben den Millionen und Abermillionen von Menschen aller Konfessionen und aller Nationen, Opfer desselben Hasses auf den anderen Menschen, desselben Antisemitismus.«

Für mich hängt das ethische Denken von Lévinas eindeutig mit diesem Hintergrund zusammen.
Nicht nur von Lévinas.
»Früher kam das Volk zu den Gräbern seiner Dichter. Heute kommen Dichter zum Grab ihres Volkes«, sagte Itzik Manger. Auffallend viele jüdische Intellektuelle nach dem Zweiten Weltkrieg begingen Selbstmord (Paul Celan, Jean Améry, Joseph Wulf, Primo Levi, Peter Szondi), wenn auch in jedem konkreten Fall versucht wird, andere Zusammenhänge zu finden. Ich denke, ihr intellektuelles Potenzial wurde in höherem Maße in eine Auseinandersetzung mit dem Schuldgefühl investiert als ins Ressentiment. Das ergibt einen Sinn, weil Schuldgefühl ein Bestandteil der Trauer ist. Deshalb ist es nachvollziehbar, dass Schuldgefühle der Überlebenden ausgeprägter sind als die der Täter. Die Hinterbliebenen (was für ein Wort, *wir bleiben noch hinter euch, aber wir kommen euch nach, keine Sorge*) leben mit ihrer Schuld, die es juristisch gesehen nicht gibt. Die Täter suchen nach Möglichkeiten, die Verantwortung anderen unterzuschieben. Täter sind mit der juristischen Schuld beschäftigt und Opfer mit der existenziellen. Hätten die Täter solche bedingungslose

Schuld gegenüber den Opfern gespürt wie die Angehörigen gegenüber ihren Toten, wäre der Antisemitismus in Deutschland nicht mehr möglich, auch Lisa Eckhart aus Österreich würde sich auf der Bühne nicht als Clownsgestalt inszenieren, die als weiblicher und blondierter Goebbels aus dem Film »Cabaret« geschminkt ist und antisemitische Witze zum Besten gibt.

***

Nikolai Fjodorow war ein Rebell gegen den Tod. Und gegen die Zeit, weil er nicht nur den zukünftigen Tod bekämpfen wollte, sondern und in erster Linie den Tod aller in der Vergangenheit Gestorbenen.

Nikolai Fjodorow (1829–1903) wurde am Ende des 20. Jahrhunderts zum Patron des sogenannten »russischen Kosmismus« erklärt, dem im Nachhinein ziemlich verschiedene Künstler und Wissenschaftler zugeordnet werden. Er war Moskauer Bibliothekar, ernährte sich von Tee und Zwieback, wollte keinen Besitz haben und zahlte aus seinem Lohn Bedürftigen »Stipendien«. Von Zeitgenossen wurde er »Moskauer Sokrates« genannt, Dostojewski und Tolstoi bewunderten ihn. Obwohl man die von ihm inspirierte Denk- und Kunstrichtung mit den Träumen von der Eroberung des Weltalls verbindet, ging es ihm eigentlich nicht um die Raumfahrt, sondern um eine mentale und vor allem ethische Evolution der Menschheit.

Die der Menschheit einzig würdige Aufgabe ist für Fjodorow die Wiederbelebung aller Toten.

Er betitelte seine Schriften »Fragen von Ungebildeten an Gebildete« und meinte damit, dass dies dringende Fragen der Menschlichkeit seien, die von der Wissenschaft gerne übersehen würden.

Obwohl er sein 19. Jahrhundert und den Positivismus anprangert und sich als christlicher Denker versteht, ist er ein Kind jener Zeit und will den Fortschritt auf seine Sache verpflichten. Er erklärt dem Transzendenten den Krieg: »Indem wir die immanente Auferstehung anerkennen, begrenzen wir die Bewegung derjenigen menschlichen Neugier, die auf das Transzendente, auf das Denken ohne Handeln ausgerichtet ist.« Die Auferstehung hat für ihn nur diesseits einen Sinn. Eine mögliche Richtung: Menschen aus sterblichen Überresten wiederherzustellen. Hat ihm das Klonen vorgeschwebt? Ich erinnere mich an W., der um seine Frau N. trauerte. Einmal sagte er, so als wäre das bloß aus abstraktem Interesse und ein Smalltalk beim Abendessen: »Angenommen, ein Mann lässt seine tote Frau klonen. Was bringt das? Sie muss noch geboren werden, dann erwachsen werden, und er wird schon sehr alt sein.« (W. war zu diesem Zeitpunkt 65.)

***

Fjodorow schreibt in einem Brief über Lew Tolstoi: »Natürlich kann man von Tolstoi, der an Wunder nicht glaubt und Logik nicht anerkennt, nicht erwarten, dass er sich überlegt, was er sagt, dass seine Worte sinnvoll wären. Wenn er, der von der allgemeinen Aufmerksamkeit verwöhnt ist, sagt, dass der Tod ›keine schlechte Sache‹ sei, [...] dann sollten wir vielleicht Tolstoi fragen, wessen

Tod er ›nicht schlecht‹ findet, den eigenen oder den der anderen Menschen, den der Nahestehenden oder den der Fremden. Aber das wäre müßig, Tolstoi kennt nur sich selbst.«

Mit »Tolstoi kennt nur sich selbst« hat er recht und unrecht. Tolstoi führte einen titanischen Kampf gegen die eigene Selbstfixierung: »Der Wahnsinn ist Egoismus oder andersrum: Der Egoismus, d. h. das Leben nur für sich, nur für die eigene Persönlichkeit, ist Wahnsinn« lautet ein Eintrag in Tolstois Tagebuch. Die Selbstfixierung ist für einen jeden Künstler eigentlich notwendig, im Idealfall (und Tolstoi *ist* ein Idealfall) erweitert sich das hypertrophe Ich auf die ganze Welt, verliert sich und spricht für alle. Allerdings war Fjodorow bereit, Tolstoi als großen Schriftsteller anzuerkennen. Das Problem begann auf dem Feld der Weltanschauung, wo sie einander zu nah waren. Sowohl Fjodorow als auch Tolstoi hätten das Zeug gehabt, Gründer eines russisch-orthodoxen Protestantismus zu werden. Im Falle Tolstois war es beinahe so weit, die »Tolstowzy« wirkten weit über seinen Tod hinaus, nur schob die gerade tobende Geschichte mit dem Ersten Weltkrieg, der russischen Revolution, Stalin, dem Zweiten Weltkrieg alles beiseite.

In ihrer Kritik am Konsumismus oder auch in ihrer Verklärung des einfachen ländlichen Lebens ähneln sie einander zum Verwechseln. Vielleicht eben deshalb kann Fjodorow nicht einsehen, dass Tolstoi in der Hauptfrage – der Wiederbelebung aller Toten – nicht mitzugehen bereit ist. Tolstoi war für Fjodorow zu vernünftig, und Vernunft ist der natürliche Feind des utopischen Denkens. Um leben zu können, hat Tolstoi, der vom Gedanken an den Tod besessen war, den Tod für sich domestiziert, während Fjodorow sich weigert, im Tod irgendeinen Sinn zu erkennen.

Und das – im Tod einen Sinn zu erkennen – ist die eigentliche Philosophie, die sterben lehren soll. Elias Canetti über die Philosophie, die »sterben lehrt«: »Zu denken, dass man für den Tod noch plädieren muss, als wäre er ohnehin nicht in erdrückender Übermacht! Die ›tiefsten‹ Geister behandeln den Tod wie ein Kartenkunststück.«

Aus einer ähnlichen Empörung heraus spricht Fjodorow über Tolstoi. Seine Frage an Tolstoi, »wessen Tod er ›nicht schlecht‹ findet, den eigenen oder den der anderen Menschen« – ist eine entscheidende Frage. Lévinas spricht über die Privilegierung des eigenen Todes bei Heidegger, der für ihn mindestens so wichtig war wie Tolstoi für Fjodorow: »Für Heidegger bedeutet der Tod meinen Tod im Sinne meiner Vernichtung.« In einem Gespräch wird Lévinas gefragt, welche Verbindung es zwischen Heideggers Philosophie und seiner politischen Nähe zum Nationalsozialismus gebe. Die Antwort: »Das Fehlen der Sorge um den Anderen.« Bei Lévinas beinhaltet die Zeit nicht »Sein zum Tode«, sondern die Sorge wegen des Todes des Anderen: »Kann die Zeit verstanden werden als die Beziehung zum Anderen, anstatt in ihr eine Beziehung zum Ende zu sehen?«

***

Wenn Fjodorows Vision auf die eine oder andere Weise ihre Verwirklichung finden würde, würden die Auferstandenen verzweifelt nach denjenigen suchen, die sie zu Lebzeiten geliebt hatten. Bei der vorstellbaren Menge würde die Chance noch geringer sein als für einen platonischen, von Göttern halbierten Kugelmenschen, seine andere Hälfte zu finden.

Das Problem der romantischen Liebe der Auferstandenen hat Fjodorow nicht interessiert. Er hatte praktischere Überlegungen: Wie Raum und Nahrung für alle besorgen? – und erklärte die Rückkehr aller Toten sogar zur Lösung statt zur Verschärfung des Problems der Überbevölkerung. Der Dystopie von Malthus, die Natur würde den Überschuss an Menschen beseitigen, stellt er die Utopie der Raumfahrt entgegen. »Die Menschheit wird durch die wiederhergestellten Generationen alle Welten zu Mitteln ihrer Existenz machen. Nur so kann die Formel von Malthus gelöst werden, der Widerspruch zwischen Fortpflanzung und Lebenserhaltungsmitteln.«

Fjodorow sieht die Richtung der weiteren Evolution in dem Zusammenspiel von Ethik und technischem Fortschritt. Seine Vorstellung vom Menschen der Zukunft ist das, was wir heute Cyborg nennen würden, was wir zum Teil bereits geworden sind, mit dem externen Gedächtnis des Internets (das natürlich bei Tontäfelchen und Papyrusrollen seinen Anfang hat) und vielen Geräten, die immer selbstverständlicher Teil des menschlichen Körpers und Bewusstseins werden.

Elias Canetti (ähnlich wie Nikolai Fjodorow) sieht in Malthus den Befürworter des Todes und hält ihm die Fragilität der Menschheit entgegen: »Das Hauptargument für den Tod: die rapide Zunahme der Menschen. Es sieht so aus, als habe Malthus recht behalten. Da aber heute alles von Vernichtung bedroht ist, hat Malthus nicht recht behalten. Eine Universal-Katastrophe war damals nicht denkbar.« Nachdem Canetti das geschrieben hatte, hatte die atomare Katastrophe (die er in erster Linie meint) lange Zeit nicht mehr einen so prominenten Platz in kollektiven Ängsten, die genauso unberechenbar sind wie die individuellen Phobien. Eigentlich wissen wir nicht so genau, was uns eliminiert. Wir tippen auch auf den Klimawandel, wobei die Frage nach der Überbevölkerung wieder auftaucht. Einige sehen die Lösung im Verzicht aufs Kinderkriegen (hat Malthus recht behalten?). Bereits Lew Tolstoi war für diesen Verzicht, freilich nachdem ihm seine Frau 13 Kinder geboren hatte (genauso, wie er nach Vollendung seines belletristischen Œuvres schöne Literatur für unmoralisch erklärt hatte). Fjodorow ist grundsätzlich gegen die Geburt, die für ihn mit dem Konsum jeder Art und dem Egoismus zusammenhängt: Statt zu gebären, solle man die Väter wiederbeleben.

***

Zwei Jahrzehnte nach Fjodorow und ohne von ihm zu wissen entwickelt Teilhard de Chardin eine verblüffend ähnliche Zukunftsvision. Wie Fjodorow den russisch-orthodoxen Glauben, so will Teilhard de Chardin die Katholische Theologie mit der »transhumanen« Evolution vereinigen. Als gäbe es kommunizierende Röhren der Gedanken oder, wie Teilhard de Chardin sagen würde, die Noosphäre, der Ort für die Akkumulation aller geistigen

Fakten der Menschheit, um den er sein Weltmodell kons-
truiert. Die Noosphäre hat ihren Ursprung im Denken des
russischen Wissenschaftlers Wladimir Wernadski (der
auch zu dem schön klingenden Begriff mit ziemlich un-
scharfen Grenzen, dem »russischen Kosmismus«, gezählt
wird), dessen Vorlesungen Teilhard de Chardin in den
1920er Jahren in Paris besucht hatte.

Vielleicht sollten Fjodorow und Teilhard de Chardin immer
als Erste erwähnt werden, wenn wir über den Transhumanismus sprechen.

Für beide ist das Künstliche bloß eine weitere Entwicklung des Natürlichen. Somit haben sie sehr früh die Ideen
des späten 20. Jahrhunderts zum Phänomen Cyborg vorausgesagt und vorformuliert.
Teilhard de Chardin: »Um den Menschen in seinem wah-
ren zoologischen Wert einzuschätzen, dürfte man nicht
so absolut, wie wir es tun, in unseren Perspektiven ›natürlich‹ und ›künstlich‹ voneinander scheiden, das heißt,
das Schiff, das Unterseeboot, das Flugzeug nicht ohne tief-
greifende Zusammenhänge mit den tierischen Umformungen betrachten, die den Flügel oder die Flosse ergeben haben. […] Dasselbe Individuum kann abwechselnd
Maulwurf, Vogel oder Fisch sein.«
Fjodorow: »Der Mensch wird die ganze Geschichte der
Entdeckungen mit sich tragen […] … das, was er momentan nur gedanklich oder nur in unbestimmten Sehnsüch-
ten und projektiv in sich hat, wird wirklich sein, real, die
Flügel der Seele werden zu körperlichen Flügeln.«

Das Verb »trasumanar« erfindet Dante im »Paradiso«, um erklären zu können, wie er durch Beatrices Blick in den Himmel aufsteigt, genauer gesagt, er erklärt, dass das zu erklären unmöglich sei: »Trasumanar significar per verba non si poria« (niemand kann das Transhumanieren in Worte fassen).

Und wir heute? Was ist das Anderswerden des Transhumanierenden? Wird der Trans- und Posthumanismus eine Ersatzreligion (oder eine neue Religion)? Wird er neue Unterdrückung und Selektion der Menschen mit sich bringen? Oder im Gegenteil? Stellen Post- und Transhumanismus wirklich neue Fragen? Kaum. Optimistische Utopien wurden von Pessimisten entwickelt.

Streik in der Noosphäre

Teilhard de Chardin spricht vom »Streik in der Noosphäre« als Reaktion auf Sinnlosigkeit: Wenn es kein Ziel gebe, zu dem das Leben und die Evolution streben, dann sei die Frage, wozu das Ganze, berechtigt. Der reflektierte Blick, der infolge der Evolution entstand, das Bewusstsein, »das in einem dunklen Universum zum Denken erwacht«, dürfe dann gleich diese Evolution verurteilen: »… und das bedeutet wiederum Auflehnung, diesmal nicht mehr nur als eine Versuchung, sondern als eine Pflicht.« Er sieht allerdings Hinweise auf ein Ziel, die erlauben, die für den gesunden Menschenverstand sinnlose Erhaltung der menschlichen Zivilisation fortzusetzen: »ein Hauch, der uns alle durch eine Art lebendiger Affinität zu der herrlichen Verwirklichung irgendeiner erahnten Einheit hinzieht«.

Wenn sich Teilhard de Chardin fragt, was am Ende der Evolution (das er voraussetzt) kommt, ist er in dem Punkt der Raumflüge eher skeptisch: »Werden wir zu diesem Zeitpunkt fähig sein, andere Zentren kosmischen Lebens zu erreichen […]? – Oder aber werden wir, ohne die Erde zu verlassen, irgendeine neue Oberfläche ontologischer Diskontinuität überschreiten […] – Wahrscheinlicher wird etwas drittes geschehen – doch das kann nicht erahnt werden, wenn wir nicht den geistigen Einfluss Gottes ins Feld führen.«

Fjodorows Utopie ist viel konkreter, seine Vision ist Auferstehung aller Toten und Eroberung des Weltalls. Die Muse der Geschichte liebt Reime: Fjodorow, der am Anfang des Traums vom Raumflug stand, war unehelicher Sohn eines Fürsten namens Gagarin.

Inzwischen scheinen alle optimistischen Utopien hoffnungslos altbacken. Auch das Menschsein hat seinen Ruf ruiniert.

29. Januar–Frühjahr 2022
Anthropozän und Posthumanismus

Der Tod des Anderen macht aus einem Menschen im unbestimmten Sinne einen Menschen im Sinne der Menschlichkeit. Nachdem ich das geschrieben habe, fällt mir ein: Heute, wenn das Menschsein so wenig Ansehen genießt wie nie zuvor, hat dieser Satz nicht die Sicherheit, die er vor etwa hundert Jahren gehabt hätte, oder eher vor zweihundert, als Anthropophobie den Humanismus, also Anthropophilie, langsam abzulösen begann. Diese Tendenz hatte und hat gute Gründe. Trotzdem. Einen anderen Maßstab als Menschlichkeit gibt es nicht. Die Menschheit, die in vielen Prüfungen durchgefallen ist und weiter durchfällt, hat keine andere Wahl, als wieder und wieder zu versuchen, sie zu bestehen.

Andrej Platonow, der Schriftsteller, der unter starkem Einfluss von Fjodorow stand: »… großes stummes Leid des Universums, das nur der Mensch verstehen, artikulieren und überwinden kann, worin eben seine Pflicht besteht.«

Frühjahr 2022. Der Krieg in der Ukraine

»… ich lebe seit Olegs Tod mit einer Katastrophe, die andauert, deren Eigenschaft die Dauer bis zum Ende meines Lebens ist. Dieser Krieg ist noch eine Katastrophe, die jetzt da ist und nie verschwinden wird, egal, wie es ausgeht«, habe ich gestern in einer E-Mail geschrieben.

Was verbindet meine Trauer mit dem Krieg? Eine Katastrophe ist das, was nach menschlichem Ermessen unmöglich ist und trotzdem möglich ist, weil es *ist*. Jeder Krieg ist eine existenzielle Katastrophe, die auf einmal sehr viele Menschen betrifft.

Canetti: »Als wäre nicht jeder einzelne Tod, wer immer ihn erleidet, ein Verbrechen, das man mit allen Mitteln zu verhindern hätte!«

Lévinas: Man »muss bedenken, dass jeder Tod stets auch Mord ist: jeder Tod ist Mord, ist vorzeitig, und es gibt die Verantwortung des Überlebenden.«

Ich frage mich, ob das tatsächlich eine Errungenschaft der Moderne ist, dass der Krieg nicht als Bestandteil, sondern als Scheitern der Kultur gesehen wird. Das zu glauben, heißt an den geistigen Fortschritt zu glauben.

Der Tod des Anderen spricht zu uns. Und wir? Gibt es den geistigen Fortschritt? Wann wurde der moderne Pazifismus geboren? Ab wann wurden ästhetisierende Schilderungen des Krieges für viele nicht mehr möglich? In der Literatur scheint Tolstoi der Initiator des Pazifismus zu sein, »der erste Beweger« sozusagen. Die bildende Kunst war früher dran. Callot mit »Les misères de la guerre« hat den Krieg bedingungslos verurteilt.

Seitdem: Ein (langsam größer werdender?) Teil der Welt sieht jeden Krieg als Absurdität, ein anderer Teil immer noch als Mittel (wozu auch immer). Unvereinbare Denk- und Lebensmodelle sind nicht nur aktiv und vital. Sie sind nicht mehr voneinander isoliert, sie nehmen sich gegenseitig wahr und wollen einander nicht dulden. Vielleicht war das ähnlich in den ersten christlichen Jahrhunderten, das unfriedliche Zusammenleben von vielen gleichzeitigen Ungleichzeitigkeiten.

***

Eine Ausstellung in Basel mit Goyas »Desastres de la guerra«. Aus dem Begleittext:»Schmerz, Elend, Gewalt, Vergewaltigung, Folter, Tod und Massenmord [...]. Die hier präsentierte Auswahl ist ein Mahnmal [...] angesichts der Invasion der russischen Armee in der Ukraine.« Ich zwinge mich, Goyas Zeichnungen anzuschauen, und kann zugleich den Blick nicht abwenden. Sie werden in meinem Kopf von den Fotos aus der Ukraine überlagert. Aber auch von »Les misères de la guerre« von Jacques Callot.

***

Bei jeder Kriegsnachricht das schneidende Gefühl von persönlicher Schuld an Mord und Zerstörung. Dasselbe Gefühl bei den Berichten über Menschen in Russland, die für ihre Antikriegsaktionen festgenommen und verprügelt werden. Wenn ich weiterdenke: dasselbe Gefühl, wenn ich Berichte über die Ermordung und Vertreibung der Rohingya in Myanmar lese. Und wenn ein Burmese über die Verfolgung der gegen Diktatur protestierenden Burmesen spricht, fühle ich dasselbe wie bei der Verhaftung russischer Protestierender.

Das ist etwas, das der Empathie sehr nah ist, aber mit ihr nicht identisch. Das ist schwer zu registrieren, weil man sich schämt, sich angesichts des Leides anderer Menschen auf eigene Gefühle zu konzentrieren.

Das eigene Leid beim bloßen Denken an Menschen, denen gerade Gewalt angetan wird, scheint narzisstisch und kapriziös.

Den Blick nicht abzuwenden, die Brille nicht abzu-
setzen – ist das möglich? Das gehört ebenso zu den
»desastres« und »misères« des Krieges, dass er
irgendwann zur Routine wird.

***

Das wurde Millionen und Abermillionen Male
rhetorisch gefragt: Wie konnte die Kultur, die Kant
mit seinem moralischen Gesetz nicht nur hervorge-
bracht, sondern auch verehrt und gelesen hat, sich
zum Nationalsozialismus entwickeln. Etwas ist mit
unseren Fußnoten zu Platon schiefgelaufen. Ich
meine nicht explizit »deutsche Kultur«, vielleicht
nicht einmal »europäische«. Vielleicht ist der Wechsel der Perspektive – von meinem Tod zum Tod des
Anderen – eine Möglichkeit für Fußnoten, die das
erfassen, was wir noch übersehen haben. Es gibt
freilich keine falschen oder richtigen Fußnoten, alles,
was gedacht wurde oder wird, wird am Ende, was
auch immer das sein wird, sich zu einem Bild
zusammenfügen, würde etwa Teilhard de Chardin
sagen.
Oder Nikolai Fjodorow, der meinte, dass in Zukunft
Künstler als »Schöpfer eines gemeinsamen Kunst-
werks gesehen werden, ungeachtet von Streit und
sogar Feindschaften zwischen ihnen«. Mir gefällt
diese Vorstellung: Alle diese Wesen, die die einzelnen
Kunstwerke sind, fügen sich zu einem Kunstwerk
zusammen.

Angesichts des Krieges: Gespräche von der kollektiven Schuld der »russischen Kultur«. Als enthielte nicht jede Kultur alles: sowohl hellste ethische Höhen als auch dunkelste Tiefen. Dadurch spricht die Welt mit sich selbst, erkennt sich, erschrickt sich vor der Grausamkeit und hält inne vor Edelmut. Keine Kultur ist das Werk eines Volkes und keine gehört einem Volk, sondern jede gehört der Menschheit. »Keiner ist eine Insel, keiner in sich geschlossen«, was John Donne über Menschen schreibt, ist genauso auf Kulturen anwendbar.

Eine Übersetzerin aus Moskau (Arno Schmidt, Hubert Fichte, Jean Paul; Oleg sagte, dass er an die Möglichkeit Arno Schmidts in einer anderen Sprache nie geglaubt hatte, bis er ihre Übersetzungen las) schreibt über ihre ukrainischen Freunde: »Sie alle schreiben, sie müssen – und werden – alle Einladungen zu allen Treffen, Konferenzen, Konzerten, Demos usf. ablehnen, wo auch Russen eingeladen werden, egal welche Russen. Im Hintergrund dieses Schreckens, den Russen in der Ukraine treiben, kann man das verstehen, aber objektiv gesehen wird das alle Inseln des normalen Lebens, die in Russland noch geblieben sind, vernichten [...]. Ich spreche jeden Tag mit einem Freund, einem [ukrainischen] Übersetzer (ins Russische), der in Kiew lebt. Er teilt solche Ansichten nicht, dass man die ganze russische Kultur liquidieren solle, aber er denkt, dass sie während des Krieges unvermeidlich seien und auch danach einige Zeit immer stärker würden. All das ist sehr

traurig, gut, dass ich wenigstens mit ihm darüber
sprechen kann.«

Damit werden wir alle leben. Man kann natürlich
sagen, dass das angesichts des Krieges klein und
unbedeutend sei. Ist es nicht.

Ukrainische Künstler, die zum Boykott aller russischen Kunst aufrufen, lassen ihre gerechte Wut auf
Putin an russischen Kollegen aus, dachte ich mir, als
die Tochter einer Bekannten sagte: »Mama, wenn du
auf Putin wütend bist, warum schreist du mich an?«

Charms, Mandelstamm, Schalamow, Zwetajewa –
sie und andere Opfer eines unmenschlichen Regimes
werden jetzt posthum zum zweiten Mal zu Feinden
erklärt.

Was mich all die Jahre nach dem Ende der Sowjetunion beschäftigt: Warum haben wir nach so viel
gemeinsamem Leid und gemeinsamer Schuld an der
kommunistischen Diktatur keine Solidarität miteinander, sondern nur gegenseitige Abgrenzungen und
Anschuldigungen?
»Für eure und unsere Freiheit!« war der Wappenspruch russischer oppositioneller Künstler und ihrer
Kollegen in den Sowjetrepubliken und Osteuropa.
Und jetzt?

***

Die sowjetische Zivilisation war gerade abgestürzt und scheinbar zerbrochen, als Oleg und ich 1990 Russland verlassen haben. Die (westliche) Welt war neugeboren, es herrschte Aufbruchsstimmung. Dazu, also zu »der westlichen Welt«, zähle ich auch Russland, das ist keine schmeichelhafte Bezeichnung, wie es im sich angeblich vom Eurozentrismus befreienden Westen immer noch angenommen wird. Die Nachkriegszeit schien vorbei und keine Gefahr war in Sicht, dass das Ganze bald in eine Vorkriegszeit münden würde. Allzu lange hat dieser Zustand nicht gedauert. Aus dem hoffnungsstrahlenden Neugeborenen wurde ein neurotisches Ebenbild seiner Vorfahren.

29. Januar

Einmal sagte Richard Obermayr (er und Oleg und ich saßen in einem Wiener Kaffeehaus, vermutlich »Diglas«), er würde sich wünschen, dass nach dem Leben noch kurz ein Nachspann gezeigt werde, in dem einem erklärt würde, was für einen Sinn all das hätte.

***

Menschen versuchen zu erahnen, was sie von den Tieren unterscheidet. Humor? Die Vorstellung von der Zukunft? Die Fähigkeit, in Symbiose mit der Technik zu treten? Ohne diese Frage beantworten zu können, stehen wir vor einer neuen: Wodurch unterscheiden wir uns von Maschinen?
Vielleicht durch die Trauer?

Wird der transhumane Mensch der Zukunft rätseln, was ihn von uns unterscheidet? Vielleicht wird er sagen: »Der Homo Sapiens war rüde und konnte angesichts des Leides der anderen ruhig seinen Alltag weiterleben.« Oder wird er sagen: »Der Homo Sapiens hatte eine lächerliche auslaugende Sorge um seinesgleichen, statt sich auf die eigene Entwicklung zu konzentrieren.«

Was wird entscheiden, wohin er, der transhumane Mensch, sich entwickelt, also wir uns entwickeln?

Die Trauer ist eine Frage in der und durch die Unbegreiflichkeit des Todes. »Wie ein krankes Tier ein bestimmtes Kraut frisst«, lese ich bestimmte Bücher, die keine Antworten haben, aber diese Frage immer neu formulieren: Emmanuel Lévinas, Nikolai Fjodorow, Elias Canetti, andere, einzelne Stimmen einzelner Menschen. Während draußen Menschen wieder verstärkt in ihre Zugehörigkeiten verteilt sind. Meine Ohren verspüren Übelkeit, wenn ich Nationalitätsbezeichnungen höre: Russen, Chinesen, Deutsche, Europäer, Amerikaner ... Die Geschichte hat 30 Jahre pausiert, man konnte mit Nationalitäten und Vorurteilen spielen. Das war die Postmoderne. Auch die Postmoderne ist vorbei. Die posthumanen Cyborgkonzepte, die sich die Ideen von Teilhard de Chardin aneignen, ohne ihn zu nennen, neigen oft zu Aggression und Abgrenzung innerhalb der noch humanen Menschheit.

Aus der Perspektive von Teilhard de Chardin erscheint jeder Krieg als ein autoimmuner Angriff.

Der Krieg in der Ukraine hat die Atombombe wieder ganz nah ans kollektive Bewusstsein gerückt und manches aus dem Gedankengut des 20. Jahrhunderts wieder aktualisiert.

Dass wir, mit Günther Anders gesprochen, »antiquierte Menschen« sind, die begreiflich weit hinter der von uns produzierten Technik geblieben sind, spricht für Teilhard de Chardins These, dass wir aufhören sollten, »natürlich« und »künstlich« voneinander zu scheiden, dass wir Technik im Zusammenhang »mit den tierischen Umformungen betrachten« sollten, »die den Flügel oder die Flosse ergeben haben«. Ein Vogel weiß schließlich auch nicht, wie seine Flügel funktionieren, und vielleicht fühlte sich die erste Eidechse, der Flügel gewachsen sind, genauso einer teuflischen Macht ausgeliefert wie ein alter Mensch heute (ich), der zwischen verschiedenen Apps und Interfaces verzweifelt versucht, eine Theaterkarte mittels Online-Banking zu bezahlen.

»Schaffung eines wirklichen Nervensystems der Menschheit; Erarbeitung eines gemeinsamen Bewusstseins«, solche Vernetzung hat Teilhard de Chardin bereits in den 1920er Jahren prophezeit. Sie ist nun eingetreten. Das Paradoxe in der digitalisierten Landschaft: Das Verwischen der Grenze zwischen dem Individuum und der Welt (auch zwischen Subjekt und Objekt) bringt nicht nur eine Erweiterung, sondern auch eine Verengung der Perspektive. Es entstehen Muster, denen zu entgehen ungeheuer schwierig ist, weil sie eine sanfte, unmerkliche Invasion sind.
Ambivalenz des Fortschritts: Vielleicht ist Atomkraft mit einer Menschheit, die aus »antiquierten Menschen« besteht, inkompatibel. Die Risiken sind nicht kalkulierbar, also ist nicht kalkulierbar, wann und in welcher Ecke der Welt ein Verrückter Zugang zum »roten Knopf« bekommt. Wenn der Mensch als Art seiner Technologie nicht ge-

wachsen ist – wäre vielleicht ein allgemeines Interface, in dem alle mit allen verbunden sind, eine Rettung? Ob das die Individualität ausschließt, ist eine weitere interessante Frage (das digitale Netz kann man sich als einen mystischen Raum oder die buddhistische Leere vorstellen, wo alles vereint ist und das Ich zugleich aufgehoben und in seiner befreiten Wesenheit erhalten ist).

Wird das symbiotische Wesen Mensch-Maschine die Trauer um die Gestorbenen (Kaputten? Entsorgten?) kennen? Wird es nur sich selbst kennen und im Rausch der Selbstoptimierung Unfreiheiten und Ungerechtigkeiten schaffen, die dieselben wie davor sein werden, nur durch die neuen technischen Möglichkeiten intensiviert?

»Die Pflanzen, die Tiere, ja die Lebewesen in ihrer Gesamtheit klammern sich an ihre Existenz. [...] Und dann plötzlich im Bereich der menschlichen Natur das mögliche Aufscheinen einer ontologischen Absurdität: Die Sorge für den Anderen siegt über die Sorge um sich selbst.« – Wird das posthumane Wesen vor diesen Sätzen von Lévinas innehalten können?

Ist die künstliche Intelligenz, »die wir zum Denken erwecken«, womöglich genauso verängstigt, entsetzt und verloren? Allerdings ist sie die Fortsetzung unseres Bewusstseins, wie wir die Fortsetzung des Bewusstseins einer Eidechse sind.

»Gleichheit ist der Grundpfeiler der Gerechtigkeit. Wer kann sich beklagen, wenn ihn trifft, was alle trifft«, schrieb

Montaigne über den Tod. Und wenn nicht alle? Heute wird die Notwendigkeit, den Tod anzuerkennen, immer öfter in Frage gestellt, weil der Fortschritt immer selbstbewusster die Überwindung des Todes verspricht. Wird die Unsterblichkeit zu einem neuen Ungleichheitsfaktor und einem Luxusgut? Und auch davon abgesehen: Was ist mit den bereits Gestorbenen? Mit Fjodorow und Canetti fragend: Ist das nicht die ungeheuerste Ungerechtigkeit, dass die Unsterblichkeit sie nichts mehr angeht?

30. Januar

Montaigne erklärt Bücher für bessere Begleiter als Freunde und Geliebte, weil sie nach nichts verlangen, einfach da sind, man kann sie lesen oder nicht lesen, sie nehmen uns das nicht übel. Der smaragdgrüne Fjodorow harrte vierzig Jahre auf dem Regal aus, bis ich ihn wieder aufschlug.

1982/83(?). Wir waren in Estland per Anhalter unterwegs (was für mich eine ganz gewöhnliche Sache war und für Oleg ein Abenteuer, auf das er sich meinetwegen eingelassen hatte, wie ich seinetwegen die meisten meiner Hippie-Angewohnheiten wegließ) und besuchten auf dem Rückweg eine kleine Künstlerkolonie befreundeter Leningrader Übersetzer, die im Sommer im selben Dorf wohnten. Wir übernachteten in einem Zelt am Ostseestrand, mitten in der Nacht haben estnische Grenzsoldaten uns mit Taschenlampen in die Gesichter geleuchtet (damals natürlich nicht wegen der Grenze zu Russland, sondern weil die Ostsee dort zu Finnland und Schweden führt). Sie haben uns geweckt, wir aber ihr Interesse nicht. Beim Frühstück auf einer Holzterrasse wurden Gespräche vom Abendbrot fortgesetzt. Die Frau eines Dichters sagte, es sei gerade keine gute Zeit für Lyrik, kaum gelesen, kaum gefragt. Als später ein anderer Dichter uns bis zur Autobahn begleitete, bemerkte er giftig: »… na ja, *seine* Gedichte sind kaum gefragt, deshalb scheint ihr, die Lyrik hätte keine Bedeutung mehr.« Ein Trucker brachte uns zu einer Brücke in der Grenzstadt Narva. Auf der einen Seite des Flusses (der ebenfalls Narva heißt) steht eine mittelalterliche estnische Festung. Auf der anderen, im bereits russischen Iwangorod steht eine russische. Provinzbuchläden waren sagenumwoben. Auch wir versuchten in einer Iwangoroder Buchhandlung unser Glück und fanden diesen Fjodorow im grünen Umschlag, den man in einer größeren Stadt nie hätte kaufen können (und das bei der Auflage 50 000!). Allein die Tatsache, dass das Buch erschien, war eine Sensation, wie die meisten Bände dieser Reihe, die »Philosophischer Nachlass« hieß. In unserem Regal in Frankfurt sind neben Fjodorow noch einige: Diogenes Laertios (hellbraun, Auflage 100 000), Platon (senffarben, Auflage 100 000), Nikolaus von Kues (terracotta, Auflage 150 000), Francis Bacon (bordeaux, Auflage 80 000), La Mettrie (dunkelbraun, Auflage 70 000).

Verblüffend, dass der atheistische Sowjetstaat dem Materialisten und Freigeist La Mettrie nur eine weniger als halb so große Auflage gönnte wie dem Theologen und Mystiker Nikolaus von Kues.

30. Januar 2019–2022
Lévinas: »Das Sein dem Vergessen zu entreißen«

Museen sammeln Dinge, die keine praktische Bedeutung haben. Eine herrliche Sinnlosigkeit. Für Fjodorow sind sie das Gewissen der Menschheit, sind die Solidarität mit den

Toten, die Überwindung des Egoismus eines nach vorne gerichteten Blickes.

Museen und Bibliotheken haben eine Verwandtschaft mit Friedhöfen. Eine der hebräischen Bezeichnungen eines Friedhofs – »Haus des Lebens« (Beth ha Chajim). Kann man das als »Das Sein dem Vergessen zu entreißen« deuten?

In einer Besprechung meines Romans »Der Engelherd« sah der Rezensent in der Sorge von Caspar Waidegger, was nach seinem Tod aus seiner Bibliothek wird, ein Kennzeichen von dessen Eitelkeit. Bücher sind Stiefkinder der Gegenwart oder eher ihre alten armen Verwandten.
Werden unsere Bücher zu jenem letzten Neandertaler aus William Goldings Roman, dessen Sprache von einem Augenblick auf den anderen eine tote Sprache geworden ist?
Das Heft, das die Witwe des Dichters Konstantin Vaginov (1899–1934) auf der Schreibmaschine abgetippt und in Samtpapier gebunden hat. Das ist der letzte, zu Lebzeiten nicht veröffentlichte Band, der erst nach dem Ende der Sowjetunion erscheinen konnte. Vaginovs Witwe arbeitete in der Bibliothek des Leningrader Schriftstellerverbandes, in einem ehemaligen Palast des Grafen Scheremetjew, dessen Wappenspruch über dem Eingang zu lesen war: *Deus conservat omnia* (Gott bewahrt alles), und verschenkte diese von ihr abgetippten und gebundenen Hefte an vertraute Menschen (bewahrte das Werk ihres Mannes als Stellvertreterin Gottes). Unser Heft bekamen wir von der Übersetzerin Elga Linetzkaja (1909–1997). Oleg schrieb einmal über sie: »In der Dunkelheit und im Matsch

der endlosen sowjetischen Nacht war sie eine trockene und helle Taube aus dem sonnigen Wald der ›Weltkultur‹«. Ihre letzte Arbeit war die Neuübersetzung von Blaise Pascal. Der Erzbischof von Paris Jean-Marie Kardinal Lustiger besuchte sie in Leningrad und brachte ihr Pascals Pléiade-Ausgabe mit, die schwarzen Autos der Staatssicherheit, die ihn begleitet haben, warteten draußen, während Elga Linetzkaja und er Tee tranken und sich über Pascal unterhielten. Nach dem Tod ihres Mannes, der zu Oleg die Affinität eines Bibliophilen zu einem anderen verspürte, schenkte sie uns Vaginovs Bücher aus seiner Bibliothek, darunter dieses. Ist die Frage, was aus diesem Heftchen im hellgrauen Samtpapier wird, eine egoistische?
Auch andere Bücher:

Als das Frankfurter Slawistikinstitut geschlossen wurde und seine Bibliothek aufgelöst, konnten wir – wie die Neapolitaner die verwaisten Schädel – einige zum Wegschmeißen vorbereitete Bücher »adoptieren«. Die verlassene und todgeweihte Bibliothek ähnelte dem neopolitanischen Friedhof Fontanelle, sehr hoch, mit in Reihen aufgestellten sterblichen Überresten der irdischen Mühen. Wir wussten, dass unsere Wohnung selbst für die Bücher, die wir ohnehin schon hatten, entschieden zu klein war. Aber da waren zum Beispiel die Hefte des Almanachs »Russische Propyläen«, die von dem Literaturwissenschaftler und Philosophen Michail Gerschenson (1869–1925) herausgegeben wurden, das erste Heft (1915) mit seiner handschriftlichen Widmung an die Lyrikerin der russischen Moderne Adelaida Gerzyk (1872–1925). Eine Lyrikreihe: kleine Hefte mit jeweils einem Foto des

Dichters auf weißem Hintergrund, die einen Weg von Petersburg nach Frankfurt hinter sich haben und jetzt als Stapel vor mir liegen:

Tadeusz Różewicz (1921–2014, geboren im selben Jahr wie mein Vater, lebte 26 Jahre länger);

Jarosław Iwaszkiewicz (1894–1980);

Julian Tuwim (1894–1953, geboren im selben Jahr wie Jarosław Iwaszkiewicz. Lebte 27 Jahre weniger);

Ezra Pound (1885–1972);

Miguel de Unamuno (1864–1936);

Vítězslav Nezval (1900–1958);

Tudor Arghezi (1880–1967);

Léopold Sédar Senghor (1906–2001);

Rabindranath Tagore (1861–1941);

Nâzım Hikmet (1902–1963);

Nordahl Grieg (1902–1943);

Julio Cortázar (1914–1984), mit der handschriftlichen Widmung von dem Übersetzer Viktor Andrejew;

Pier Paolo Pasolini (1922–1975);

Al Purdy (1918–2000);

Rainer Maria Rilke (1875–1926);

Dylan Thomas (1914–1953, geboren im selben Jahr wie Julio Cortázar. Lebte 31 Jahre weniger);

Erich Fried (1921–1988, Lebensdaten wie bei meinem Vater);

Angelos Sikelianos (1884–1951);

Lawrence Ferlinghetti (1919; lebt, Stand Dez. 2020; (starb im Februar 2021))

Robert Frost (1874–1963);

William Carlos Williams (1883–1963, gestorben im selben Jahr wie Robert Frost, lebte neun Jahre weniger);

nicht aus dieser Reihe, aber im gleichen Format: Konstanty Ildefons Gałczyński (1905–1953, gestorben im selben Jahr wie Dylan Thomas, lebte neun Jahre länger);
Paul Claudel (1868–1955);
Leopold Staff (1878–1957).
Als wäre ich ein Friedhofsflaneur, der die Lebensdaten vergleicht (untereinander, mit denen, die ihm weggestorben sind, mit dem eigenen Geburtsdatum). Einige haben noch gelebt, als diese Bücher erschienen waren. Die sehr vielen polnischen Dichter zeugen von der Mode für alles Polnische in der späten Sowjetunion.

31. Januar
Im Zug. Nach Nürnberg/Linz. Es schneit.
Auch früher war es seltsam, ohne Oleg unterwegs zu sein. Ich rief ihn an. Er rief mich an. Dieses selbstverständliche Telefonieren von unterwegs, das noch vor ein paar Jahrzehnten unvorstellbar war … Werden wir irgendwann mit den Toten »telefonieren« können (in Fjodorows Sinne, als Errungenschaft des Fortschritts)?

Alles, was die Menschheit will – bekommt sie. Der Traum vom Fliegen (der fliegende Teppich), die Möglichkeit zu sehen, was gerade am anderen Ende der Welt passiert (Zauberkristall), das Hinauszögern des Alters (Jungbrunnen), vielleicht wird auch die Unsterblichkeit erreicht – aber die bereits Toten bleiben dort, wo sie sind. Canetti hat recht: »Die Klage um Tote geht auf Wiederbelebung, das ist ihre Leidenschaft. Die Klage soll so lange dauern, bis es gelingt. Doch sie lässt zu früh ab: nicht genug Leidenschaft.« Fühlt ein Trauernder, der aus Höflichkeit antwortet, es gehe ihm

gut, bei seiner eigentlichen Aufgabe, die Eurydike zurückzuholen, versagt zu haben? (Ich – ja.)

Was spricht zu uns aus der Abwesenheit unseres Lebens?

1. Februar

8. Februar
Viele Autoren von Trauerbüchern vermeiden, ihre Toten beim
Namen zu nennen, schreiben »sie« oder »er«, manchmal
»du«, oder setzen einen Initialbuchstaben (manchmal einen
gefälschten). Vielleicht kann niemand wirklich glauben, die
Toten seien tot, und es wird vermieden, die Toten mit den
Namen zu benennen, die die Lebenden getragen haben.

9. Februar
Vielleicht ist die Trauer die intimste Sache der Welt.

Ich frage mich, ob Oleg, wäre ich als Erste gestorben, nur
ein Wort darüber hätte schreiben können.

Er war viel offener als ich. Wenn eine Verkäuferin mich
fragte, wie ich meinen Kaffee zubereite, um den richtigen
Mahlgrad einzustellen, fand ich die Frage indiskret und versuchte, ausweichend zu antworten.

Und nun spreche ich darüber, worüber man schweigen
muss. Die Grenzen meiner Trauer sind die Grenzen meiner
Welt.

Ich vermute, dass Oleg kein Wort über seine Trauer hätte
schreiben können.

Aber was können wir über den Anderen sagen, ohne zu
verfälschen? Die Grenze zwischen Menschen ist genauso

todsicher wie die Grenze zwischen Leben und Tod. Wir alle spielen Tennis mit uns selbst.

Ich lese Leserreaktionen auf »Journal de deuil« von Roland Barthes und »Levels of Life« von Julian Barnes. Es gibt solche, die nicht verstehen, was daran so spannend sein soll, dass Barthes um seine Mutter trauert, die über 80 war; oder solche, die meinen, Barnes' Trauer um seine Frau sollte seine private Angelegenheit bleiben.

Wir haben 37 Jahre gemeinsamen Lebens. Oleg ist mit 58 gestorben. Ich war 56. Von außen gesehen ist das keine Ausnahmesituation. Von innen gesehen ist es das, auch wenn einem Paar 50 oder beliebig mehr Jahre Zusammenleben gegeben wurden, auch wenn Roland Barthes seine 84-jährige Mutter wegstirbt.

10. Februar

Ich wähle Fotos aus dem Archiv aus, um sie an Olegs russischen Verlag zu schicken, erstens für die zweibändige Gedichtausgabe, zweitens zur Aufbewahrung im Verlagsarchiv. Die Verantwortung fürs Archiv, die Befürchtung, ein schlechter Hüter des mir anvertrauten Fragments des (gewesenen?) Seins zu sein (»Das Sein dem Vergessen zu entreißen«). Ein Foto: Die Schwarzmeerküste in Abchasien, Gantiadi, Oleg und ich sind jung und außer Badeanzügen nackt mit schwarzweiß leuchtenden Beinen, Armen, Rücken, Bäuchen, Flanken, Haaren, Zähnen. Ich zögere kurz, denke nach, füge es hinzu. Diese Fotos sind nicht mein Eigentum, sie gehören der Zeit, die ich leider zu vertreten habe, anstelle des Toten und einiger anderer Toten.

Eine seltsame Verdoppelung: Das Leben in der russischen Sprache und in der deutschen Sprache war und ist die gleichzeitige Präsenz in zwei verschiedenen Dimensionen, die zwar voneinander wissen und miteinander kommunizieren können, aber in einigen Bereichen durch eine undurchlässige Wand voneinander getrennt sind. Und jetzt: Das Leben, das ich ohne Oleg weiterlebe, und das andere Leben, das bereits zu einer Angelegenheit der Archivierung und des Kommentierens geworden ist. Sind aus zwei Dimensionen vier geworden?

12. Februar

C. S. Lewis: Nach dem Tod eines Freundes habe er ein sicheres Gefühl gehabt, dieser würde fortleben. Als seine Frau starb, habe er Gott vergeblich gebeten, ihm nur einen Bruchteil einer solchen Gewissheit zu geben. Er spüre ihre Nähe trotzdem, könne sich auf dieses Gefühl diesmal nicht verlassen.

Vermutlich war die äußerste Offenheit seiner Selbstbeobachtungen der Grund, warum er sein »A Grief Observed« unter einem anderen Namen veröffentlicht hat. Nichtsahnend schenkten ihm seine Freunde das Buch; es könne ihm helfen, dachten sie.

C. S. Lewis' vermutet, dass die Trennung für beide Seiten schmerzhaft ist.

13. Februar

Wenn es um die wichtigsten Dinge geht, wissen Menschen nicht recht, ob sie metaphorisch sprechen (und denken).

14. Februar
»Loslassen.«

Ich kann mit der verbreiteten Meinung wenig anfangen, die Toten würden sich wünschen, dass wir uns von unserer Trauer befreien.

Würden wir uns über die Botschaft freuen, dass unsere Toten keine Sehnsucht nach uns haben? Eben.

Immer wieder die Behauptung, man solle die Toten freilassen (»loslassen«).

Patti Smith erzählt in dem Film »Dream of Life« von Allen Ginsbergs Kondolenzanruf nach dem Tod ihres Mannes Fred »Sonic« Smith: »Let go of the spirit of the departed and continue your life's celebration.« (»Lass den Geist des Verschiedenen los und fahr mit der Feier deines Lebens fort.«)

Joan Didion: »Ich weiß, warum wir versuchen, die Toten am Leben zu halten: Wir versuchen, sie am Leben zu halten, um sie bei uns zu behalten. Ich weiß auch, dass, wenn wir selbst leben wollen, irgendwann der Punkt kommt, an dem wir die Toten auslöschen müssen, sie gehen lassen, sie tot sein lassen müssen. Sie zum Foto auf dem Tisch werden lassen.«

Aber warum? Wohin soll man sie entlassen? Und – die Hauptsache – was bedeutet »wenn wir selbst leben wollen« und »die Feier des Lebens fortfahren«?

Ich habe mein Leben und meine Trauer miteinander bekannt gemacht. Sie können sich vertragen und mein Leben hat kein Bedürfnis, sich von meiner Trauer zu trennen. Was für ein Leben wäre es jetzt, ohne Oleg und ohne Trauer? Was für ein tristes Scheinleben wäre es.

Vielleicht sind die Toten (was auch immer sie sein können oder nicht können) genauso verschieden wie die Lebenden. Manche wollen, dass wir sie »lassen«, manche nicht. Oleg (was oder wer auch immer er jetzt ist oder nicht ist) kann nicht wollen, dass ich ihn »lasse«.

Barnes, der jedes »jenseits des Seins« ausschließt, bleibt bei der Anerkennung vom Weiterleben unserer Toten in unserem Bewusstsein: »Die Fähigkeit, so weiterzuleben, wie sie es gewollt hätte (obwohl das ein heikles Terrain ist, auf dem sich Leidtragende leicht einen Freifahrtschein ausstellen können)?« Freifahrt wozu? Von wem ausstellen lassen?

Kann man überhaupt beeinflussen, ob man seine Toten »loslässt« oder als Lebende behält? Der Tod *darf* scheiden, *muss* aber nicht. Das Verhältnis zwischen Lebenden und Toten kann genauso verschieden sein wie zwischen den Lebenden (und zwischen den Toten?). Wenn man mit einer erwiderten Liebe allein bleibt, ist sie immer noch *zwischen* den beiden? Ist sie die Grenze zwischen Dies- und Jenseits? *Meine* Liebe oder *unsere* Liebe? Wie sagt man es richtig?

16. Februar

Eine der vielen Unstimmigkeiten der vermeintlichen Wirklichkeit, eine der Ungenauigkeiten der Sprache: »der unerträgliche Schmerz«. Man ist am Leben, *erträgt* also. Vielleicht genauso ist der andere am Tod.

Barthes: »Mich erstaunt immer wieder (schmerzlich), dass ich – letztlich – mit meinem Kummer leben kann.«

17. Februar
Die Sinnlosigkeit als Sinn: Weil kein Sinn ausfindig gemacht werden kann, kann man sich entspannen und getrost nach dem Sinn suchen, wohl wissend, dass das aussichtslos ist.

18. Februar
Es gibt eine Notiz von Jury Olescha (1899–1960), einem frühsowjetischen Schriftsteller, der nach einem glänzenden Anfang wegen seiner Inkompatibilität mit der sowjetischen Ästhetik nur noch lose Notizen schrieb, die unter dem Titel »Kein Tag ohne eine Zeile« veröffentlicht wurden: Das Bedürfnis, wieder jung zu sein, beweise die bestehende Möglichkeit, wieder jung zu werden. Er *spüre* in seinem Körper diese *Möglichkeit*, dass die Muskeln wieder geschmeidig werden und das Haar seine Fülle und Farbe zurückbekommt.

Die Trauernden *spüren* in dem Bedürfnis, ihre Toten wiederzusehen, die *Möglichkeit* dessen.

Ein Trauernder *spürt* die Präsenz seines Toten.

Ein Mensch mit amputiertem Bein oder amputierter Hand *spürt* das Bein oder die Hand und stellt immer wieder fest, dass das eine Täuschung ist.

Ein Verliebter, der nicht glauben kann, dass sein Objekt ihm gegenüber gleichgültig ist, im Extremfall ein Stalker, *spürt* die seelische Verbindung mit dem Geliebten (auch mit dem berühmten Sänger/Schauspieler/Politiker).

Freud nennt das »eine halluzinatorische Wunschpsychose«, was wieder nichts erklärt, weil Sinnestäuschung auch ein

Fakt der Wirklichkeit ist und unterschiedlich gedeutet werden kann.

18. Februar 2020–2022

Ein Mystiker würde sagen: Olescha bekommt seine Locken, Muskeln und Zähne wieder, nur in einer anderen Form, von der er zwar keine Vorstellung, aber eine Vorahnung hat. Wir alle bekommen das Wiedersehen mit denen, die uns gestorben sind; der Invalide bekommt seinen Arm oder Fuß; der vom Liebeswahn Befallene bekommt die Erwiderung seiner Liebe – all das in einer Form, von der wir keine Vorstellung, aber eine Vorahnung haben.

Ein Transhumanistiker wüsste auf Muskeln/Locken/Zähne/Körperglieder bereits eine Antwort. Fjodorow und Teilhard de Chardin (mit seinem eschatologisch-wissenschaftlichen Omega-Punkt) wüssten uns die Wiedervereinigung mit unseren Toten zu versprechen.

Roland Barthes:
»Totale Präsenz
absolute
schwerelos
Dichte, nicht Gewicht«

Ein Hirnforscher würde sagen: All das ist Täuschung, und das mit seinen Messergebnissen belegen (wobei die Messungen der Wellen und Aktivitäten des Hirnes lediglich beweisen, dass das Hirn diese Wellen und Aktivitäten aufweist).

Ein Philosoph würde sagen: Die Fragestellung ist zwar möglich, aber die Antwort liegt außerhalb des mit den Mitteln der Vernunft Greifbaren.

Ein moderner westlicher Intellektueller wird die Tatsachen gefasst akzeptieren.
Simone de Beauvoir zu Sartres Tod: »Sein Tod trennt uns. Mein Tod wird uns nicht wieder vereinen.«
Julian Barnes: »Ich glaube nicht, dass ich sie je wiedersehen werde. Ich werde sie nie wieder sehen, hören, berühren, in den Armen halten, ihr zuhören, mit ihr lachen. [...] Ich glaube auch nicht, dass wir uns in entmaterialisierter Form wieder treffen.«
Roland Barthes beobachtet die Schwalben am Himmel und bedauert dabei, nicht an die Seelen zu glauben, »an die Unsterblichkeit der Seelen!«
Denise Riley im Buch »Time Lived, Without Its Flow« über das Leben nach dem Tod ihres Sohnes: »Ich hoffe nur, wenn ich am Sterben sein werde, seine Präsenz zu halluzinieren.«
Susan Howe schreibt in ihrem Essay in Andenken an ihren Mann (»Das Nahen des Entschwindens«): »Vielleicht gibt es eine noch nicht verstandene Art der Heimkehr zu den Menschen, die wir geliebt und verloren haben. Ich muss dies als eine Möglichkeit in Betracht ziehen können, selbst wenn ich nicht daran glaube.«

Ich? Keine Ahnung.

Niemand, der bei Trost ist, wird glauben, wir würden unsere Toten wieder treffen. Andererseits wird niemand, der bei Trost ist, glauben, die Trennung sei endgültig.

Im Gespräch über die Trauer wird »bei Trost sein« doppeldeutig.

19. Februar
So mitten im Leben ist das passiert, dass *unser* Leben aus der Trägheitskraft weiterläuft.

24. Februar
Nach Olegs Tod habe ich eine Weile ein »Tagebuch der Dankbarkeit« geführt, damit ich nicht zum »Misanthrop und Misotheos« werde. Ich trug jeden Abend unter »2« die Namen der Menschen ein, denen gegenüber ich während des Tages Dankbarkeit verspürte, und unter »1« das, wofür ich Oleg dankbar bin, vielleicht in der Hoffnung, an Erinnerungen, die blockiert waren (und sind), zu gelangen.

25. Februar
Traum: Ich bin in der Stadt unterwegs, noch jemand ist dabei, ich rufe Oleg an (der zu Hause ist) und sage, wir werden gleich da sein. Er freut sich. Und ich freue mich.

28. Februar
In Petersburg, vor der Beerdigung: Ich stand vor dem »Hochzeitspalast«, weil er zu einer Verwaltung mitgehört, wo wir die Todesurkunde von Olegs Urgroßvater holen mussten, nach der im Friedhof verlangt wurde. Ich sah die adretten Brautpaare und dachte, dass ich gegen die Ehe bin. Weil jede nicht geschiedene Ehe (mit seltenen Ausnahmen des gleichzeitigen Todes) mit dieser Hölle endet (manche geschiedenen Ehen auch). Das Wort »Hölle« haftet an Trauernden wegen Orpheus. Passt auch.

Fragen sich die Seelen nach dem Tod, ob sie das gelebte Leben lieber nicht gehabt hätten (das sie seinerzeit sowieso unfreiwillig angehängt bekommen haben. Oder? Wir wissen nicht, was vor der Geburt war)?

Es spielt freilich keine Rolle, dass wir irgendwann eine Ehe geschlossen haben, nicht im »Hochzeitspalast«, sondern an einer Bezirksmeldestelle, in Jeans und mit dem zweijährigen Daniel (»als Trauzeuge«, sagte die etwas schockierte Beamtin). Das war 1990, das Leben wurde sehr instabil, niemand wusste, was nun kommen würde, und wir dachten, in solchen Zeiten kann die Geschichte (der Staat, die Umstände) den Menschen das Recht aneinander absprechen. Also ist der »Hochzeitspalast« nicht schuld.

8. März

Der Ordner, den ich nach Olegs Tod erstellen musste und der zuerst hauptsächlich bürokratischen Dingen gewidmet war und jetzt den literarischen gewidmet ist, heißt TO DO.

Eine Beobachtung im Stil von Jelena Schwarz: TO DO: TOD – O. Ja, Lena?

15. März

An den Füßen des Nichts haftet das Sein (Lévinas). Aber auch an des Seins Füßen haftet das Nichts.

24. März

Die Arbeit mit Olegs Nachlass ist nicht anders als das, wie wir gelebt haben: jeder im Bewusstsein der Arbeit des anderen. Jetzt ist es wie Schwimmen ohne Wasser.

24. März 2019–2022

Olegs Andenken und meine Trauer haben wenig (vielleicht nichts) miteinander zu tun. Oleg, der mit meinem Tod aus der Welt verschwindet, ist ein anderer als der Dichter Oleg Jurjew, der unabhängig von mir weiterleben wird. Ich habe auf *Facebook* ein Foto gesehen: Junge Dichter auf dem jüdischen Friedhof in St. Petersburg stehen um Olegs Grab herum und lesen seine Gedichte. Das ist noch ein Grund, warum das richtig war, Olegs Willen zu folgen und seine Asche nach St. Petersburg zu bringen.

Gerade las ich ein Interview mit einem der besten lebenden Lyriker Russlands, Wassilij Borodin, in dem er sagt: »Es gab einen Dichter, dem ich von Anfang an und für immer geglaubt habe, weil seine Gedichte und überhaupt alles so war, dass ich dachte (und das wurde auch später bestätigt), dass das ein lebendiger Mensch war: Das war Oleg Jurjew. Dabei war klar, dass ich von ihm nichts übernehmen kann, und also wird es die Peinlichkeit nicht geben: ein Epigone zu sein und zu versuchen, das zu überwinden; jetzt (wie auch in allen früheren Jahren) lese ich ihn immer wieder, und ›mein Begreifen‹ wird immer größer, eben in seine eigene Richtung, in die Richtung, die niemandes sonst ist. Wenn ich am Ende des Tages erschöpft nach Hause gehe, bewegen sich in meinem Kopf seine Gedichte, die einfach von selbst auswendig gelernt wurden.«
(10.6.2021. Gestern ist Wassilij Borodin mit 38 Jahren in Moskau gestorben. Er war ein *ange maudit*: am Rande des Lebens, mittellos, stark trinkend, er sang in Moskauer Straßen, verkaufte seine Zeichnungen, hatte Gelegenheits-

jobs (das Bild, das wir aus seinen seltenen Briefen hatten), war sanft und freundlich. Als wir ihn 2017 nach Deutschland zu einem Lyrikfestival einzuladen versuchten, schrieb er, er könne nicht kommen, weil er keinen Reisepass habe. Man kann nicht sagen, dass er zu Lebzeiten unterschätzt war. Alle wussten, dass er ein großer Dichter ist. Aber erst jetzt fängt der Literaturbetrieb an, sich wirklich um sein Werk zu kümmern, weil das Schicksal, das solche Dichter auszeichnet, es nicht mehr verhindern kann. Der Tod befreit einen von seinem Schicksal. Manchmal.

26. März

Canetti: »Es wäre sehr darauf zu achten, dass man sich mit dem Toten nicht einsperrt [...]. Man soll, ohne aufdringlich zu sein, zu Menschen von ihm sprechen und ihn nicht durch Isolierung entstellen.«

Jemand macht mich mit seinen Freunden bekannt (in einer größeren Gesellschaft, was ich seit Olegs Tod zu vermeiden versuche), sagt, dass mein Mann gestorben ist, nennt Olegs Namen aber nicht, als wäre das egal.

Will man die Stimmung mit dem Namen des verstorbenen Freundes nicht verderben? Sprechen da archaische Ängste mit, fürchtet man, dass der beim Namen genannte Tote erscheint und einen beißt?

Barnes: »Ich nannte ihren Namen; niemand ging darauf ein. Ich tat es ein zweites Mal, wieder nichts. [...] Vielleicht wollte ich beim dritten Mal absichtlich provozieren, weil ich stocksauer war über ihr Verhalten, das für mich kein taktvolles Schweigen, sondern Feigheit war.«

Menschen, die sich vor unangenehmen Gedanken hüten, leben in einem Disneyland, bis sie in irgendeiner Geisterbahn umkommen. Dasselbe gilt freilich für Menschen, die keine Gedanken scheuen.

30. März

Traum: Oleg lag im Bett, und wir wussten beide, dass er stirbt. Wir haben uns für ein Treffen nach dem Tod verabredet, mit einer Gewissheit, wie man sich am Mittag für den Abend verabredet, wie wir uns am Tag von Olegs Tod sicher waren, dass wir einen gemeinsamen Abend verbringen würden. Sogar mit mehr Gewissheit, weil ich im Laufe unserer letzten Jahre immer unruhig war, wenn wir uns nicht im selben Raum befanden.

5. April

Eine Zeitschleife: Als wäre alles noch nicht geschehen. Als wäre die Grenze zwischen Zukunft und Vergangenheit jenes Momentes noch nicht überschritten. Als hätte ich noch eine Chance zu bemerken, dass das keine gewöhnliche Müdigkeit war, sondern ein Ausnahmezustand und Notfall. Als hätte ich noch die Wahl, als wäre ich nicht aus dem Haus gegangen, weil er dachte und ich dachte, er bräuchte nur Ruhe und kurzen Schlaf, als wäre ich nicht ins Lebensmittelgeschäft gegangen, um uns für den Abend und zum Wein (125 ml, mehr durfte Oleg wegen seiner Medizin nicht trinken) etwas zu kaufen, wir wollten am Abend Händels »Radamisto« hören. Als hätte die Ambulanz die Adresse nicht verwechselt, als wäre alles noch nicht entschieden, als wäre das noch innerhalb des Möglichen, Oleg zu retten. Ich lebe meistens in diesen paar Stunden, die ihn mir genommen haben. Als stünde ich immer noch vor der Haustür und könnte nach Daniels Anruf vor einer Minute mit dem Schlüssel nicht das Schlüsselloch treffen, weil meine Hand und der ganze Arm zittern. Als versuchte ich immer noch, mit Oleg zu sprechen, das Herz zu massieren. Als hielte ich immer noch die Tasche mit Olegs Papieren, Arztbriefen und allem, was man ins Krankenhaus mitnimmt, von den sachkundigen Stimmen der Ärzte beruhigt, als läge die Intensivstation vor uns, die mir jetzt als Paradies vorkommt, weil dort immer noch eine Hoffnung bleibt.

6. April

Als hätte ich noch eine Chance zu bemerken, dass etwas nicht stimmt. Wir waren an diesem Tag spazieren. Ich wollte Oleg die neue Altstadt zeigen. Wir saßen auf der Terrasse des Schirn-Cafés. Oleg trank Bier, schaute auf das Etikett, ich fragte, warum, er sagte, das Bier schmeckt gut. Ich habe mich gefreut, sagte, merken wir uns den Namen? Er sagte, nein, jedes Bier schmeckt gut. Am Anfang schien der Tag kühl zu sein. Dann wurde es zu warm, ich dachte, wir hätten lieber zu Hause bleiben sollen. Die Rinde der Platanen platzte laut von den Stämmen ab.

Er war müde. Es ging ihm nicht gut. Das sah nicht anders aus als fast an jedem Tag der letzten Jahre. Ich habe nichts bemerkt, was mich hätte beunruhigen können. Ich weiß nicht, ob Oleg das fühlte, ob er eine Ahnung hatte, ob er deshalb wollte, dass ich gehe. Er sagte mir, ich solle gehen, er brauche mich nicht, ich sagte, wie nett, dass du mich nicht brauchst, er sagte, doch, er brauche mich, aber nicht jetzt.

Natürlich kann man das unendlich zurückspulen. Wir hätten an diesem Tag keinen Spaziergang machen sollen.

Man kann an jedem Tag unserer 37 Jahre einen (meinen) Fehler finden, der zu diesem Tod mitgeführt hatte. Wäre ich als Erste gestorben, hätte Oleg dieses Spiel spielen müssen.

Der Arzt meinte, er lag ruhig. Der Tod war plötzlich. Wahrscheinlich bedeutet das, dass der Fehler vom Ambulanzfahrer und fünf Minuten Zeit keine Bedeutung hatten. Dass wir uns nicht verabschiedet haben, bleibt mit mir bis zu meinem Tod (und über ihn hinaus? »Et nunc manet in te« – »Und nun verbleibt es in dir« – heißt das Buch von André Gide über die Trauer um seine Frau Madeleine). Aber wie kann man sich von einem Lebenden verabschieden. Wir waren bis zum Ende mitten im Leben. Trotz der Krankheit und der von ihr bedingten Traurigkeit und Müdigkeit. Man kann einen Lebenden nicht beweinen. Das war nicht das Leben im Wartezimmer des Todes.

7. April

Aus der Sicht der Trauerbegleiter und Therapeuten ist der Trauerschmerz ein dunkler Tunnel, durch den man geht, um an dem anderen Ende ans Licht zu gelangen. Orpheus ging am selben Ende raus, wo er reinkam. Das war ein kreisförmiger Tunnel mit nur einem Ein/Ausgang. Er kam an das helle Licht, das statt Eurydike seine Niederlage, klar und nüchtern, wie in einem OP-Raum, beleuchtete.

Bei Ovid sagt Orpheus den Göttern, seine Versuche, die Trauer zu überwinden, seien daran gescheitert, dass Amor gesiegt habe. »Trauer« = »Liebe«. Aber erneut: Was hat er falsch gemacht? Wofür steht im Mythos das Zurückblicken?

Vielleicht betrachten Therapeuten und Trauerbegleiter einen Trauernden wie einen Ritter, der in die Mitte des Schmerzes wie in eine Drachenhöhle geht.

8. April

Jeder Trauernde ist Orpheus: Man ist in der Hölle. Man spürt die Nähe des oder der Toten. Man hat das Gefühl, versagt zu haben.

8. April 2019–2022
Orpheus und das Leben (2)

Ist es wichtig, dass Eurydike durch einen Schlangenbiss gestorben ist? Braucht man die Vorgeschichte?

Orpheus' Werk *kennen* wir nicht, seine Größe *glauben* wir der Überlieferung aufs Wort. Wird mir ein Nicht-Russe aufs Wort glauben, ohne Fjodor Sologubs Gedichte und vor allem seinen genialen Roman »Der kleine Dämon« zu kennen?

Die Schlange im Fall seiner Frau, Anastassia Tschebotarewskaja, war die windige Septembernacht 1921 in Petrograd, die Brücke, der Fluss, der Selbstmord. Vier Jahre nach der Oktoberrevolution, nach langem Warten auf die Erlaubnis, das Land zu verlassen. Tschebotarewskajas Nerveninstabilität, die zweifellos Teil ihrer anziehenden Ausstrahlung war, wurde von dem Elend dieser Jahre verstärkt. Sie stürzte sich ins Wasser, die Passanten hörten ihre letzten Worte: »Gott, verzeih mir.« Die Leiche wurde erst im Mai gefunden, nachdem das Wintereis aufgetaut war. Wladislaw Chodasewitsch, noch ein im Westen kaum bekannter großartiger Dichter, erinnert sich: »Die Leiche wurde erst siebeneinhalb Monate später aus dem Wasser geborgen. All diese Zeit hegte Sologub immer noch die Hoffnung, dass die Frau, die sich in die Newa gestürzt hatte, nicht Anastassia Tschebotarewskaja war. Er hielt für möglich, dass sie sich irgendwo versteckt hielt. Zum Mittag deckte er den Tisch mit Teller und Besteck für sie, für den Fall, sie würde zurückkommen. Daraus entstand die banale Fabel, Sologub nehme Abendbrot in der unsichtbaren Anwesenheit der Verstorbenen.«

Sologub war, allen Quellen zufolge, ohne jeden Charme, fern jeder Liebenswürdigkeit, schweigsam, mit giftigem Humor, und hinterließ den Eindruck einer Bedeutsamkeit, Gewichtigkeit, man erzählte gerne, er sei ein Zauberer. Tschebotarewskaja hat er nach dem Tod seiner Schwester kennengelernt, die für ihren einsamen und jede Gesellschaft schnell müde werdenden Bruder der einzige nahe Mensch war und sein Haus führte, wo sich sonntags Dichter trafen und Gedichte lasen. Ihr Tod war der Zusammenbruch der Welt. Und dann unverhofft: eine Freundin, Kollegin, Verehrerin, Geliebte, ehrgeizig, willensstark, mit überspannten Nerven, gesellschaftsliebend. Sie hat alles verändert. Aus den ungemütlichen, wenn auch in literarischen Kreisen hochgeschätzten Abenden wurde ein mondäner Salon. Manche Kollegen stöhnten, dass sie von Einladungen überschüttet würden, böse Zungen bedauerten die Geschmacklosigkeit, mit der Tschebotarewskaja Sologub als Dichterfürsten inszenierte. Glück und Geselligkeit sind anfechtbarer als Melancholie und Misanthropie. All das bedeutete 1921 nicht mehr viel – nach der Zäsur

des Ersten Weltkrieges, der Revolution, des Hungers im
»Kriegskommunismus«.

Er saß an dem für zwei gedeckten Tisch und wartete. Seinerzeit wartete er, dass die Welt seine dichterische Ein-
maligkeit erkenne. Ihm war *der* Mensch weggestorben, der
seine Großartigkeit bedingungslos anerkannt hatte und
nicht müde gewesen war, sie den anderen zu vermitteln
(wenn auch die anderen ebenso großartig waren und warteten, dass die Welt das begreife). Sie hatte ihm das Gefühl
verliehen, er habe nicht umsonst gewartet. So wartete er
wieder, diesmal, dass sie aus dem Tod zurückkomme.

Sologub an Dmitry Mereshkovsky, den Kollegen aus den
symbolistischen Kreisen:

»Lieber Dmitry Sergejewitsch, Sie wissen natürlich von
meinem Verlust. Anastassia Nikolajewna ging am 23. September am Abend aus dem Haus und stürzte in den Fluss
Shdanovka. Die Passanten hörten ihre letzten Worte:
»Gott, verzeih mir.« Man versuchte, sie zu retten, vergeblich. Der Taucher hat keine Leiche gefunden. Am 2. Mai
ist sie aufgetaucht. Am 5. Mai haben wir sie auf dem Smo-
lensker Friedhof begraben. – Ich will Ihnen schreiben, wie
schwer das ist, und kann nicht. Sie hat mir ihre Seele gegeben und meine mitgenommen. Aber, wie schwer das auch
ist, ich weiß jetzt, dass es keinen Tod gibt. Und sie, die Geliebte, ist bei mir.«
Er schreibt das einem »Gleichgesinnten«, von dem er für
»ich weiß jetzt, dass es keinen Tod gibt. Und sie, die Geliebte, ist bei mir« Verständnis erwarten darf. Kann man

dafür Verständnis erwarten? Eine Sache ist, über die Abwesenheit des Todes und die Anwesenheit der geliebten Seelen in eleganten Salons zu theoretisieren, und eine ganz andere – einen vom Schmerz zerdrückten Menschen, der nicht nur *theoretisch* daran glaubt, sondern *praktisch* damit lebt, nicht für verrückt zu halten. Chodasewitsch sieht sich verpflichtet, Sologub vor dem Verdacht zu verteidigen, er würde den Tisch bewusst für *die Tote* decken. Die Hoffnung der Trauernden, ihre Toten würden in ihrer Nähe noch verweilen, wirkt auf den gesunden Menschenverstand unheimlich, der die Toten totsagen und totschweigen will.

Ich habe mir jedoch immer vorgestellt, dass Sologub alle ihm noch verbliebenen sechs Jahre jeden Abend vor einem für zwei Personen gedeckten Tisch verbrachte.

Oleg über Sologub (in seiner »Tagesspiegel«-Kolumne »Jurjews Klassiker«: »Sologub sagte einmal, Dostojewski, Tolstoi und Tschechow müssen wie griechische und biblische Mythen, wie Shakespeare und Cervantes zu Quellen der Gegenwartsliteratur werden (Tolstoi und Tschechow lebten noch!). […] Und wurde selbst zu einer solchen Quelle.«

Sologubs Orpheus'sche Hölle ist der für zwei Personen gedeckte Tisch. Unsere neuen Mythen stützen sich vorerst auf alte. Joseph Brodsky sagte über den von Stalin vernichteten Mandelstamm: »… diese unruhige, hohe, reine Stimme, voll von Liebe, Entsetzen, Gedächtnis, Kultur, Glauben, – die Stimme, die zittert vielleicht wie ein Streichholz im kalten Wind, das aber nie erloschen sein wird, die Stimme, die bleibt, nachdem der Mensch, dem sie gehörte, gegangen ist. Er war, unwillkürlich kommt dieser Vergleich, der neue Orpheus: der in die Hölle geschickt wurde und nicht zurückkam, während seine Witwe […] seine Gedichte nachts auswendig lernte, für den Fall, dass Furien mit einem Durchsuchungsbeschluss sie finden. Das sind unsere Metamorphosen, unsere Sagen.«

Eigentlich war nicht Mandelstamm, sondern seine Witwe, die für viele Jahre in der irdischen Hölle zurückgeblieben ist, der neue Orpheus (was Brodsky übersah, weil Männer seiner Generation fest an Geschlechterrollen glaubten). Ihre Trauer wurde zu neuen Sagen und der Rollenwechsel (sie als Orpheus und er als singende Eurydike) zu neuen Metamorphosen.

OLEG JURJEW: *Fenster in der Hölle*

Egal, wohin du schaust, Fenster in die Hölle sind überall.

… das Rundfenster der Waschmaschine, wo sich in der undeutlich glänzenden Trommel Socken und Hemden drehen.

… die Fenster eines anfahrenden Zugs; was hinter ihnen ist, ist kaum sichtbar: Halbdunkel, Lichter, die ins Nirgendwo dahingehen, undeutliche Profile im hellblauen Licht der Telefone. Nur du selbst bist zu sehen in den sich abwechselnden verdunkelten Fenstern – wie du bist, wie du sein wirst.

… der Orchestergraben. An den Rändern, wo das Blech sitzt, blitzt von Zeit zu Zeit etwas auf, als ob die Musiker ihre Zigaretten anzünden. Wenn sie aufstehen und sich verbeugen, fehlt immer einer oder ein paar – wahrscheinlich sind sie im Boden versunken. Aber wer zählt Orchestermusiker?

… in welches Restaurant-Fenster auch immer du im Vorbeigehen hineinschaust, in jedem befindet sich der Nobiskrug – eine Schenke am Weg zur Hölle. Oder die Hölle selbst: Der Satan ist der Wirt. Blondinen mit Schwänzen nippen aus hohen Gläsern am Bier. Tätowierte Männer stellen mit lautem Klopfen die leeren Schnapsgläschen auf die Theke. Chaneldamen saugen Austern, sich die Karminlippen leicht ankratzend, ihre Kavaliere in lila Jacken heben die Gläser mit wertvollem Schaum über ihre Toupets.

Überall, sogar in jedem Tankstellenimbiss, steht der Satan am Kassenautomaten, trocknet sich mit der Schürze die Hände ab und klopft unter der Theke mit seinem Huf.

Im Mittelalter gab es nur einen Nobiskrug, heute sind sie überall.

10. April

Alles ist Sprache. Wie nimmt ein Schmetterling oder ein Frosch die Welt wahr, wenn er keine Sprache hat? Ist er eine Hieroglyphe, die jemand für uns (oder nicht für uns) zeichnet?

Man sagt, Tiere trauerten um ihre Toten. Vögel brächten Grashalme und kleines buntes Zeug, das Menschen fallen lassen, zu den Kadavern. Affen hielten Totenwache.

Spüren sie den Weltallwindzug aus dem Riss, der aufgeht, wenn jemand stirbt? Wir verneinen, dass Tiere Sprache haben, weil es unserem Gewissen damit besser geht und das unvermeidliche Übel, das alle Lebewesen einander bereiten, nicht so sichtbar wird.

Jedes Geschöpf lobpreist den Herrn.

Tiere sind keine Atheisten.

Oder gibt es atheistische Tiere, agnostische Tiere, gläubige Tiere?

Jedes Geschöpf quält andere Geschöpfe.

11. April

Als wäre ein böser Dämon erschienen, der zeigen wollte, wie vergeblich alle menschlichen Bemühungen sind, als hätte ich sein Lachen gehört.

Ich war auf lange Krankheit vorbereitet, auf langsames Erlöschen des Lebens, ich habe gehofft, dass die Medizin so weit sein würde, dir Schmerzen zu ersparen, ich war für jede Sekunde deines Lebens dankbar.

Für mich bist du so plötzlich gestorben, als wärest du nie krank gewesen. Die eigentliche Krankheit hat so viel Aufmerksamkeit auf sich gezogen, dass das Herzversagen völlig unerwartet war.

12. April

Ich sage immer noch, dass es mir schlecht geht. Nein, aus Höflichkeit, um Menschen nicht zu ängstigen, sage ich »es ist schwierig«. Wie lange noch halte ich durch, bis ich beginne, »gut« zu antworten? Ich fürchte, nicht lange.

Alternativ hätte ich sagen können, dass ich mich immer stärker mit Oleg verbunden fühle und das einzige Problem ist, dass er nicht da ist. Aber wen würde das interessieren.

21. April

Dass der Krankenwagenfahrer unsere Adresse falsch verstanden hat, daran muss ich jedes Mal denken, wenn ich »Rhönstraße« sage oder schreibe. Dabei war nicht einmal meine Aussprache schuld. Daniel hat das dem Mann gesagt, der das dem Fahrer richtig weitergeleitet hat. Und der verstand trotzdem »Höhenstraße«. Ein paarmal ist uns passiert, dass unsere Gäste oder ein Taxi zuerst zur Höhenstraße kamen, was nicht weiter schlimm war. Und nun.

Olegs blasses Gesicht, seine langsame Stimme, seine Müdigkeit – das war das, was mir seit Jahren so vertraut war, das geliebte blasse Gesicht, die geliebte Müdigkeit, die geliebte Langsamkeit. Das war so gewohnt, dass ich an diesem Tag nichts bemerkt habe, was mich mehr beunruhigen hätte können als all das jeden Tag. Vor unserem Haus stehend, eine Sekunde vor Daniels Anruf dachte ich, ob ich jedes Mal so übertrieben besorgt bin, damit ich, wenn das wirklich passiert, innerlich vorbereitet bin. Diesmal war meine Sorge untertrieben.

Sich vorbereiten kann man nicht.

22. April

Ich bin nicht allein. Wie viele Menschen leben jahrelang an dem Tag weiter, an dem ihnen der Mensch gestorben ist, der ihr Leben geworden war. Der ihr Leben ist. Sie fragen sich, was sie übersehen haben. Mich hat beruhigt, dass Oleg alle drei Wochen in der Klinik war, dass Ärzte seinen allgemeinen Zustand untersuchten. Ich habe mir jedes Mal, als er aus der Klinik kam, das Blutbild angeschaut (wenn er das nicht gesehen hat, ich weiß nicht, warum, ich wollte nicht zeigen, wie besorgt ich bin; ich habe in den Krankenhäusern gelernt, dass eine Krankenschwester, die lächelt und munter ist, einem Patienten guttut, dass hingegen die traurigen Mienen der Familie nicht das sind, was man braucht). Das Blutbild war meistens gut (unter den gegebenen Umständen).

Wie viele Menschen leben mit der Frage, ob sie ihren Toten hätten retten können, hätten sie etwas anders oder früher oder gar nicht gemacht.

Das steht zwischen mir und meiner Trauer.

»Et nunc manet in te« (»Und nun verbleibt es in dir«).

Die Frage, ob ich gut genug war, ist eine egoistische Frage. Es gibt die psychologische Auffassung, dass der Gedanke an eigenes Versagen deshalb so hartnäckig sei, weil er eine Verbindung zum Gestorbenen ist. Ja und nein. Wenn das nachlässt, ist diese Verbindung eigentlich noch stärker.

23. April

Beim Schreiben einer Poetikvorlesung.

Sprechen lernen trotz Sprachverlustes.

24. April

Lasst mir meine Trauer. Ich fühle mich manchmal wie ein listiger Verrückter, der nur so tut, als wäre er »normal«.

26. April

… als wäre ich auf einer Reise länger geblieben und würde Oleg zu Hause auf mich warten … (Warte auf mich!)

30. April

Wie man aus Höflichkeit auf einer langweiligen Party bleibt, so lebe ich.

Je mehr Zeit ich ohne Oleg verbringe, desto heftiger vermisse ich ihn.

10. Mai

Warum bleiben, wenn man weint, trockene Tropfenspuren an den Brillengläsern, wie der vergangene Regen an der Frontscheibe, obwohl die Tränen nach unten gleiten und die Gläser nicht berühren?

14. Mai 2019–2022
Orpheus und Leben (3)

Ted Hughes nach dem Selbstmord von Sylvia Plath: »Das ist das Ende meines Lebens. Der Rest ist posthum.« Sehr ähnlich formulieren es andere Hinterbliebene, ungeachtet der konkreten Vorumstände. Dass sie Selbstmord beging, dass er untreu war und sie eifersüchtig, dass sie bereits getrennt lebten, all das verstärkt die Verzweiflung des Trauernden, allerdings ist jede akute Trauer ein Tran-

cezustand, der nur bedingt von der Wirklichkeit ab-
hängt.

Jedes Leben ist eine Seifenoper. Eric Bentley schreibt in
seinem großartigen Buch über die Theorie des Dramas,
dass die Tragödie eine »Seifenoper plus« ist.

Ich fand in Olegs Notizbüchern ein paar Zeilen zu Eric
Bentley und wollte ihn lesen. Die russische Ausgabe vom
Ende der 1970er Jahre (immer wieder staune ich, wie viel
durch den Eisernen Vorhang zu uns durchgesickert war)
war nicht zu finden. Auch die deutsche von 1967 (»Das
lebendige Drama«, Friedrich Verlag) ist längst vergriffen.
Zum Glück fand ich eine englische (»The Life of the
Drama«). Als Bentley im August 2020 mit 103 gestorben
ist, hat anscheinend nur eine deutsche Zeitung seiner gedacht, die »Süddeutsche Zeitung«, in erster Linie in seiner
Eigenschaft als Brecht-Übersetzer (ebenso vergriffen ist
die deutsche Übersetzung seiner Erinnerungen an Brecht
beim Alexander-Verlag, 1995).

Wenn Tragödie »Seifenoper plus« ist, dann ist Seifenoper
»Tragödie minus«. Was ist »Tragödie minus«? Das Leben –
als Klatsch und Kolportage erzählt. Und »Seifenoper
plus« – dasselbe, erzählt nicht um des Klatsches und der
Kolportage willen.

»Das ist das Ende meines Lebens.« Der Satz stammt nicht
aus einem Gedicht, sondern aus einem Brief.
Wie jede Geschichte, kann auch diese verschieden erzählt
werden:

Zwei Dichterleben, die aufeinandergeprallt sind und zerbrochen.

Oder:

Dichterin, die Frau und Mutter war und in diesen drei Lebensaufgaben ihren Lebensfaden verlor.

Oder:

Eifersüchtige Frau mit Vorbelastung einer Nervenkrankheit.

Oder:

Egozentrischer Künstler, der Leben von anderen Menschen zerstört und sich nur um seine Kunst kümmert (manchmal vergleicht man Hughes mit Lord Byron).

Oder:

Der untreue Mann, der seine Familie vernachlässigt.

Oder:

Zwei Blumen, die einander kein guter Gärtner werden konnten.

Egal, wie das erzählt wird: Diese so herrlich angefangene Geschichte von dem Bündnis zweier schöner, junger, begabter, erfolgreicher Dichter scheiterte einfach an dem

2019

Leben, wie auch alle fiktionalen Orpheussagen des 20. Jahrhunderts. Das Leben erledigt seine höllische Arbeit.

Assia Wevill, Ted Hughes' Geliebte und Eifersuchtsobjekt von Sylvia Plath, geriet unbedacht in diese fremde Tragödie. Sie betrat die Bühne, die Sylvia Plath wütend verließ, stellte sich unter den gleichen Lichtkegel und rezitierte denselben Monolog. Aus Eifersucht auf die tote Sylvia Plath brach sie ihr Leben auf dieselbe Weise ab: durch Gasvergiftung.

Assia Wevill hat in diesem Monolog ihre persönlichen Variationen, die ihr außerhalb der fremden Geschichte von Hughes und Plath eine eigene tragische Dimension verleihen: Als Tochter eines russischstämmigen Juden, der in Berlin eine Deutsche geheiratet hat und vor den Nationalsozialisten nach Palästina fliehen konnte. Wie Ödipus seinem Schicksal nicht entging, entging sie dem Gas nicht und nahm ihre kleine Tochter in dieses Nachschicksal mit. Solche geschichtlichen Parallelen zu zeichnen, fühlt sich nicht gut an, aber diese Linien sind nicht von mir, sondern vom Leben gezogen. Assia Wevill blieb letztendlich Statistin auf dieser Bühne. Die 35 Jahre nach Sylvia Plaths Tod veröffentlichten Gedichte »Birthday Letters« (Geburtstagsbriefe) sind vielleicht die berühmtesten von Ted Hughes, sie sind an Sylvia Plath gerichtet und sorgen dafür, dass ihre beiden Namen – Hughes und Plath – für immer nebeneinander stehen.

Es gab und gibt wahrscheinlich immer noch ein starkes feministisches Narrativ gegen Hughes. Man nannte ihn bei öffentlichen Lesungen einen »Mörder«, auch wurde er

115

in dieser Eigenschaft bedichtet: »I accuse Ted Hughes« (der passende Titel für dieses Gedicht wäre »I misuse a Rhyme« oder sogar »abuse«).

Wer über andere urteilen kann, lebt in einem noch tieferen Traum als die, die wissen, dass man nicht urteilen darf (gibt es Menschen, die nie der Versuchung erliegen, über andere zu urteilen? Zu klatschen?). Was kann man aus dieser Geschichte lernen außer Mitleid mit allen dreien?

16. Mai

Ich hatte gestern so viel über Assia Wevill nachgedacht, auch über ihre Schönheit, die ihr kein Glück gebracht hatte, dass ich in der Nacht von Oleg träumte, der in ihrer Gestalt erschien (nach einer langen Zeit ohne Träume). Ich umarmte ihn (wissend, dass er tot ist) und weinte und sagte, dass ich ohne ihn nicht leben kann, nicht will, dass er bitte bei mir bleiben soll. Es war egal, dass er als eine schöne Frau erschien, es war keine leibliche Umarmung, keine erotische. Die Toten kennen keine Erotik in unserem Sinne, so sind meine Träume auch frei davon.

16. Mai 2019–2022

Angenommen, ich hätte Oleg als Witwer getroffen. Wäre ich einverstanden damit, dass er eine tote Geliebte weiterhin betrauert? Ja, sicher. Bestimmt (oder möglicherweise) hätte das zu einigen Krisen geführt.

C. S. Lewis: Die Trauer fühle sich wie eine Amputation an, und »nach einiger Zeit gewinnt der Operierte seine Kraft

zurück und ist imstande, auf seinem Holzbein umherzu-
humpeln. Er ›hat es überstanden‹. Aber wahrscheinlich
wird er in dem Stumpf zeitlebens […] Schmerzen haben.«

Sind neue Partner der Witwen und der Witwer solche
»Holzbeine«? Ist das fair ihnen gegenüber? Assia Wevill
hat das nicht ertragen können und wollte Sylvia Plath
durch den nachgeahmten Tod von der Bühne verdrängen.
Ich kannte ein Paar, das sein Zusammenleben damit an-
fing, dass aus dem Haushalt des Mannes die Gegenstände
entfernt wurden, die an seine gestorbene erste Frau erin-
nerten.

Der fremden Trauer zu begegnen, ist eine irritierende
Aufgabe. »Seine Trauer ist für mich unantastbar, egal, was
ihr Grund ist«, sagte die Frau des Dichters Fjodor Tjutschew (1803–1873) nach dem Tod seiner Geliebten. Vom
trauernden Tjutschew ist einer meiner Leitsätze: »Keinen
einzigen Tag begann ich ohne ein gewisses Staunen, wie
ein Mensch noch weiterlebt, wenn ihm das Herz herausgerissen und der Kopf abgehackt wurde.«
Auch sein Leben hat viel Stoff für »Seifenoper plus« oder
»Tragödie minus«: Nach dem Tod seiner ersten Frau war
er von dem Schuldgefühl geplagt, dass sie wegen seiner
Affäre mit seiner späteren zweiten Frau gelitten hatte (beide
Ehefrauen waren Deutsche, er hat beide in München ken-
nengelernt, wo er viele Jahre als russischer Diplomat lebte).
Die Geliebte seiner späten Jahre war mit seinen beiden
Töchtern aus der ersten Ehe in derselben Klosterschule.
Als sie an Schwindsucht gestorben war, blieb er mit der

Reue zurück, dass er sie in eine schiefe gesellschaftliche Lage gebracht und ihr Leben zerstört hatte.

Seifenoper? Tragödie?

Hat all das irgendeine Bedeutung?

Oleg über Tjutschew: »… einer der großartigsten Lyriker russischer Zunge, für meine Begriffe auch der großartigste naturphilosophische Dichter der drei Sprachen, in welchen ich das Glück habe, Gedichte lesen zu dürfen, also russisch, deutsch und englisch.«

Wozu noch die Kolportage, egal ob als »Seifenoper plus« oder »Tragödie minus«? Sollen wir »den Autor« tot sein lassen?

Geschichten von anderen sind aufblinkende Orientierungspunkte auf dem Koordinatenfeld, auf dem sich Menschen bewegen (die Koordinaten selbst sind nicht sichtbar). W., der drei Jahre nach N.s Tod wieder geheiratet hat, hatte das Gefühl, er sollte das vor der toten N. und den gemeinsamen Freunden rechtfertigen. Er fand Unterstützung bei Alexander Puschkin: Der sterbende Puschkin sagte seiner Frau, sie solle zwei Jahre trauern und dann einen anständigen Mann heiraten. Als W. uns den Besuch mit seiner neuen Frau ankündigte, sagte er, er habe die von Puschkin festgelegte Mindestfrist um ein Jahr überschritten (Puschkins Witwe überschritt sie um fünf Jahre). Wirkt das komisch und albern? Jedes Leben ist komisch und albern und ist, je nachdem, wie wir das betrachten, entweder »Seifenoper plus« oder »Tragödie minus«. Übrigens standen N.s Vorfahren in irgendeiner Verwandtschaftsbeziehung zu Tjutschews Geliebten, was sie gerne mit Stolz erwähnte.

Jelena Schwarz: »Das Schlimmste ist, dass alles zum Gegenstand der Kunst wird. Selbst das, was auf keinen Fall dazu werden kann.«

Die Kunst ist der Spiegel, den Perseus von Pallas bekommen hat, wo er die Gorgone Medusa sehen konnte, ohne gleich zu versteinern.

Wie nah manche Gedichte von Hughes und Tjutschew ihren persönlichen Geschichten auch kommen, es ist eine Täuschung. Gedichte, die »authentisch« sind, haben ihre Chance verspielt, gut zu sein. Das kolportierte Leben ist eigentlich ein »Anhang« zum Text, kann unterhaltsam sein, ist aber nicht notwendig.

Dichter stellen ein komplexes System der Spiegel auf, in dem alles mehrmals von den spiegelnden Oberflächen abgeworfen wird. Zu diesen Reflexionen gehört das Leben gleichberechtigt mit der Literaturgeschichte, alles ist »Lärm der Zeit«.

FJODOR TJUTSCHEW: *Am Vorabend des Jahrestages des 4. Augusts 1864*

Da gehe ich langsam eine Landstraße entlang,
Im leisen Licht des erlöschenden Tages ...
Mir ist schwer, die Beine erstarren ...
Lieber Freund, siehst du mich?

Es wird dunkler und dunkler über der Erde –
Der letzte Blitz des Tages flog weg ...
Das ist die Welt, wo wir zusammenlebten,
Mein Engel, siehst du mich?

Morgen ist der Tag fürs Gebet und für die Trauer,
Morgen ist das Andenken des Unheilstages ...
Mein Engel, wo auch immer die Seelen umher-
                                    schweben,
Mein Engel, siehst du mich?

Übersetzt von Olga Martynova

17. Mai

»Das ist das Ende meines Lebens. Was bleibt, ist posthum«, dachte Orpheus in diesen sieben Tagen, die er vor der wieder versiegelten Unterwelt verbrachte. Dann ging er, sang wieder, sprach mit Bäumen und Tieren, liebte Knaben, sang, aber nicht von Eurydike, ließ sich zerreißen und seinen Kopf ins Wasser werfen, seine toten Lippen sangen Eurydikes Namen.

Hat er sie für die Zeit zwischen dem ersten und dem zweiten, endgültigen Abstieg in die Unterwelt »losgelassen«? Nach der Empfehlung von Allen Ginsberg an Patti Smith (»Lass den Geist des Verschiedenen los und fahr mit der Feier deines Lebens fort.«)?

17. Mai 2019–2022

... und

es war nur eine Frage der Zeit, dass ein feministisches Narrativ gegen Orpheus geboren wird. Dabei hat seine Geschichte keine Konturen einer Mann/Frau-Kollision. Im Unterschied zu anderen Mythen, die eine feministische Umdrehung durchaus vertragen und dadurch eventuell neue Perspektiven bekommen (wie Medea oder Kassandra), ist dieser weder patriarchalisch noch matriarchalisch, der Trauer ist egal, wie alt, von welchem Geschlecht und in welcher Beziehung zu dem Toten der jeweilige Orpheus ist.

»Elfriede Jelinek setzt in ›Schatten (Eurydike sagt)‹ ihre Beschäftigung mit weiblichen Mythen aus feministischer Perspektive fort«, heißt es in dem Begleittext der Berliner Schaubühne. Und weiter: »Orpheus, der gefeierte Sänger, führt sie zurück durch Tunnel, über düstere Korridore, dunkle Aufzugschächte hinauf [...]. Während ihrer Reise erinnert sie sich, wie sie zu Lebzeiten als Autorin stets im Schatten ihres Geliebten Orpheus stand, in einer Gesellschaft, die für sie keinen eigenständigen Platz vorgesehen hatte.« Und am Ende begreift sie, »dass ihr die schattenhafte Nicht-Existenz im Jenseits viel lieber ist als ein fremdbestimmtes Leben im Körper einer Frau.«

Stellen wir uns vor, Orpheus wäre als Erster gestorben. Wie würde so eine Eurydike leben? Endlich selbstbestimmt und froh? Vielleicht sind die Mänaden, die Orpheus zerrissen haben, solche Eurydiken?

Orpheus' Mythos spricht nur von diesem besonderen Aggregatzustand der menschlichen Psyche, der die Trauer ist. Richtig ist, dass wir von Orpheus und Eurydike als Paar kaum etwas wissen. Jede Vorgeschichte stört (deshalb beeindruckt der abrupte Beginn gleich mit der Trauerfeier in Glucks Oper).

»Wie sie zu Lebzeiten als Autorin stets im Schatten ihres Geliebten Orpheus stand« – nicht nur finde ich, dass das dem Kern des Mythos widerspricht, auch aus meiner individuellen Sicht kann ich nichts damit anfangen, dass so eine Konstellation als feste Regel dargestellt wird. Ich als Autorin stand nie im Schatten meines Mannes, nur im Licht seines Respektes und seiner Loyalität.

In Marina Zwetajewas Gedicht »Eurydike an Orpheus« will Eurydike nicht zurück, weil sie alle Vorräte an Liebe bereits verbraucht und sich von allen Trieben befreit hat. Trotz dieser Verwandlung in eine von jeder Sinnlichkeit befreite Substanz ist Zwetajewas Eurydike immer noch vitaler als Eurydike in Rilkes »Orpheus. Eurydike. Hermes«. Bei Zwetajewa hat sie noch Kraft, die Rückkehr bewusst zu verweigern. Bei Rilke weiß sie nicht einmal, dass sie diese Option hätte, sie wüsste nicht, was das bedeuten würde, und hat keine Ahnung, wer da gekommen ist, um sie zurückzuholen: Wenn Hermes verzweifelt ausruft, dass Orpheus sich umgedreht hat, fragt sie lediglich: »Wer?«

ihr Geschlecht war zu
wie eine junge Blume gegen Abend

Rilkes Eurydike mit ihrem geschlossenen Geschlecht und Gedächtnis – ist der absolute Nullpunkt aller Kräfte. Passivität der Toten, die wir uns nicht vorstellen können (weshalb sich niemand den eigenen Tod vorstellen kann). War Orpheus' Fehler, dass er diese Grenze nicht akzeptierte, hinter der alles anders ist (so, dass, wenn es uns hier gibt, es sie dort nicht gibt, und vice versa: Wenn es sie dort gibt, dann gibt es uns hier nicht)?

Der Wechsel der Perspektive öffnet allerdings eine viel interessantere Frage als die Mann-Frau-Beziehungsproblematik: Ob der Gestorbene zurück*will*? Dadurch gewinnt die Umdrehung ihren Witz.

Es ist schwierig, den giftigen (gesunden?) Menschenverstand Schopenhauers zu ignorieren: »Klopfte man an die Gräber und fragte die Toten, ob sie wieder aufstehen wollten; sie würden mit den Köpfen schütteln.« Intuitiv, wenn man das an sich misst, sagt man: Ja, wenn ich das Sterben schon hinter mir hätte, wozu das ganze Leid wieder. Aber als Trauernder wird man dem nie zustimmen. Trauer ist wie Liebe, fordernd und egoistisch.

18. Mai
Traum. Diesmal war Oleg in seiner eigenen Gestalt. Sehr krank. Ich wusste, dass er stirbt. Ich umarmte ihn und sagte, wie groß meine Angst um ihn ist. Ich habe das im wirklichen Leben nie gesagt, weil ich ihn nicht erschrecken wollte. Im Traum habe ich das wie eine Beschwörung gesagt, damit er nicht stirbt. Ich wurde wach, bevor ich ihn retten konnte.

17. Mai 2019–2022
Der Wurm im Nasenloch

Es gibt ein japanisches Gottespaar, dem eine Ähnlichkeit mit Orpheus und Eurydike nachgesagt wird: Izanagi und Izanami. Bruder und Schwester. Mann und Frau. Sie erschaffen aus dem Urwasser Inseln und gebären weitere Götter. Nachdem Izanami bei Geburt des Feuergottes an Brandwunden stirbt, begibt sich Izanagi in die Unterwelt, um sie zurückzuholen. Nicht ein Unterweltherrscher, sondern Izanami selbst will nicht, dass Izanagi sie sieht, und verdunkelt die Jenseitsräume. Izanagi zündet eine Fackel an (mit Hilfe desselben gemeinsamen Sohnes, des Mutterverbrenners) und sieht ihren verwesenden Körper mit Würmern und Eiter und Blasen, die aus der flüssigen Masse mit leisem Blubb aufsteigen. So eine Frau will er nicht und flieht davon.

Wahrscheinlich wurde das reflektierte Denken in dem Moment geboren, in dem der Urmensch vor dem geliebten Körper voller Würmer stand. Der Held des mesopotamischen Epos »Gilgamesch« sitzt so lange vor der Leiche seines Freundes Enkidu, bis aus dessen Nasenloch ein Wurm herauskriecht. Der Wurm im Nasenloch des toten Freundes wird für Gilgamesch zum Spiegel seiner Zukunft: In diesem Augenblick verschiebt sich der Fokus auf den eigenen Tod. Die Trauer weicht der Todesangst, und es bleibt über Jahrtausende dabei.

»Frag nicht, wem die Totenglocke schlägt, sie schlägt dir.« Oder, wie das Zitat für Hemingways Romantitel übersetzt wird: »Wem die Stunde schlägt.« John Donne schrieb das während und wegen einer schweren Krankheit. Angesichts der eigenen Todesangst. »Keiner ist eine Insel, keiner in sich geschlossen. [...] Der Tod eines jeden vermindert mich. Weil ich Teil der Menschheit bin, frag also nie, wem die Totenglocke schlägt, sie schlägt dir.« Gilgamesch – der Tod des Anderen führt zum Bewusstsein der eigenen Sterblichkeit. John Donne – die Todesangst führt zum Bewusstsein der Verbundenheit mit allem Sterblichen.

Ich versuche, mich zu erinnern, in welchem Buch ich gelesen habe, dass die meisten Toten, nachdem sie beweint wurden, eigentlich nicht mehr willkommen sind, dass man sich in dieser Welt schon ohne sie eingerichtet hat, dass sie keinen Platz mehr haben würden. Das würde dem Mythos von Izanagi und Izanami entsprechen, aber nicht dem von Orpheus, der sich nach Eurydikes Tod eher selbst als überflüssig empfindet. Dies ist der Unterschied zwischen Orpheus/Eurydike und Izanagi/Izanami, trotz aller äußeren Ähnlichkeit, die zur Verschmelzung beider Geschichten verleitet.

Izanagi ist nicht bereit, die verwurmte Izanami zurückzunehmen. Das göttliche Geschwister- und Ehepaar verfällt in einen Familienstreit. Sie droht, Unmengen von Menschen jeden Tag zu töten, er erwidert, er würde Unmengen und noch eine Menge obendrein von Menschen jeden Tag zeugen (rein arithmetisch soll das irgendwann zu Überbevölkerung führen). So unterhalten sie sich während des Flucht-Jagd-Rennens, er ist als Erster wieder draußen, versiegelt den Eingang in die Unterwelt mit einem Felsen und trennt unwiderruflich Jenseits von Diesseits. *Puh, das war knapp*, denkt er.

Es gibt ein Hörspiel »Izanagi und Izanami« von Erich Fried. »Die Parallele zur Orpheussage ist unverkennbar«, sagt er im Vorwort und nennt die japanische Geschichte ehrlicher und echter, weil Izanagi anerkennen und gestehen kann, dass er seine tote Frau nicht mehr begehrt. Bei Fried sieht die finale Unterhaltung wie eine ganz gewöhnliche Szene aus: Der eine ist noch verliebt, der andere nicht mehr; der eine versucht, die Beziehung zu retten, der andere legt nahe, dass alles vorbei ist.

Es gibt ein weiteres Hörspiel mit diesem Stoff mit dem Titel »Orpheus oder Izanagi«. Yoko Tawada lässt die Namen verschmelzen: Aus Orpheus und Izanagi wird Ogi, aus Eurydike und Izanami wird Inake. Die feministische Radikalisierung geht so weit, dass der eifersüchtige und besitzergreifende Ogi zum Mörder von Inake wird. Erschüttert und voller Reue will er sie aus dem Tod zurückholen, aber nur, bis er in der Unterwelt statt seiner Frau das stinkende verwesende Fleisch vorfindet.

In beiden Orpheus/Izanagi-Variationen befreit sich der Mann am Ende von allen Gefühlen gegenüber der Frau.

In einem Essay über eine der Quellen der Geschichte von Izanagi und Izanami, ein altjapanisches Epos, schreibt Tawada, dass die Verfasser gemogelt und die matriarchalische Erzählung gegen eine patriarchalische eingetauscht hätten. Das ist gut möglich. Die Erzählung von Izanagi und Izanami enthält Spuren von einem Kampf um Macht und geschlechtliche Rollenverteilung. Aber mit Orpheus und Eurydike hat das nichts zu tun.

Orpheus steht vor der Felsenwand, die Izanagi zwischen den Welten errichtet hat, und diese Wand beginnt zu zittern. Für den trauernden Orpheus ist nichts mehr gewiss, auch die Grenze zwischen den Welten nicht, die Izanagi errichtet hat. Izanagi ist auf der Seite des Lebens. Orpheus ist nirgendwo, in der irrealen Zeit der Trauernden.

Das göttliche Paar Izanagi und Izanami veranstaltet in der Unterwelt einen Familienskandal und ist so gesehen sehr nahe am Orpheus des 20. Jahrhunderts mit der Hölle, die diesseits ist, die amerikanische Provinz von Tennessee Williams, das niedersächsische Dorf von Arno Schmidt, der spießige Mikrokosmos einer Familie bei Cocteau, der Mangel an Vertrauen und Loyalität bei Jean Anouilh. Izanagi und Izanami sind menschlich. Orpheus ist göttlich. Eurydike ist nicht mehr.

Was hat Orpheus falsch gemacht?

JELENA SCHWARZ: *Orpheus*

Der Weg zurück
Brachte Schrecken:
Hinter ihm röchelte, pfiff es,
Grunzte, hustete.
Eurydike: »Schau dich nicht um, wag es nicht,
Die Gegend ist wild.«
Orpheus: »In diesem Zischen erkenn ich sie nicht,
                                        meine
Eurydike.«
Eurydike: »Wisse, ich bin, solange nicht aus dem
                              Dunkel getreten,
Schlimmer als ein Drache.
Zur der, die ich war, werde ich beim Anblick
Des Blaus des Himmelszelts.
Zu der, die ich war, werde ich, wenn der Atem
Der Brust einsetzt – schmerzhaft, weil
                                        ungewohnt.

Sie scheinen nahe, ich glaube, ich hör sie:
Wind und Meer.«
Die Stimme war gedrückt, wild,
Der Bart raschelte im Wind.
Orpheus: »Mich schaudert's – was, wenn ich nicht
dich, Eurydike,
Zu den Sternen hinausführe, sondern …«
Er drehte sich einfach um, von Zweifeln gequält:
Ein Schlangentier mit flehendem Blick,
Dick wie ein Baumstamm, eilte hinter ihm her,
Und er sprang zurück, ergriffen von Angst.
Aus dem grässlichen Wanst
Zogen sich die geliebten schlanken Arme
Mit der vertrauten Narbe – zu ihm.
Verlegen berührte er die feinen Nägel.
»Nein, dein Herz hat mich nicht erkannt,
Du liebst mich nicht«,
Flüsterte die Schlange, lächelte bitter.
»Lieber nicht! Lieber nicht!« –
Und zerfloss zu Dampf im Zwielicht des Hades.

Übersetzt von Daniel Jurjew

Bei Jelena Schwarz will Eurydike nicht zurück, weil sie
Zweifel in Orpheus' Augen gesehen hat; bei Fried und Tawada will sie zurück, obwohl sie sieht, dass Orpheus sie
nicht will; bei Jelinek will sie nicht zurück, weil sie nicht
mehr jemandes Besitz sein will; bei Zwetajewa will sie
nicht zurück, weil sie sich von allen Trieben befreit hat; bei
Rilke will sie nicht zurück, weil es sie nicht mehr gibt. War
Orpheus' Fehler seine Lebendigkeit? Dass es ihn noch gab?

Aus einem Gedicht von Oleg Jurjew:

Orphei ihr müßigen helden der marktplätze
mit eurem quatschgerede über dem höllenschlot
in stank siechtum und feuchte eures körpers
werden die schatten der stummen geliebten seelen
                              nicht hineingleiten.

19. Mai
Traum: Wir saßen in einem Café. Ich musste irgendetwas in der Stadt erledigen und ging für eine halbe Stunde, hatte große Angst, dass, wenn ich zurück bin, Oleg ohnmächtig sein würde, »wie damals«, das heißt, ich hatte eine Ahnung, dass er schon einmal gestorben war, während ich kurz weg gewesen war, und ich hatte Angst, dass uns das noch einmal passiert. Aber alles war gut. Wir gingen in die U-Bahn. Er lief zu schnell nach unten. Ich beeilte mich und bin fast umgekippt und sagte ihm, schau, wie ungeschickt ich bin. Wir waren gut gelaunt.

17. Mai 2019–2022
… die zusammenleben im Gedächtnis … (3)

Die Vorstellung, die Toten seien so lange lebendig, wie ihrer gedacht wird.

Dasselbe sagt Horaz in seinem *Exegi monumentum*: »Ich kann nicht gar vergehn; man wird mich rühmen hören« (wie es Martin Opitz übertragen hat).

Edgar Allan Poe dachte und dichtete eine Zwischenwelt, wo Gestorbene bleiben, solange man sich diesseits noch an sie erinnert.

Bei Arno Schmidt (der Leser und Übersetzer von Edgar Allan Poe war) ist dieses Nachleben im Nachruhm (in »Tina oder über die Unsterblichkeit«) ein Albtraum der Langeweile, die Bewohner der Unterwelt sehnen den endgültigen Tod herbei, sie verfluchen und verprügeln (wenn diese ihrerseits gestorben sind) Verleger und Lexikaverfasser, die das rettende Vergessen hinauszögern.
Für einen Atheisten dachte Schmidt ziemlich viel an die Unsterblichkeit. Wenn sie bei ihm auch trist, persifliert und profaniert erscheint, ist das doch derselbe idealistische Gestus wie in *Exegi monumentum*. Man verhöhnt nur das, was einen juckt.

Dass Tote im Bewusstsein der Lebenden weiterleben würden, ist ein schmaler Grat, auf dem sich Atheisten und Gläubige treffen. Ich teile diese Vorstellung nicht. Ich glaube nicht an das Bewusstsein. Es ist fehlerhaft, unzuverlässig und vom Unbewussten regiert (und wer weiß, von wem oder wovon noch). Vielleicht verfügen wir (auch Tiere, Pflanzen und Steine) über ein anderes Bewusstsein, das uns verborgen, mit uns aber verbunden ist, nicht das Unbewusste, sondern das andere Bewusste, zu dem wir vergeblich durchzudringen versuchen (wie zu unseren Toten).

21. Mai

Traum: Wir sind in einer Stadt an der Wolga (Schtschelykowo), wo Oleg vor vielen Jahren auf einem Theaterfestival
war. (Das war am Anfang der Perestrojka, alles, was in der
Sowjetunion unmöglich war, passierte plötzlich: Unsere
Texte wurden gedruckt, Olegs Theaterstücke aufgeführt und
preisgekrönt; da sie »über Juden« sind, hatten sie davor, in
der antisemitischen Sowjetunion, keine Chance. Oleg be-
freundete sich dort, an der Wolga, in Schtschelykowo, mit
anderen jungen Dramatikern. Kurz vor Olegs Tod sind zwei
von ihnen, die sich bei jenem Festival kennengelernt hatten
und zu einem Paar auf Lebenszeit wurden, gestorben: zuerst
Michail Ugarow und ein paar Monate später Jelena Gremina,
»an gebrochenem Herzen«, sagten alle.)

Ich war nie in diesem Städtchen, »erkenne« es aber: eine
altrussische Stadt mit vielen Kirchen und einem Kirmesplatz.
Ich weiß, dass Oleg tot ist. Auch dass Jelena Gremina tot ist.
Zwischen einer Kirche und einem Karussell sehen wir ihr
Grab, gehen vor ihm in die Hocke, Oleg liest das Gedicht
»Epilog«, aber anders als sein wirkliches Gedicht »Epilog«
richtet es sich direkt an Jelena Gremina: Wenn sie als Erste
einen Pfad in der Totenwelt betreten würde, würde sie ihm
den Weg beleuchten, und wenn er der Erste sein würde, würde
er ihr die stützende Hand geben. Ich empfand es im Traum als
beruhigend, dass Oleg »dort« nicht ganz allein sein würde.

OLEG JURJEW: *Epilog*

In die Wolken sind kleine dreieckige Löcher hinein-
gepickt worden – durch die Vögel (von unten?) oder
durch die Engel (von oben?) –, durch welche das

Blau hindurchdringt. Sie wachsen gemächlich mit wildem Wolkenfleisch zu.

Wenn Bekannte und Freunde aus deiner Jugendzeit zu sterben beginnen – einer nach dem anderen, einer nach dem anderen! –, scheint dir, daß du hinter ihnen auf einer Rolltreppe fährst – nach unten oder nach oben? – und bald erreicht sie, die Treppe, das obere oder untere Ende.

Die Toten – hören sie in der Tat, wenn man sich an sie erinnert? Besonders die, die schon lange Zeit tot sind –, ist das augenblickliche Erwachen infolge einer zufälligen Erinnerung, die Unterbrechung des ewigen Schlafs, für sie unangenehm?

Und die kürzlich Verstorbenen? Blicken sie einfach zurück und sehen die endlose Treppe und dein halb vergessenes Gesicht?

22. Mai

Als eine Ärztin sagte: »Sie werden an dieser Krankheit nicht sterben, eher an der Medizin«, schien das Oleg eine optimistische Prognose zu sein, weil das Herzversagen bedeuten würde. Wenn jemand plötzlich an Herzversagen gestorben war, sagte er, dass ihm das nicht gegönnt würde. Es wurde dir gegönnt. Das ist egoistisch, aber mir fehlen diese Jahre, die ich glaubte, noch vor uns zu haben, egal, wie schwer sie hätten sein sollen. Ich habe mich innerlich darauf vorbereitet. Aber nicht auf deine Abwesenheit.

Ich frage mich immer wieder, ob Ärzte alles gemacht haben oder ob sie für mich und dich ihre Entscheidung getroffen haben, während ich den Rucksack mit den Papieren für die Klinik in der Hand hielt. Jeder Mensch ist ein Urmensch in einem Urwald, unbegreiflichen Kräften ausgeliefert. Je mehr Zeit vergeht, desto deutlicher scheinen mir (gerecht oder eher ungerecht) jene Ärzte faule und gleichgültige Urwaldgeister zu sein, die uns im Stich gelassen haben.

6. Juni

Berlin. Ich sitze auf der Terrasse der Kaffeerösterei in der Uhlandstraße. Vor einem Jahr am selben Tisch habe ich mit Oleg telefoniert und ihm von der Lesung aus meinem Essayband am Vortag erzählt.

Im Vorgespräch hatte mir die Moderatorin von ihren Reisen in die Ukraine erzählt, die sie viel besser kannte als ich. Sie hatte von den »schrecklichen ukrainischen Demos mit Bildern Banderas« gesprochen; von Menschen im Donbass, die sich von der offiziellen Ukraine diskriminiert fühlen. Sie hatte erzählt, wie sie dort einmal mit einer Freundin gewesen sei und die Freundin gefragt habe, warum sie davon in ihren Reportagen nichts berichte. Und in der Tat, warum? Hätte auch ich fragen sollen, habe das aber nicht. Auf dem Podium hat sie aus einer ganz anderen Perspektive gesprochen, und ich verstand nicht, ob sie mich bewusst überraschen wollte oder erwartete, dass ich von selbst verstehe, dass sie öffentlich anders zu sprechen habe als privat. Das Krimtagebuch, das meinen Essayband abschließt, war ein Versuch, möglichst kommentarlos zu registrieren, was Oleg und ich auf der Krim gesehen haben, Gespräche, Landschaften, Lebensweisen, so, wie man sie innerhalb einer kurzen Reise mitbekommen kann. Auf dem Podium war ich nicht bereit, die Bilder für die Moderatorin nachzubearbeiten. Ich denke, sie und ich waren miteinander in gleichem Maße unzufrieden.

Ein paar Tage vor jener Lesung war ich im Schloss Bellevue. Die Referentin, die mich beim Empfang abholte, legte mir nahe, im Gespräch mit dem Bundespräsidenten über »die Lage der Intellektuellen« in Russland zu erzählen, also all das zu wiederholen, was bereits tausendmal in den Medien geschildert worden war. Ich weiß heute noch weniger als damals, was ein Schriftsteller und ein Politiker einander zu sagen hätten. Ich war für die Einladung und den Versuch eines Gesprächs dankbar. Nachher blieb das Gefühl, dass es mir nicht gelungen ist, etwas Gescheites zu sagen.

… All das habe ich Oleg erzählt, als ich vor einem Jahr an einem genauso sonnigen Tag wie heute auf dieser Terrasse der Kaffeerösterei in der Uhlandstraße gesessen und mit ihm telefoniert habe. Er war witzig, war tröstend. Ihm blieben drei Wochen Leben.

Ich sitze in der Kaffeerösterei in der Uhlandstraße wegen der Nähe jenes Gesprächs mit Oleg: vor einem Jahr, am selben Ort, zur selben Zeit.

6. Juni 2019–Frühjahr 2022
Der Krieg in der Ukraine

Die russische Regierung hat auch das eigene Volk angegriffen. Jeden Tag wird in Russland mehr verboten, immer mehr elementare Handlungen werden gefährlich. Die Lage der russischen Intellektuellen ist schrecklich. Aber jetzt interessiert sie kaum jemanden. Wenn ich schreibe, dass wir aufgrund der immer härteren Repressionen den Umfrageergebnissen, 80 % der Russen würden den Krieg unterstützen, nicht ernsthaft vertrauen können, kommentiert jemand: »Olga kann wieder zur Wolga und da rumquasseln.«

Fotos von Festnahmen der Protestierenden (die unter anderem auch meine Texte in den Zeitungen begleiten): eine blonde Frau mit blasser Haut; ein Mann mit schmerzverzerrtem Gesicht. Beide jung und schön. Olegs Gedichte haben viele Leser in dieser Generation. Ich schreibe auf Deutsch und bin mit der russischen Sprache nur durch Oleg verbunden, das ist die Sprache meiner Trauer, sie ist fast transzendent, fast von jeder greifbaren Realität getrennt. Durch den Krieg ist die greifbare Realität wieder da. Aber auch der Sprachverlust, unabhängig von der linguistischen Sprache. Ich schreibe mit dem Gefühl, dass jedes Wort falsch sitzt.

Krieg und Zeit: Politiker, die jetzt für ihre Versuche in den vergangenen Jahren, sich um die Beziehungen zu Russland zu bemühen, beschimpft werden, haben sich ihrerseits für die Möglichkeit einer offenen, freien, friedlichen Welt eingesetzt. Trotz allem, was wir *jetzt* wissen, war das edle und womöglich, wenigstens aus damaliger Sicht, vernünftige Politik. Diesen Politikern deswegen Vorwürfe zu machen, ist spießig. Auch ist es zu einfach zu sagen, dass alles vorauszusehen gewesen sei und nachträglich alle Fehler nur einer einzigen Seite zugeschrieben werden können. Es gab strategische und diplomatische Fehler von allen Seiten. Die große Weltbühne ist genauso erst im Nachhinein verständlich und genauso fatalen Zufällen ausgeliefert wie jedes private Leben.

In der Ukraine werden Menschen getötet; Russland rutscht in einen Abgrund ab.

Aus den Telefonaten mit Russland: Eine Schule in St. Petersburg bekam einen Befehl von der Schulbehörde, einen Propagandafilm zu zeigen. Die Lehrer sagten den Kindern, dass nun in der Aula ein Film laufen werde, der eine der Sichten auf die aktuellen Geschehnisse zeige, wer Hunger habe, könne allerdings in die Schulkantine gehen. Der Film lief im leeren Saal.

6. Juni

Es gibt ein Gedicht von Czesław Miłosz, da denkt ein alter Mann, wie schade es sei, gerade jetzt zu sterben, wenn Kriege, Diktaturen, Seuchen, die sein Leben begleitet haben, nicht mehr toben. Und gleich nach seinem Tod beginnt all das wieder.

Manchmal scheint mir, dass die Entgleisung der Welt sich seit Olegs Tod beschleunigt …

Und manchmal denke ich, dass das eine nette Menschheit ist, die sich wahrscheinlich bald auf die eine oder andere Weise zugrunde richtet, und es schade um diese Menschheit ist.

6. Juni 2019–2022

Die Vorahnung dieses Krieges hat Olegs letzte Jahre ge-
prägt. Sie war neben seiner Krankheit ein Schatten über
uns. Ich bin im Windzug der Geschichte allein geblieben.

Eine Lyrikerin, die in Russland geboren ist, in der Ukraine
ihre Kindheit verbracht, seit Mitte der 1980er Jahre in
Moskau gelebt (also noch länger als ich in Deutschland),
fest zu dem russischen Literaturbetrieb gehört hat und
Redakteurin einer wichtigen Moskauer Zeitschrift war, ist
jetzt in der Ukraine, wohin sie kurz vor Kriegsausbruch
zurückgekehrt ist. Nun teilt sie den Boykott aller gemeinsamen Veranstaltungen, die russische Kollegen, um die
Verbindung zu ihren ukrainischen Freunden nicht endgültig zu verlieren, verzweifelt zu organisieren versuchen.
Sie schreibt auf Social Media: »Ich erinnere mich an einen
Vorfall: Ein russischer Wissenschaftler in den 1990ern
hat in England keine Fördermittel bekommen, weil er, als
er bei einem britischen Professor zu Besuch war, dessen
Katze von einem Sessel grob verjagt hat.« Darauf viele
Kommentare über die Rohheit der Russen, einer davon:
»Übrigens, Lew Tolstoi hat in seinem Tagebuch von Reue
gesprochen, dass er einer Katze einen Schlag versetzt
hatte. Aber zuerst hat er das immerhin getan. So ist es …
ich denke seit langer Zeit darüber nach.«

Wenn solche Gespräche einem einzelnen Menschen in
der Hölle des Krieges helfen, ein bisschen Kraft zu sammeln, dann seien sie gesegnet.

Menschen »draußen« sollten allerdings darauf achten, dass sie am circulus vitiosus des Hasses, der Abgrenzung und der Gewalt nicht mitarbeiten. Gibt es etwas, das diesen Kreis unterbrechen kann? So sehr »draußen« ist niemand.

Paulus Böhmer: »Gebete sind Gotteslästerung, / wissen die Katzen.«

6. Juni

Eine Familie geht vorbei, Mutter, Vater, zwei schöne Kinder. Mir geht durch den Kopf: zwei hübsche kleine Tote.

Und, ja, natürlich Rilke: »dass man den Tod in sich hatte wie die Frucht den Kern« und »wie den Gröps von einem schönen Apfel«.

Das aktualisierte Bewusstsein der Sterblichkeit der Welt, nach dem Tod jener, die wir lieben. Auch jene vitale und selbstgerechte Moderatorin ist ein molliger hübscher Tod.

Roland Barthes in seinen Trauernotizen: Er sähe jetzt überall, auf der Straße, in einem Café, jeden einzelnen Menschen als jemanden, der stirbt, und weiter: »... nicht weniger deutlich sehe ich, dass sie *es nicht wissen*.« Das Letztere ist natürlich nicht belegbar.

7. Juni

Wir waren so miteinander verbunden, dass wir nicht gemerkt haben, wie einsam wir waren: meine und Olegs grundsätzliche Einsamkeit, weil wir eigentlich »autark« waren. Auch jetzt bin ich »autark«, in der sich fortsetzenden Gemeinsamkeit.

8. Juni

Tod und Leben sind einander Spiegel, in dem jeweils nichts zu sehen ist.

9. Juni

Novalis sagt, dort, wo Sophie und Erasmus (sein verstorbener Bruder) sind, könne es ihm nicht schlecht gehen.

Roland Barthes: »… Sterben ist das, was Mam. getan hat (wohltuendes Phantom des: ihr wieder begegnen.)«

Beruhigend, dass uns dasselbe passieren wird, was unsere Toten bereits erfahren haben.

Ich habe aus dem Entsetzen gegen die Idee der Euthanasie ein ganzes Buch geschrieben (»Der Engelherd«). Wenn ich an meinen eigenen Tod denke, genauer gesagt daran, dass ich als Mensch meine Freiheit haben darf, mich zu entscheiden, ob ich aus dem Leben scheiden will, gerate ich in einen Widerspruch.

Auch Canetti spürt in seinem Kampf gegen den Tod manchmal eine Müdigkeit und Resignation. Weil der Tod der Feind ist, dürfe man auch den eigenen Tod nicht akzeptieren. Zuweilen fällt ihm das schwer: »Wieder, es ist nun das zweite oder dritte Mal, habe ich an den Tod als an meine Erlösung gedacht. Ich fürchte, dass ich mich noch sehr verändern könnte. Vielleicht werde ich bald zu seinen Lobpreisern gehören, zu denen, die dann zeit ihres Greisenalters zu ihm beten.«

Canetti erwägt einen Kompromiss: »Vielleicht wäre es gar nicht so schlimm, wenn man fröhlich stirbt, solange man nur nie fröhlich den Tod eines anderen erlebt hat.«

Ich habe Novalis meine Solidarität bei der Ablehnung des Lebens versprochen und Canetti bei der Ablehnung des Todes.

»Die Todesverliebtheit der Romantiker«, Canetti.

»Muß immer der Morgen wiederkommen? Endet nie des Irdischen Gewalt?«, Novalis.

Novalis' »Hymnen« fehlt es an Konsequenz, Canetti bleibt standhaft.

Die Trauer ist ein radikaler Versuch, dem schmatzenden Leben in die Augen zu schauen und durch diese Augen hindurch.

14. Juni

Es gab die »Euthanasierung« von Wehrmachtsoldaten, deren Verstand die Grausamkeiten, zu denen sie gezwungen worden waren, nicht überstanden hatte. Sie waren nicht wenige, sie, deren Psyche das verweigert hatte, wozu sie das Vaterland gerufen hatte. Das Vaterland hatte für sie den »Gnadentod« parat.

24. Juni

Als die Nachricht von dem Brand von Notre-Dame de Paris eintraf, haben Olegs Jugendfreunde (das Ehepaar) angerufen: Sie hätten die ganze Nacht schlaflos geweint. Ich dachte an die Mutter von S., einem früh gestorbenen Jugendfreund; seine Exfrau hat ihr nach seinem Tod am Telefon gesagt: »Was für ein schreckliches Jahr, zuerst ist Prinzessin Diana gestorben und nun noch auch S.« Gut, es wäre ungerecht, von Menschen ein Übermaß an Taktgefühl und Geschmack zu verlangen, tue ich auch nicht (auch von mir selbst nicht).

Als der Hund der Notre-Dame-Beweiner gestorben war,

war meine Anteilnahme mit ihnen. Seit Olegs Tod verblasst jede Nachricht von der Zerstörung der anorganischen Materie angesichts des organischen Todes.

Ich kann mich nicht erinnern, wer fragte, wer größer sei: Praxiteles, der die Aphrodite von Knidos meißelte, oder die Hetäre Phryne, die für die Statue Modell stand. Phryne starb, und die Statue dauert immer noch, wenn auch nur in Kopien und Abbildungen erhalten (die Reproduzierbarkeit der Kunst ist so alt wie die Kunst). Phryne war Atem und Anmut und Frechheit und Sterblichkeit und List und Lust und Gier und Gewalt der Schönheit. Was wäre die marmorne Aphrodite ohne Phryne? Aber was wäre Phryne ohne Praxiteles? Und was wäre Praxiteles ohne die marmorne Aphrodite und ohne Phryne?

Die berühmte Arbeit von Félix González-Torres: ein Haufen Bonbons in Buntpapier, der das Gewicht seines gestorbenes Freundes hat. Das Publikum wird ermutigt, sich etwas von den Bonbons zu nehmen, die Saalwärter ersetzen alles wieder. Das ist ein Versuch, den sterblichen Körper (»Phryne«) mit der unsterblichen Kunst (»Aphrodite«) zu vereinen.

Dieses Entfernen und Ersetzen: die Atemzüge.

Vielleicht ist dieses Werk das abschließende Glied der Reihe, die mit »Fountain« von Marcel Duchamp eröffnet wurde. Die existenzielle Verzweiflung, die am Anfang der Dada-Kunst und des ganzen 20. Jahrhunderts steht, basiert auf der alten Auseinandersetzung mit dem *eigenen* Tod. González-Torres' Bonbons oder seine Uhren (zwei gleiche Zifferblätter, die zwei Liebende symbolisieren) stehen vor dem Rätsel des sterbenden *Anderen*. Damit wird »Phrynes

Größe« von der vergänglichen körperlichen Schönheit unabhängig. Aphrodite, Phryne und Praxiteles tauschen in dieser Installation fortlaufend ihre Plätze. Wo ist der Körper, der zu altern, zu sterben und zu verwesen hat, und wo ist das Kunstwerk, das jede Phryne und jeden Praxiteles überlebt?

González-Torres' Werke berühren mich, wie selten etwas außer Texten. Sie sind freilich in gewissem Maße eine verbale Kunst, in einer erahnbaren Sprache.

Ich kann die Quelle noch eines Spruchs nicht finden, weiß nur, dass das von Oscar Wilde war: »Wie nichtig sind die Helden der ›Ilias‹ im Vergleich zu Homer, der sie besungen hat.« Früher fand ich den Spruch großartig. Jetzt nicht mehr. Die ganze Notre-Dame ist nichts vor einem einzigen sterblichen Leben.

24. Juni 2019–2022
Der Krieg in der Ukraine

Der technische Fortschritt ist so weit, dass wir den Krieg, die Zerstörung und den Tod *live* vor unsere Augen bekommen. Verrußte Wände zerbombter Häuser. Menschenleere Bilder, Bilder mit Verwundeten, Bilder mit Leichen, Bilder mit obdachlos gewordenen Haustieren.
In diesen Fotos sind der organische und der anorganische Tod zusammengeschmolzen. Aphrodite, Phryne und Praxiteles sind heute die verrußten Wände ukrainischer Städte und die Katzen mit vermenschlichten verrückten Augen.

26. Juni

Roland Barthes: »FW ist von qualvoller Liebe zerstört. [...]
Dabei hat er niemanden verloren: der Mensch, den er liebt,
lebt. [...] Ich höre ihm zu [...], als wäre mir *unendlich viel
Ernsteres* geschehen.«

Ich habe den Wehklagen von Olegs Freunden wegen der
Notre-Dame-Kathedrale mit ähnlichen Gefühlen zuge-
hört.

Vielleicht dachte der andere (»FW«), dass Barthes so viel
Theater um den Tod seiner über achtzigjährigen Mutter ver-
anstalte, während ihm, »FW«, eine wirkliche Tragödie passiert sei.

27. Juni

Wir arbeiten an den Kommentaren zu Olegs Gedichten
chronologisch. Jetzt kommt das Jahr der endgültigen Diagnose. Oleg sprach äußerst ungern von seiner Krankheit.
Deshalb bin ich dabei sehr zurückhaltend. Ich habe in
meinem Text für die große Publikation in Olegs Andenken
in »NLO« (Neue literarische Rundschau, Moskau) die Diagnose genannt (Sézary-Syndrom), in den Kommentaren
nicht.

Ohne Hilfe von Valery Schubinsky würde ich all das vielleicht nicht schaffen. Nicht wegen des Umfangs der Arbeit,
sondern weil ich damit mein eigenes Leben zu archivieren
habe, das jetzt noch nicht wirklich tot und schon nicht wirklich lebendig ist.

Schubinsky und Oleg hatten in den letzten Jahren kaum
Kontakt, überhaupt sind alle literarischen Freundschaften
langsam versickert, Oleg hatte keine Kraft und keinen Ehr-
geiz mehr (es gibt eine Abendstunde in einem menschlichen

Leben, in der sich Leidenschaften entspannen, lächerlich vorkommen; in letzter Zeit sagt mir manchmal Elke Erb, dass ihr Auszeichnungen nichts bedeuten, *was soll das*, sagt sie, *wozu*).

28. Juni

Es gibt Ratgeber, wie mit Trauernden umzugehen sei. Man empfiehlt, geduldig zu sein, sich, wenn Trauernde beleidigend werden, nicht beleidigt zu fühlen, es auszuhalten. Für wen schreibt man das? Die, die mit der Trauer keine eigene Erfahrung haben, lesen solche Texte nicht. Die, die sie lesen, wissen das ohnehin.

13. Juli

Gestern im abendlichen Hof des Offenbacher Schlosses, beleuchtet, laut. Teilnehmer meines Schreibkurses, die eine gute Abschlusslesung geleistet haben. Daniel mit seinen Freunden.

Die Unmöglichkeit, all das Oleg zu erzählen. Dass Dinge der Welt ihm jetzt egal sind, heißt nicht, dass auch ich ihm egal bin, dachte ich.

Wenn ich vor einer Aufgabe stehe, ist das, als würde ich bei einer Zeitbank eine dazu benötigte schmerzfreie Zeit ausleihen. Danach muss man allerdings mit Zinsen zurückzahlen. Aber »was soll's«, wie L. sagt, wenn sie vor einem schweren Problem steht.

14. Juli

Ist meine Trauer narzisstisch? Ja. Mein Spiegelbild ist verschwunden. Und andersrum: Ich blieb das Spiegelbild ohne das gespiegelte Objekt. Genauer: ohne das gespiegelte Subjekt. Wir waren Subjekt/Objekt. Jetzt? Bin ich das halbe Subjekt und das halbe Objekt?

15. Juli
In einem Roman von Konstantin Waginow wünscht sich ein Mann, dass seine gestorbene Frau wieder jung sein würde. Mir schien dieser Tausch des erwarteten »lebendig« gegen »jung« psychologisch gut aufgefasst. Vielleicht doch nicht: Ich sehne mich nicht nach der gemeinsamen Jugend, sie hatten wir. Ich sehne mich nicht einmal nach *meiner* Jugend. Ich sehne mich nach dem uns geraubten Alter.

21. Juli
Ich versuche, alles weiterzudenken, was in den Kopf kommt, vor nichts zu halten, weder aus Angst noch aus Pietät noch aus Scham wegen eigener Dummheit.

23. Juli
St. Petersburg
    Olegs Archiv.
    Das Museum meines Lebens.

24. Juli
St. Petersburg
    Jelena Schwarz schreibt, dass ihre Trauer so tief sei, dass selbst, wenn sie ihre Mutter wiedertreffen würde, etwas von der Trauer bleiben würde, wie ein Fleck auf dem Kleid, der nicht mehr abgeht.
    Würde ich Oleg wiedersehen, würde die ganze Trauer augenblicklich verschwinden, von Freude verbrannt. Nicht

die geringste Spur von all dem, was ich jetzt durchlebe, würde bleiben.

7. August. Edenkoben

8. August

Wenn ich eine Facette von dem wiedererlangen dürfte, was ich vermisse, aber nur eine, was würde ich wählen? Dein Lächeln? Deinen Humor? Die Möglichkeit, nach deiner Meinung zu fragen, wenn ich etwas schreibe? Oder über Belanglosigkeiten zu sprechen? Das Gefühl meiner Finger auf deiner Haut? Seidenglatt und ab dem Ausbruch der Krankheit rau und verletzlich? Egal, ich würde mit allem dankend einverstanden sein.

Mir fehlt dein Atem in dieser Welt.

Ich kann nicht sagen, dass dieses Vermissen eine körperliche *und* eine seelische Seite hat, weil sie nicht voneinander zu trennen sind. Wen/was vermisse ich, wenn dein Körper zu Asche geworden ist? Die Asche?

9. August

Trauernde (wir) sind eine unangenehme Gesellschaft.

Canetti: »Es ist oft etwas Beklemmendes und Peinliches um den Totenkult von anderen.«

9. August 2019–2022
St. Petersburg und der Tod

Bei meinem Herumwühlen in Trauerliteratur habe ich gelesen, dass in Amerika über die Lakota erzählt wird, sie würden den Trauernden Nähe zu den Göttern und Geistern nachsagen: Trauernde seien Fürsprecher und Boten zwischen Dies- und Jenseits.

Es gibt eine Heilige, Xenia von St. Petersburg, die, wie bei den Lakota, durch ihre Trauer sehr nah an den von Izanagi errichteten Felsen herantrat.

Die Überlieferung:

Mitte des 18. Jahrhunderts stirbt in St. Petersburg der Oberst und Chorsänger am Zarenhof Andrej Petrow. Seine junge Witwe, Xenia, verschenkt ihr Haus und ihren ganzen Besitz, zieht seine Uniform an, hört nur auf seinen Namen und spricht mit einer Männerstimme. Xenia sei gestorben, und sie, eigentlich nun er, der Oberst Andrej Petrow, bete um Xenias Seele. Der Antrag ihrer Verwandten, sie für unzurechnungsfähig zu erklären, bleibt ohne Erfolg.

Sie ist überall willkommen, geht in einigen angesehenen Häusern ein und aus, weiß immer Rat und kann hellsehen. Auf den Märkten wetteifern Budenhändler um das Privileg, ihr etwas zu schenken, denn dies verspricht einen glücklichen Markttag. Sie ihrerseits verschenkt alles gleich weiter.

Nachdem die Uniform abgetragen wird und der Stoff zerfällt, hat sie einen grünen Rock und eine rote Jacke oder einen roten Rock und eine grüne Jacke an: in den Farben der Uniform. Tagsüber wandert sie durch Petersburger Straßen, nachts kniet sie im wilden Feld und spricht zu dem bestirnten Himmel über ihr.

Die Bauarbeiter, die am Smolenskij-Friedhof eine Kapelle bauen, bemerken, dass sich jeden Morgen die schweren Steine bereits auf dem hohen Baugerüst befinden, einer lauert ihrem geheimen Helfer auf und sieht Xenia, die die

Steine nach oben schleppt. Nach ihrem Tod 1803 wird sie neben dieser Kapelle beerdigt.

Die Kapelle der Heiligen Xenia am Smolenskij-Friedhof ist ein Geheimtipp unter den Wahrzeichen der Stadt und hieß auch vor Xenias Kanonisierung im Jahr 1988 so. In den atheistischen sowjetischen Jahren wurde sie von der Obrigkeit geduldet, wahrscheinlich in der Hoffnung, das Gebäude würde nach und nach von selbst zu einer Ruine. Zugleich pflegten Menschen die Kapelle als eine Wallfahrtsstätte. Das lag in einer Grauzone sowjetischer Gesetze. Es gab keine ausdrücklichen Verbote, aber zum Beispiel konnten Studenten, die offen eine Religion ausübten, wegen Rückschrittlichkeit exmatrikuliert werden.

Es gab viele Bereiche, die außerhalb der offiziellen sowjetischen Realität das eigentliche Leben bildeten. Der Sprachwissenschaftler und Philosoph Wladimir Toporow (1928–2005), dem wir die großartige Konzeption des »Petersburger Textes« verdanken, war ein »Leningrader Flaneur«, der regelmäßig aus Moskau kam und Petersburger/Leningrader Merkwürdigkeiten sammelte, mit den Passanten sprach, sich in den Innenhöfen und Treppenhäusern auskannte, Vororte und Friedhöfe aufsuchte.

Er schrieb sein Gespräch mit der Friedhofswärterin am Smolenskij-Friedhof am 27. April 1980 auf:

»›Man sagt, den Friedhof wird man schließen?‹
›Nein. Woher kommen Sie denn?‹
›Aus Moskau.‹

›Sind Sie Kommunist?‹

›Nein.‹

›Dann erzähle ich es Ihnen. Es gibt viele Atheisten bei uns. Nach dem Krieg haben sie versucht, aus dem Friedhof einen Park zu machen. Einige Gräber haben sie zerstört. Und beschlossen, der Park wird in 25 Jahren gemacht. Nun sind 25 Jahre um. Aber in der Schweiz, in Genf, hat die geistliche Konvention das verboten. Sind Sie gläubig?‹

›Ja.‹

›Dann sage ich es Ihnen, nur verraten Sie mich nicht. Ich arbeite auf dem Friedhof schon 18 Jahre. Das ist meine Pflicht. Haben Sie die Tafel am Eingang gesehen?‹

›Ja. Für Arina Rodionowna, denke ich.‹ [Arina Rodionowna war das bäuerliche Kindermädchen von Alexander Puschkin, deren Andenken zum »Kulturgut der Nation« gehört, weil sie dem Dichter die Volkspoesie vermittelt haben soll.]

›Ja, ja. Aber sie ist nicht hier begraben, die Tafel hat man eigens angebracht, damit sie den Friedhof in Ruhe lassen. Nur verraten Sie mich nicht.‹«

Wladimir Toporow notierte, was Xenias Pilger an die Wände der Kapelle schrieben: »Heilige Xenia, ich bete, dass du so machst, dass Victor jene Frau verlässt und zu mir für immer zurückkommt und dass wir die Familie gründen«; »Heilige Xenia, bewahre Russland vor dem Krieg«; »Heilige Xenia, steh mir bei, dass ich meine Examina bestehe«. Heute hat sie zeitgemäß eine Internetpräsenz, die Bittzettel, die sich kaum von jenen in Toporows Notizen unterscheiden, sind im virtuellen Kosmos für alle sichtbar.

Ähnliches findet man bestimmt an allen Pilgerstätten aller

Religionen. Es gibt aber etwas, das die Totenkulte – den neapolitanischen und den Petersburger Xenia-Kult – verwandt macht: Für beide ist der Tod und das Beweinen der eigentliche Inhalt, der keine weiteren Narrationen braucht. Zwar ist Xenia eine Heilige mit einem Namen und einer Vita, während die neapolitanischen *anime sante del purgatorio* »einfache« Seelen, Fußvolk der Toten sind. Doch Xenia wird selbst zu einer anonymen Seele (wie die von Neapel), sie ist keine Xenia mehr, aber natürlich auch nicht der Oberst Petrow, wie sie es behauptet. Die durch die Trauer ausgelöste Nähe zum Jenseits grenzt an die archaische Magie. Das macht die aufklärerischen Bemühungen der katholischen Kirche, die den neapolitanischen Totenkult verboten hat, verständlicher. Der Xenia-Kult ist mit Sicherheit nicht ohne Einmischung des vorchristlichen Volksglaubens entstanden: Die Seele ihres Mannes nimmt ihren Körper in Besitz und verdrängt ihre eigene Seele (wer weiß wohin).

Das sind Muster, die uns die Anthropologen des 20. Jahrhunderts an Beispielen der »Urvölker« und dank ihnen an uns selbst zu erkennen gelehrt haben. Wie viel davon trägt jeder noch so moderne Mensch in sich, insbesondere, wenn er mit einer Grenzsituation konfrontiert ist? In einem Moment der akuten Trauer ist jeder Mensch mit der gesamten Welt verbunden. Daher die Heiligkeit der Petersburger Xenia und der Trauernden bei den Lakota.

Die Weltbalance der Verbote: Als Xenia unter der atheistischen Ideologie halblegal verehrt wurde, war der neapolitanische Totenkult offen. Einige Zeit nachdem er von der katholischen Kirche untersagt worden war, kam es zum Ende der Sowjetunion, die russisch-orthodoxe Kirche erlangte ihre Macht zurück, und Xenia wurde zu einer der ersten Neukanonisierten. Der volkstümliche Charakter des Xenia-Kultes macht diese Heilige anscheinend gegen die bürokratischen und autoritären Seiten der offiziellen Kirche immun.

Nichts ist einfacher, als die unbedarften Stimmen der Bittzettel auszulachen. Toporow macht das nicht, er erinnert uns daran, dass Xenias Name in den Jahren der stalinistischen Repressionen und während der Blockade Leningrads durch die Wehrmachtstruppen den Trost- und Hoffnungslosen Trost und Hoffnung spendete.

***

Nach Roger Peyrefittes Beschreibung der Besucher des neapolitanischen Friedhofs Fontanelle zu urteilen waren das nicht nur »einfache Leute«, die an dem neapolitanischen Totenkult teilnahmen (teilnehmen). Ebenso sahen nicht nur »einfache Leute« in Xenia eine Nothelferin. Daniil Charms, der große Dichter des Absurden, des Anarchischen, des Entsetzlichen und des Witzigen, der Gründer der absurdistischen Dichtergruppe Oberiu, wendet sich in seinen Tagebüchern der 1920er und 30er Jahre mehrmals an sie und bittet um Hilfe bei seinen privaten Angelegenheiten. Es fällt nicht schwer, das in der Nähe der namenlosen Pilger zur Kapelle zu denken (in beiden Fällen habe ich das ungute Gefühl, zu nah an ein fremdes Leben zu treten, aber dieses ganze Unterfangen, das Tagebuch der Trauer, überschreitet solche Grenzen). Charms spricht mit Xenia über seine erste Frau, Esther, die er liebt, mit der er nicht leben kann: »27. Juli [1928]. Esther wird von Unglück begleitet. Ich gehe zusammen mit ihr zugrunde. Was nun, muss ich mich scheiden lassen oder mein Kreuz tragen? [...] Wenn Esther vom Leid und Kummer begleitet wird, wie kann ich sie von mir ziehen lassen. Zugleich aber, wie kann ich meine Sache, OBERIU, dem Verderb ausliefern [...]. Habe ich das Recht, [mein Kreuz] abzulegen, selbst wenn ich Dichter bin? Esther ist mir mit ihrem rationalistischen Verstand fremd. Deshalb stört sie mich in allem und nervt mich. Aber ich liebe sie und wünsche ihr nur Gutes. [...] Xenia, hilf mir! Mach, dass Esther im Laufe der Woche mich verlässt und glücklich weiterlebt. Und dass ich wieder anfange zu schreiben, frei wie davor! Xenia, hilf uns!« (Die Ehe wird geschieden; die Geschichte läuft weiter. Esther Russakova stirbt 1938 im Lager; Charms verhungert während der Blockade im Winter 1942 im Gefängnisspital.)

Die Hölle der Blockade Leningrads, das Verhungern und Erfrieren von mehr als einer Million Menschen, schlägt heute noch durch die unmenschliche Schönheit dieser Stadt durch. Auch die unmenschliche Schönheit Neapels wird oft und gerne von der Todeshand gestreift.

***

»In Petersburg treffen wir uns wieder / Als hätten wir die Sonne in ihm begraben« (Mandelstamm). Ich habe meine Sonne in Petersburg begraben und jetzt kann ich wegen des Krieges und der erneuten Diktatur nicht nach Russland. Immerwährende sinnlose Wiederholung der Geschichte, bei der Akteure ihre Rollen stets wechseln. Was jetzt in Russland und durch Russland passiert, ist, als hätten Kinder, die noch nicht lesen können, ein Geschichtsbuch in die Hände bekommen und daraus mit Schere und Kleber die heutigen Ereignisse gebastelt.

Seit St. Petersburgs Gründung 1703 ist der Tod da. Er war wahrscheinlich der erste Buchstabe des »Petersburger Textes«. Zuerst als Folklore. Der gewaltige Umbau einer nördlichen Sumpfgegend in eine europäische Prachtstadt fand im Volk (in den Völkern, von denen die Gegend besiedelt wurde) und in den adeligen Anhängern der alten russischen Sitten eine heftige Gegenreaktion: Der Stadtgründer, Peter I. (der die Stadt »mein Paradies« nannte), erscheint als eine infernalische Figur und die Stadt als in der Wiege verflucht. Später verwandelte der Petersburger Text die Peter'sche paradiesische Hölle ins höllische Dichterparadies. Flüsse und Straßen der Stadt verfließen im Ostseenebel, wo ihre Namen sich mit den anderen Jenseitsflüssen vermischen, im »Litejnyj Prospekt« klingt Lethe mit, der Fluss Fontanka hat in seinem Namen dieselbe Wurzel wie der Friedhof Fontanelle in Neapel.

Petersburg und Neapel: das nördliche und das südliche Tor ins Jenseits.

***

Ulrich van Loyen spricht in seiner anthropologischen Enzyklopädie neapolitanischer Kulte (»Neapels Unterwelt. Über die Möglichkeit einer Stadt«) von der »Gemeinschaft von Lebenden und Toten in Krisenzeiten« und erzählt, dass eine Totenkrypta in einer neapolitanischen Kirche während des Zweiten Weltkrieges als Luftschutzkeller bei Luftangriffen benutzt wurde, und fügt hinzu, dass das keine südeuropäische Besonderheit ist, und erwähnt den Reliquienraum des Kölner St.-Ursula-Klosters, wo Menschen »ebenfalls während der Luftangriffe Unterschlupf« fanden. Vor vielen Jahren hat uns eine der ersten Frankfurter Bekannten, die Autorin Helga Heubach, eine ähnliche Geschichte erzählt: Frankfurter haben während der Bombardierungen den alten jüdischen Friedhof als Schutzraum aufgesucht, weil es Volksglaube war, hierher fielen keine Bomben (in der Tat sind keine gefallen).

Oleg schrieb das Buch »Der Frankfurter Stier« über den auf dem alten Frankfurter jüdischen Friedhof im Mittelalter lebenden Stier (die Geschichte basiert auf alten Chroniken). Der Stier lebt in Olegs Buch weit über das Mittelalter hinaus, er bekommt mit, wie die Grabsteine in der NS-Zeit aus dem Friedhof entfernt wurden und zum Straßenbau verwendet, wie sie nach dem Krieg zurückgebracht und wieder hingestellt wurden (unbekannt, welcher Stein über welchem Toten). Und wie Frankfurter Damen und Herren bei ihm Schutz suchten:

»Schwanken wird das leuchtende Skelett des Bartholomäus mit dem Reichsmond hinter dem Staketenzaun seiner linken Rippen. In den bröckelnden Kellern und den mit Papier verklebten Zimmern werden die Bewohner erschauern und nach Luft schnappen. Doch bei mir in dem gerodeten Garten werden die gebückten Schatten in den Nomaden-Fuchspelz-Mützen und die sich brüstenden flaumwangigen in den Schornsteinzylindern sich mischen mit den sehnigen, trockenen Herren unter den sinusförmig aufgerichteten Krempen der schwarzen Uniformmützen. Die stickig-blau und weiß schimmernden Kokarden und die mit dem teuren Zelluloid schwarz glitzernden Mützenschirme. Die dumpf-purpurnen Armbinden. Ihre Frauen mit den Haarkommas, die die Wangenbeine bekleben, hervor unter den runden Hütchen mit den gekörnt funkelnden Broschen (deren Schatten gleich daneben stäuben – an den Schals und Miedern der im Laubgeschwirr halb aufgelösten Damen). Ihre glattköpfigen Kinder mit den muskulösen Knien (die hindurchschreiten durch die unbeweglichen Schatten anderer Kinder). Tja, gar nicht so dumm, nicht so dumm, Herrschaften, – kein einziger platzender Stern wird hierher fallen, in den Garten, in welchem Tag und Nacht, humpelnd schwer, der Frankfurter Stier immerzu kreist und kreist.«

16. August. Edenkoben

17. August

Canetti: »Die Todesverliebtheit der Romantiker flößt mir Widerwillen ein. Sie führen sich so auf, als wäre ihr Tod ein besonderer.« Das ist ungerecht, nicht *ihr* Tod. Selbstverständlich gab es viel Mode und Verspieltheit in romantischer Todes- und Friedhofsdichtung, die fast nekrophilen Wendungen wie *süßer Schmerz* oder *wonnige Schwermut* wurden schnell zu Klischees und zeugten von schlechtem Geschmack. Dennoch haben Frühromantiker versucht zu verhindern, dass unsere Toten aus dem Leben vertrieben werden. Es geht bei ihnen nicht zwangsläufig um »ihren Tod«.

19. August

Die (freiwillig ausgewählte) Notwendigkeit weiterzuleben. Am Ende des Weges werde ich sagen können: Das war mühsam, aber ich habe nicht aufgegeben. Ich habe es geschafft (was geschafft? ... *unbekannt, dennoch* ...).

Ich tue so, als wäre ich ein normaler Mensch. Ich bin keiner. Gibt es solche?

Man lernt, damit zu leben. Wie Oleg mit seiner Krankheit zu leben lernen musste. Sie war nicht nur quälend, sie war allen sichtbar: seine Haut. Wie unsicher fühlt sich ein Mensch, wenn er von dieser schützenden Schicht im Stich gelassen wird. Trauer ist keine Krankheit. Und ist unsichtbar.

27. August

Mit der Trauer leben zu lernen, heißt nicht, sich daran zu gewöhnen. Sich daran zu gewöhnen, hieße, mit einer Narbe zu leben. Ich lebe mit einer Wunde. Die Wunde ist die Öffnung in eine Dimension, wo wir unsere Toten vermuten (Orpheus). Die Narbe ist eine für immer verschlossene Tür (Izanagi).

4. September

In Bordeaux. Als einmal Lena Schwarz und ich vor unserer gemeinsamen Lesung durch die frühabendlichen Straßen Heidelbergs gingen, sagte sie, sie habe einst gedacht, Glück wäre, zu reisen und neue Städte zu sehen. Und nun (nach dem Tod ihrer Mutter) wisse sie, Glück sei, wenn alle, die man liebt, leben.

Die Straßen von Bordeaux sehe ich durch die trotz allem präsente (und hoffnungslose) Erwartung, Oleg davon zu erzählen.

5. September
Manchmal nennt man die Zähigkeit der Trauernden Stärke. Das ist keine Stärke. Das, was zur Tagesordnung überzugehen hilft, ist eine Schwäche, die Kapitulation vor dem Leben.

6. September
Ich habe mich immer in den Räumen wohlgefühlt, in denen ich nur für kurze Zeit bin: keine Verantwortung. Man kann Spinnweben wegwischen, einer Topfpflanze die vertrockneten Blätter abschneiden, ganz nebenbei. Die Zeitlichkeit eines Aufenthalts in einem fremden Raum ist gleichsam die Zeitlichkeit des Lebens. Das Leben in einem besseren Zustand zu verlassen, als man es vorgefunden hat. Gelingt das jemandem überhaupt? Oder nur das Gegenteil? Und was würde das eigentlich bedeuten? In Bordeaux habe ich auf dem Kamin die Gegenstände umgestellt, damit sie (nur aus meiner Sicht) vorteilhafter erscheinen. Sind alle unsere Taten im besten Fall genauso sinnlos?

10. September
Montaigne über seine Trauer um La Boétie: »O mein Freund! Macht es mich glücklicher, die Gemeinschaft mit ihm genossen zu haben, oder unglücklicher? Ganz gewiss glücklicher!«
Bordeaux ist Montaignes und La Boéties Stadt.

Und Hölderlins Stadt.

10. September 2019–2022
Über Bordeaux: siehe S. 290–296

12. September
Via Wi-Fi ins Nichts.

Am Ufer der Garonne steht ein Taubenschlag, in dem Taubeneier gegen Gipseier getauscht werden, Tauben begreifen das nicht und vermehren sich nicht weiter. Davor habe ich einen solchen nur in Tübingen gesehen, am Neckarufer, gegenüber dem Hölderlinturm. Hat dieser Brauch mit Hölderlin zu tun?

14. September
Traum: Wir sind in Bordeaux. Wir wissen, dass Oleg tot ist. Dass seine Anwesenheit von einer anderen Art ist. Es ist aber so selbstverständlich, dass wir zusammen sind, dass wir nicht einmal darüber sprechen.

15. September
Ich versuche, mir vorzustellen, wie Oleg ohne mich diese Straßen durchquert.

Via Wi-Fi ins Nichts.

Cimetière de la Chartreuse. Die Faszination des Barock für den Tod verwandelt sich auf dem Friedhof in die Liebe zu Toten.

In jeder neuen Stadt suche ich einen Friedhof auf und bitte die fremden Toten, meine Grüße an meine Toten auszurichten. Die Toten wissen von nichts. Trotzdem.

17. September
Man kann den Tod nicht akzeptieren (Psychologen schreiben in ihren Ratgebern immer, die Trauernden hätten das Geschehene zu akzeptieren). Man kann nur die Trauer akzeptieren.

1. Oktober
Montaignes Turm.

Ich habe als Kind das schwarz-weiße Foto dieses runden Bibliotheksraums oft und lange betrachtet.

Montaigne verließ Bordeaux und brachte seine Bücher, die er von seinem gestorbenen Freund Étienne de La Boétie geerbt hatte, in einen der beiden Türme gegenüber seines Familienschlosses. Im Schloss lebte seine Mutter. Im zweiten Turm seine Frau. In dem Bibliotheksturm wohnte er und sah das Lesen dieser Bücher und das Schreiben der Essays als Denkmal für die Freundschaft. »Meine« Bibliothek ist zum einen Teil die von meinem Vater und zum anderen Teil die von Oleg. Ich selbst habe mich nie um die Bücher gekümmert. Sie waren einfach da, wie die Luft. Erst nach Olegs Tod habe ich angefangen, regelmäßig Bücher zu kaufen. Hatte Montaigne die ganzen Jahre nur Étienne de La Boéties Bibliothek in seinem Turm? Soweit ich mich erinnere, erwähnt er nirgendwo den Erwerb neuer Bücher.

»Damit sich so ein inniger Bund herausbilden kann, müssen zahlreiche Umstände zusammentreffen; es ist folglich bereits viel, wenn dem Schicksal das alle drei Jahrhunderte einmal gelingt«, Montaigne. Im Unterschied zu ihm habe ich nie behauptet, dass ich in allen meinen Gemütsbewegungen bei dem vernünftigen Maß bleibe. Wegen dieser Ausgewogenheit, die er ansonsten ausübt, ist er hier, wo er sie verlässt (oder sie ihn), besonders beeindruckend: »Hier war es eine auf mir unbekannte Weise eingreifende Schicksalsmacht, die diesen Bund gestiftet hat. Wir suchten uns, noch ehe wir uns gesehen hatten, aufmerksam gemacht durch Berichte, die jeder über den andren vernahm, und die in uns sofort eine stärkere Zuneigung auslösten, als man von dergleichen Hörensagen hätte erwarten können – ich glaube gar, durch eine Fügung des Himmels. […] Bei der ersten Begegnung, die zufällig auf einer großen städtischen Feier und Geselligkeit erfolgte, fühlten wir uns so zueinander hingezogen […], dass wir von Stund an ein Herz und eine Seele waren.« Sogar die Umstände von Olegs und meiner Bekanntschaft sind ähnlich, wenn man das auf das Ambiente der Dichterkreise im Leningrader Underground Anfang der 1980er Jahre überträgt. Trotz meiner Entscheidung, eine Weile keine Gesellschaft zu suchen und mich auf mich selbst zu konzentrieren, nahm ich eine Einladung zu einer Wohnungslesung an (eine für die inoffizielle und oppositionelle Szene übliche Form des literarischen Lebens), nur weil der Gastgeber erwähnt hatte, dass auch Oleg Jurjew kommen würde, den ich nur vom »Hörensagen« her kannte. Dann war das völlig selbstverständlich, dass wir das Haus in der Morgendämmerung zusammen verlassen haben und seitdem immer und überall zusammen waren.

»Wenn man in mich dringt zu sagen, warum ich Étienne de La Boétie liebe, fühle ich, dass nur eine Antwort dies ausdrücken kann: ›Weil er er war, weil ich ich war‹«, manchmal wird angedeutet, man wisse nicht, wie weit Montaigne und La Boétie in dieser Freundschaft in Richtung körperlicher

Liebe gegangen waren. Montaigne gibt nicht den geringsten Anlass dafür (wäre zu seiner Zeit auch unvorstellbar gewesen, offen darüber zu sprechen). Aber wenn er über Altgriechen und Knabenliebe spricht, tadelt er in erster Linie die Tatsache, dass einer des Liebespaars, der geliebte Knabe, den liebenden Erwachsenen lediglich mit seiner äußeren Schönheit reizt. Deshalb sei der Geliebte, der den Liebenden wegen seiner geistigen Schönheit schätzt, höher als der Liebende. Seine Freundschaft mit La Boétie nennt er natürlicher, gleichgestimmter und gleichgesinnter, was alles Mögliche bedeuten kann, was auch egal ist.

Ich bin mir sicher, dass wir, wären Oleg und ich gleichgeschlechtlich gewesen, ebenso ein Liebespaar für die Dauer des Lebens geworden wären. Die physische Beziehung kann nicht alle Barrieren zwischen Menschen aufheben, nimmt aber eine gewisse Anspannung weg, die bei solcher Nähe, die die ganze Persönlichkeit mit einbezieht, eigentlich störend ist.

Hier in diesem runden Turmzimmer im zweiten Stock schrieb Montaigne in der Gesellschaft der Bücher, die La Boétie gesammelt hatte: »Ich war schon so gewohnt und darin eingeübt, stets zu zweit zu sein, dass mich dünkt, jetzt lebe ich nur noch halb. [...] Es gibt keine Handlung und keinen Gedanken, wo er mir nicht fehlte (und gleichermaßen hätte ich ihm gefehlt); denn ebenso wie er mich in jeder anderen Gabe und Tugend unendlich weit übertraf, tat er es auch in der Freundschaft.«

31. Oktober

Es gibt eine andere Art, den Trauernden zu begegnen, als die Lakota es tun oder die Menschen, die Xenia um Hilfe bitten, oder die Neapolitaner. Dabei wird die Nähe der Trauernden zum Jenseits als Bedrohung empfunden, deshalb versiegelt Izanagi die Unterwelt, deshalb die Zweideutigkeit der Bestattungsriten: die letzte Ehre zu erweisen und für immer wegzusperren.

Tote sind keine Untoten. Die sinnlose Angst vor ihnen gebar Gespenster, Nachzehrer und Vampire, die nur so tun, als ob sie Tote wären, die in der Tat Namensbetrüger und Hochstapler sind.

31. Oktober–2022
St. Petersburg und der Tod (2)

Wenn man sich nicht in der vermeintlichen Wirklichkeit trifft, trifft man sich manchmal woanders:

Edgar Allan Poe habe sich nach Griechenland aufgemacht, um am Befreiungskampf der Griechen teilzunehmen, was eine offensichtliche Nachahmung des romantischen Hauptstars der Epoche, Lord Byrons, war. Gerade deswegen nimmt die Geschichte einen anderen Lauf. In seinem Essay »The Philosophy of Composition« bemerkt Poe, dass die Originalität nicht so sehr Erfindungskraft erfordere, sondern die Gabe, das Banale zu verwerfen (eine gute handwerkliche Bemerkung). Also verwirft er das epigonale byronistische Griechenland und verändert seine imaginäre Route zugunsten St. Petersburgs: Er habe Griechenland nie erreicht, sich dafür nach St. Petersburg verirrt, wo er seinen Pass verloren habe, aus welcher Misere ihm der amerikanische Konsul geholfen haben soll.

Dass das bloß eine von Poe erfundene Geschichte ist, umso besser. Poe spürte über eine riesige räumliche und sprachliche Entfernung hinweg, wie sehr ihm diese Stadt stehen würde, und er ihr. Ich vermute übrigens, dass er tatsächlich in Griechenland war und das aus den genannten ästhetischen Gründen verheimlichte. Der Wille eines romantischen Dichters setzt sich gegen die Tatsachen durch.

In Poes berühmtestem Gedicht fliegt der Rabe ins Zimmer, setzt sich auf die Büste der Göttin Pallas, beantwortet alle Fragen, auch die nach dem künftigen Treffen des Erzählers mit seiner gestorbenen Geliebten, mit »nie«, »Nevermore!«, und bleibt anscheinend für immer.
Das ist ein spätes Gedicht. Die frühesten sind nicht weniger todesbesessen und sind von Toten bewohnt, die in den zwischenweltlichen Landschaften ganz in der Nähe von uns dösen.

Das Dumme ist, dass Dichter nicht nur dichten, sondern auch irgendwie leben müssen. Was er in seiner Dichtung heraufbeschwor, ereilte ihn später. Zufälle? Vorahnung? Prophetische Gabe? Klar, dass eine solche Konstellation ein romantisches Ideal ist und auch verpönt sein kann: »Das Romantische ist kein natürliches, ursprüngliches, sondern ein gemachtes, ein gesuchtes, gesteigertes, übertriebenes, bizarres, bis ins Fratzenhafte und Karrikaturartige«, Goethe.

Kann sein. Man kann sich die Art zu schreiben genauso wenig auswählen wie das Schicksal. Man wählt sich den Tod der geliebten Frau nicht. Der Tod der geliebten Frau wählt einen (Goethe blieb auch nicht davon verschont, die Abgrenzung von den romantischen Todessehnsüchten hat nicht geholfen).

»Der Rabe« hat Poe *vor* dem Tod seiner Frau geschrieben. Angesichts des überwältigenden Erfolgs dieses Vogels verfasste er den oben genannten Essay, in dem er die Kunstgriffe erklärt, nämlich: Wie du fragst, so wird dir geantwortet. Der Vogel sei dumm und kenne nur dieses eine Wort, aber der Erzähler, dem seine Geliebte weggestorben ist, inszeniere mit seinen Fragen ein masochistisches Spiel, das ihn und damit die Leser in Schauder versetze. »Der Tod einer schönen Frau ist das Schönste, was es geben kann, und ebenso steht außer Frage, dass die Lippen, die für ein solches Erzählen am besten passen, die von dem trauernden Liebhaber sind«, als Poe das aufschreibt, ist *seine* schöne Frau Virginia todkrank. Die Wirklichkeit hat ihn eingeholt. Zwei Jahre nach der Veröffentlichung des »Raben« ist sie gestorben. Vielleicht war das Gedicht ein Versuch, ihren Tod abzuwenden.

Später wird er einem Freund erzählen, wie seine Frau mehrmals schon fast gestorben war und ihn jede Hoffnung verließ, dann ging es ihr wieder besser, und er begann wieder zu hoffen. Irgendwann beginnt man zu glauben, es könne auch weiterhin so gehen. Dann kommt der Tod, und man ist unvorbereitet und vom Schicksal überlistet. Nichts hilft. »Nichts« und »Niemand«, zwei sadistische

Stand-up-Komiker, die in der Kunst des 20. Jahrhunderts beim Namen genannt wurden.

Poe hat sich Mühe gegeben weiterzuleben. Er war in diesen etwas mehr als zweieinhalb Jahren, um die er Virginia überlebt hat, immer wieder verliebt und ein paarmal verlobt. Das Zusammenspiel von Hypersinnlichkeit einer Verliebtheit und Hyposinnlichkeit der Trauer wirkte verwirrend. Er trank. Er war depressiv. Er trauerte. Er wollte seine Trauer besiegen. Er schrieb. Er starb.

Das eigentliche Ereignis beim »Raben« ist nicht, dass der Rabe zu ihm geflogen ist, nicht, dass er auf Pallas' Büste sitzt, nicht, dass er »nevermore« sagt, sondern dass der Rabe für immer bleibt, wie der Tod.

Zurück nach Petersburg. Was zählt: Dichtung, die alle angeht, oder das Leben eines Dichters, das seine intime Angelegenheit ist? (Was zählt: Novalis' »Hymnen« oder seine zweite Verlobung nach Sophies Tod?; übrigens war Virginia 13 Jahre alt, als Poe sie heiratete, und Sophie war beim Verlöbnis mit Novalis bald 13.)

Wie auch immer: Wir sind in St. Petersburg. Ende der 1820er Jahre. Poe ist knapp 20, Alexander Puschkin ist knapp 30. Der berühmte russische Formalist Jurij Tynjanow (1894–1943) kam auf die Idee, sie aufeinandertreffen zu lassen, wovon leider nur eine kurze Notiz und mündliche Überlieferung geblieben sind: Petersburg, Ende der 1820er Jahre. Eine Schneenacht, Puschkin beobachtet in einer Kneipe einen jungen Mann mit großen Augen, der viel trinkt und etwas Rhythmisches vor sich hin murmelt, bei genauerem Zuhören sind das englische Verse. Irgendwelche Irritationen um sie herum, jemand schreit, jemand droht jemandem, irgendwelche Frauen und Husaren, die Polizei, der junge Mann, der betrunken ist und kein Russisch spricht, gerät in eine schwierige Lage, aus der ihm Puschkin heraushilft. Beide verspüren eine große Sympathie füreinander, Puschkin streckt dem jungen Mann seine Hand entgegen und hört eine leise, verächtliche Stimme: »Sie haben negroide Bläue unter den Nägeln!«

Vermutlich war Tynjanow von Wladimir Majakowskis Worten über die USA inspiriert: »Puschkin hätte man in Amerika in keinem renommierten Hotel übernachten lassen, denn er hatte gelocktes Haar und negroide Bläue unter den Nägeln.« Das imaginäre Treffen von Puschkin und Poe hätte hundert Jahre vor diesem Bonmot stattgefunden. Die negroide Bläue der Nägel, was ist das? Hätte Poe sie bei Puschkin erkennen können, wie Antisemiten jüdische Züge erkennen? War das für Poe von Bedeutung? Werden wir das wissen? Nevermore!

OLEG JURJEW:
... ebendorthin wollen wir fliegen, wo Brücken
                                        aufgeklappt
Blitzen in der Morgenröte, toten Spießen gleich,
Wo über dem nebelnden Marmor des Flusses
Rostige Knallkörper springen,

Wo in Eisenbecher Sonne eingegossen,
Wo Luft im Flug brennt wie gespiegelt,
Und selbst der Tod in geliebten Versen
Durch die Handtücher spricht.
(I, 2011)

Übersetzt von Daniel Jurjew

Das ist das St. Petersburg, wohin alle Petersburger, nachdem sie gestorben sind, zurückkommen.

1. November

Von außen gesehen ist die Trauer eine Anomalie, die überwunden werden muss, damit die Trauernden die Mitmenschen nicht verunsichern. Von innen gesehen ist die Trauer eine Anomalie, die einen gemeinsamen Raum mit dem Toten ermöglicht. Die Mitmenschen geben Ratschläge, die Trauernden fühlen sich unverstanden.

Ratschläge:

Ein Freund fragte mich, ob ich nun wieder nach Russland ziehen möchte. Nachdem ich mehr als die Hälfte meines Lebens in Deutschland verbracht habe und mein ganzes berufliches und menschliches Umfeld hier ist. 27 von 37 Jahren mit Oleg wurden hier gelebt.

Das vorsichtige Drängen zu einer neuen Partnerschaft.

Barnes: »Einige sind kühn genug, dann noch zu fragen: ›Hast du eine neue Freundin?‹ Als wäre das offenkundig und zwangsläufig die Lösung […], andere bleiben dem Paar verhaftet, das es nicht mehr gibt, und für die wäre ›eine neue Freundin‹ beinahe ungehörig.«

Einige empfehlen mir, mir ein Haustier zuzulegen. Anscheinend werde nicht nur ich mit solch einer merkwürdigen Idee konfrontiert. Sogar der auf eine feine britische Art witzige Barnes hat eine nur einigermaßen schlagfertige Antwort gefunden: »Man riet mir, ich solle mir einen Hund anschaffen. Darauf erwiderte ich sarkastisch, das sei wohl kein rechter Ersatz für eine Ehefrau.«

Ist es nicht. Genauso wenig wie eine neue Partnerschaft. Es gibt viele Menschen, die in einer glücklichen Neubeziehung weiterhin mit der Trauer leben. Auch Eltern, die Kinder verloren haben, leben mit der Trauer auch dann, wenn sie andere Kinder haben.

Die Trauernden selbst sind, wenn sie anderen Trauernden gegenüberstehen, genauso plump und taktlos.

2. November

Schopenhauer: »... es ist unumstößlich gewiss, dass das Nichtseyn nach dem Tode nicht verschieden seyn kann von dem vor der Geburt, folglich auch nicht beklagenswerther.«

So »unumstößlich gewiss« ist das nicht. Man kann sehr wohl vermuten, dass das Ungewisse vor der Geburt nicht dasselbe Ungewisse ist wie nach dem Tod.

Vielleicht ist die Unschuld des Unwissens darüber, was Leben ist, nicht mehr wiederherstellbar.

Ich habe 19 Jahre *vor* Oleg gelebt. Dann 37 Jahre *mit* ihm. Das Jetzt, *danach*, ist nicht dasselbe wie *davor*.

3. November

Jorge Luis Borges sagt in seiner Rede über die Unsterblichkeit, dass ihn persönliche Unsterblichkeit nicht interessiere, dass er, im Unterschied zu Miguel de Unamuno, der auch im Jenseits Don Miguel de Unamuno bleiben wolle, nicht Borges bleiben wolle, er sei müde von Borges.

Klar, dass auch so wunderbare »Ichs« wie die von Borges und Unamuno keine beständigen Größen sind (müde wird man von »sich« unvermeidlich, so gesehen gibt es etwas Heroisches in Unamunos Bereitschaft, sich mit »sich« weiter zu plagen). Man kann lange streiten, ob es etwas gibt, was ein »Ich« trotzdem ausmacht. Ich definiere mich durch Oleg und die von uns unabhängige Wirklichkeit, die »wir« war. Natürlich blieb uns gegenseitig alles Mögliche undurchdringlich und verborgen, aber auch innerhalb desselben Menschen bleibt einem alles Mögliche verborgen, vielleicht wird bei einer solchen Bindung ein Mensch dem anderen sein Unbewusstes. Mich interessiert nicht, ob ich Olga Martynova bleibe oder nicht, weil mein »Don Miguel de Unamuno« diese *Wirklichkeit zwischen uns* ist, weil sie mehr »Ich« ist als das eigentliche »Ich« in allen Phasen meines Lebens. Deshalb kann ich »mich« nicht völlig verneinen.

6. November

Via Wi-Fi ins Nichts.

Unsere Persönlichkeiten. Was könnte ich Oleg (jetzt, Oleg als völlig unbekannte Größe) auf der persönlichen Ebene mitteilen? Ich würde von einem Zitronenbäumchen erzählen, das aus dem Samen einer Zitrone wächst, den ich von einem Baum am Vergilgrab im Parco Vergiliano gepflückt habe.

Ansonsten?

Susan Howe: »Ich habe zunehmend das Gefühl, anwesend zu sein an einem Ort der Abwesenheit, wo sich Jahrhunderte vielleicht ähnlich überkreuzen wie die Sprachen. Klangwellen. Eine Stille kann sich von einer anderen Stille unterscheiden.«

7. November

Petrarca pflanzte am Vergilgrab einen Lorbeerbaum. Ist das die typische Großspurigkeit der großen (alten weißen) Männer der Vergangenheit? Und mein Zitronenbäumchen vom Vergilgrab?

14. November

Novalis: »Daher ist es Pflicht an die Verstorbenen zu denken. Es ist der einzige Weg in Gemeinschaft mit ihnen zu bleiben.«

Pflicht? Ein Mystiker denkt an Gott, weil er nicht anders kann. Wie ein Verliebter an das Objekt seiner Liebe denkt, oder ein Gekränkter an den Beleidiger oder ein Trauernder an seinen Toten.

Ein Verliebter und ein nicht Verliebter unterscheiden sich voneinander, als gehörten sie zu verschiedenen Arten. Noch undurchlässiger ist die Grenze zwischen den Menschen, die gerade Trauer erfahren, und denen, die gerade keine erfahren.

Irgendeine Vorstellung von diesen anderen Aggregatzustän-
den haben alle, sonst hätte keine Kunst funktioniert (auch
Eis und Dampf haben noch eine vage Vorstellung vom Wasser und es von ihnen).

Jeder Künstler ist zum Teil Mystiker, weil er mit abstrakten
Formen zu tun hat, die in konkrete, d. h. wahrnehmbare um-
zugestalten sind. Das ist eine harte Arbeit mit ungewissem
Ausgang. Die meisten beginnen gleich mit konkreten wahrnehmbaren Bildern, die von anderen bereits geschaffen wurden, sind also epigonal, arbeiten wie Kl.

»Das Schlimmste ist, dass alles zum Gegenstand der Kunst
wird. Selbst das, was auf keinen Fall dazu werden kann.«
Notizen über Trauer können nie ganz authentisch sein. In
dem Zustand, den der Text erfassen will, kann man nicht
schreiben. Wenn man schreiben kann, besteht eine gewisse
Distanz zu diesem Zustand. Aus demselben Grund sind auch
Liebestexte oder mystische Texte einigermaßen Fälschung.
Es gibt immer eine Kluft zwischen dem, was gesagt wird,
und dem, was gesagt werden wollte.

Nach dem Gedenkabend in Frankfurt (statt der Beerdigung,
weil die eigentliche Beerdigung später in Petersburg statt-
fand) kam ich nach Hause und … Hier versagt meine Fähigkeit zu formulieren. Zwei Tage später holte ich die Urne mit
der Asche bei der »Pietät« ab, und die Bestatterin fragte
mich, wie es gewesen war, und ich versuchte zu erzählen,
und sie sagte: »Aber danach …« (sie ist ebenso eine Witwe).
Ich nickte. Ich sah, dass sie das kannte. Das ist nicht Leid,
nicht Schmerz, nicht Trauer, nicht Selbstmitleid. Und das

kann nicht zum Gegenstand einer Formulierung werden (so muss sich die Hölle anfühlen).

15. November
Joan Didion überlegt, ob sie eine Bekannte anrufen soll, weil ihr scheint, dass die Bekannte, die einen ähnlichen Verlust erlitt, etwas weiß, was sie selbst erst gerade zu erlernen anfängt. Entscheidet sich dagegen.

16. November
Innerhalb der ersten drei Tage nach Olegs Tod habe ich drei Anfragen für Veranstaltungen bekommen. Ich habe geantwortet und zugesagt. Ich weiß noch, dass ich daran gedacht habe, dass Menschen, die nicht freiberuflich sind, eigentlich keine Wahl haben (später habe ich viel über die Erfahrungen der Trauernden mit Mitmenschen und speziell den Arbeitgebern gelesen, zum Beispiel von einer Frau, die in einer Modeboutique gearbeitet hat. Sie wurde von der Chefin darauf hingewiesen, dass die Verkäuferinnen keine komplett schwarze Bekleidung anhaben dürften. Die Farbe, die längst nicht mehr mit der Trauer assoziiert wird, war in jener Saison einfach nicht en vogue. Für sie war das aber als Trauerstatement wichtig, sie hat gekündigt). Ich habe (in diesem ungeschützten Zustand mit verschwommenen Grenzen) geantwortet, dass die jeweilige Einladung mich mitten in der größten Tragödie meines Lebens erreicht hat und dass ich sie annehme.

Diese Direktheit war in gewissem Sinne ein Übergriff auf die Einladenden, die nichts dafür konnten, dass ich ihnen mit »herausgerissenem Herz und abgehacktem Kopf« schrieb.

Ich habe herzliche und warme Rückmeldungen bekommen, wie eigentlich von allen Menschen in dieser Zeit (außer ein paar Beamten, die beruflich mit Trauernden zu tun haben und daher eigentlich hätten in der Lage sein sollen (sogar müssen), mehr Verständnis zu zeigen).

Die drei Einladungen waren: Kiel, wo ich einige Erinnerungen zurückgewinnen konnte; Neapel, eine Stadt, die an der Grenze zwischen Leben und Tod zu balancieren scheint wie St. Petersburg; das Schamrockfestival, das die Bekanntschaft mit A. L., bedeutete, die mit mir offen über ihre langjährige Trauer um ihre Tochter sprach, »als wüsste sie etwas, was ich noch zu lernen habe«.

17. November

S. rief mich an, weil ihr jemand Olegs Gedichtband gestohlen hatte. Sie sagte, dass ihre Schwester gestorben sei und dass sie immer weinen müsse und leide, »so ein Mensch bin ich«, sagte sie. »Sie sind eine normale Frau, ich aber kann nicht darüber hinweg«. Ich habe ihr mein Beileid ausgesprochen, ihre Adresse für das Senden von Olegs Buch notiert und mich verabschiedet, einen Tick kälter, als das richtig gewesen wäre. Dumm von mir. Ein jeder darf glauben, dass seine Trauer einmalig ist. Ist sie auch, eine jede Trauer.

C. S. Lewis: »Zum Teil zweifellos Eitelkeit. Wir wollen uns beweisen, dass wir Liebende großen Stils sind, tragische Helden, dass wir im riesigen Heer der Trauernden nicht zum einfachen Fußvolk gehören.«

23. November

Die Gegenwart, die stehengeblieben ist, beginnt sich zu bewegen.

Die Gegenwart ist da, und sie gibt zu verstehen, dass ich nicht weiter in diesem Energiesparmodus leben kann, bei dem die ganze Kraft bei drei E-Mails oder einem Eintrag ins Tagebuch schon verbraucht ist. Man ist gezwungen, mit dem Leben zu kollaborieren.

Man wird nie gefragt, ob man das Leben will, das man bekommt.

24. November 2019–2022
Orpheus und das Leben (4)

Hölderlins Los, 36 Jahre in der Obhut von anderen und ohne Verantwortungsbereiche, fand ich immer zu beneiden. Nicht nur ich, viele von dem Leben überforderte Dichter denken ab und zu nicht ohne Sehnsucht daran.

Ich habe immer so getan, als wäre ich der Aufgabe zu leben gewachsen. Und ich tue weiterhin so, als ob.

Es gibt Dichter, die konsequenter sind. Das heißt nicht, dass Hölderlin (oder Oleg oder jeder andere Dichter dieser (un)glücklichen Natur) es nicht versucht hätte zu leben. Er hat alles gemacht, was in seinen Kräften stand. Aber jedes Mal, wenn ihr Genius nach ihnen verlangt, wenden sich solche Dichter ihm zu und vom Leben ab. Ich wende mich, wenn das Leben nach mir verlangt, ihm zu und von meinem Genius ab. Ich weiß, dass diese Art, Dinge zu beschreiben, unzeitgemäß ist. Aber jemand muss unzeitgemäß sein und der Gegenwart Widerstand leisten.

In Olegs Notizbüchern von 1989 habe ich eine Notiz gefunden, die mit diesem Widerspruch zu tun hat, Dichtung
und Leben:

>»Das Leben zwischen zwei grundlegenden Intentio-
nen: sich anzustrengen oder sich nicht anzustrengen.

Sich anzustrengen – ein Schriftsteller, Autor usw. zu
sein.
Sich nicht anzustrengen – organischer Dichter im
Zusammenhang mit der Ursache der Poesie zu sein.

Sowohl zwinge ich mich nicht genug zum Anstren-
gen.
Als auch zwinge ich mich nicht genug zum Nicht-
Anstrengen.«

Oleg *war* ein organischer Dichter im Zusammenhang mit
der Ursache der Poesie, konsequenter als ich.

Oder wieder Orpheus: Er konnte nichts, nur singen und
weinen. Baudelaires Albatros aus »Les Fleurs du Mal«, der
König vom Himmelsblau, der auf der Erde unbeholfen
und plump ist, »Le Poète est semblable« (so ist auch der
Dichter).

So sind auch Hölderlins Göttersöhne aus »Der Rhein«:

Die Blindesten aber
Sind Göttersöhne. Denn es kennet der Mensch
Sein Haus und dem Tier ward, wo

Es bauen solle, doch jenen ist
Der Fehl, daß sie nicht wissen wohin
In die unerfahrne Seele gegeben.

So ist auch der Dichter, *Le Poète est semblable.*

Ich vermute, dass, wäre ich als Erste gestorben, Oleg der Trauer mehr ausgeliefert gewesen wäre als ich, eben weil er das Leben zu ignorieren verstand, wenn es um Dinge ging, die »im Zusammenhang mit der Ursache der Poesie« stehen.

Montaigne: »denn ebenso wie er mich in jeder anderen Gabe und Tugend unendlich weit übertraf, tat er es auch in der Freundschaft.«

***

Was Orpheus von den Göttern wollte, war: das Geschehene ungeschehen zu machen.

Der Tod, kunstgeschichtlich gesehen, ist die Wurzel von allem Absurden, Dadaistischen, Surrealen, von allem, »wovon man nicht sprechen kann«.

Eros der Sinnlosigkeit. Die Kunst, die Sinn spendet, lügt. Auch lügt jede Interpretation der offensiv sinnlos auftretenden Kunstwerke. Dabei bleibt uns nichts anderes übrig, als sowohl das Leben als auch die Kunst irgendeinem Sinn unterzuordnen.

In diesem Bereich, wo es um Dinge geht, die »im Zusammenhang mit der Ursache der Poesie« stehen, kann man zwischen Schwäche und Stärke nicht unterscheiden. Orpheus' Schwäche ist seine Stärke. Nicht für alle.

Barnes: »Natürlich weiß nicht jeder treue Gattenliebe zu schätzen. Manche verstehen sie als Ängstlichkeit, andere als Besitzanspruch. Und für die alten Griechen war Orpheus bei weitem nicht der Mustergatte, zu dem wir ihn gemacht haben. [...] Plato verachtete ihn als waschlappigen Spielmann. [...] Man muss wissen, wo man sich befindet und wie es unten am Boden aussieht.«

Die Stelle aus dem Symposion, die Barnes meint: »Orpheus dagegen, den Sohn des Oiagros, schickten sie [die Götter] unverrichteter Dinge aus dem Hades zurück, indem sie ihm nur ein Trugbild der Frau zeigten, um derentwillen er gekommen war, sie selbst aber gaben sie ihm nicht, denn er schien ihnen als Lautenspieler ein Weichling zu sein und es nicht zu wagen, um der Liebe willen zu sterben wie Alkestis, sondern nur darauf bedacht, lebend in den Hades zu gelangen.«

Darauf spielt auch Kierkegaard in »Furcht und Zittern« an: Die Götter hätten Orpheus getäuscht, ihm nur Nebel statt der Geliebten gezeigt, weil er mit seiner Kithara bloß ein Spielmann war, kein richtiger Mann.

Bei Ovid allerdings hat Orpheus die Unterweltgötter damit erpresst, dass er bleiben würde, wenn sie ihm Eurydike nicht zurückgeben. Was sollten sie mit diesem singenden Stück Fleisch im sterilen Raum des Jenseits? Sie sahen sich gezwungen, ihr fieses Spiel anzufangen.

Als er bereits draußen war, ohne Eurydike, von den Göttern ausgetrickst, hat er sich das Leben nicht genommen. *Vielleicht erkennen Schatten einander nicht?*, dachte er.

Es gibt ein Gedicht von Michail Lermontow, das eine freie Übersetzung aus einem Gedicht von Heinrich Heine ist. In Russland ist es berühmt und wird oft als Heine zitiert, eigentlich wegen der beiden letzten Zeilen, die – und das ist das Erstaunliche – eine Pointe haben, die es bei Heine nicht gibt.
Bei Heine heißt es:

> Sie liebten sich beide, doch keiner
> Wollt' es dem andern gestehn;
> Sie sahen sich an so feindlich,
> Und wollten vor Liebe vergehn.
>
> Sie trennten sich endlich und sah'n sich
> Nur noch zuweilen im Traum;
> Sie waren längst gestorben,
> Und wußten es selber kaum.

Die beiden letzten Zeilen sind metaphorisch als Tristesse des Lebens gemeint. Bei Lermontov sterben die Liebenden tatsächlich und erkennen einander im Jenseits einfach nicht:

> Der Tod kam und das Treffen jenseits des Grabes …
> Aber in der neuen Welt erkannten sie einander nicht
> wieder.

Heines irdischer Sarkasmus wird bei Lermontow zu einem metaphysischen.

Wenn einer stirbt und der andere lebt und erst nach Jahren sich zu den Toten gesellt und die beiden sich treffen: der eine durchs Leben, der andere durch den Tod entstellt. Und – Entsetzen und Entzauberung, das lange ersehnte Date wird zum Fiasko, wie bei Arno Schmidt in »Caliban über Setebos«.

Als positives Gegenbeispiel wird im »Symposion« Alkestis gepriesen, die hingebungsvolle Frau des Königs Admetos: »... da sie allein bereit war, für ihren Mann in den Tod zu gehen, für ihn, der doch Vater und Mutter hatte, die sie aber so sehr an Freundschaft übertraf aufgrund ihrer Liebe ...«

Bei all ihrem Edelmut ist Alkestis weder in unserem Bewusstsein noch in der Kunst so präsent wie Orpheus. Glucks Oper »Alkestis« oder Rilkes Gedicht »Alkestis« sind bei weitem nicht so bekannt wie ihre »orphischen« Werke. Vielleicht, weil Alkestis' Geschichte mit zu vielen Einzelheiten ausgestattet ist:

König Admetos verärgert die Göttin Artemis, sie schickt Schlangen in sein Schlafzimmer, aber nicht, damit er wie Eurydike an einem Schlangenbiss sterbe, sondern als Vorwarnung: Er würde in Kürze tot sein, es sei denn, jemand wäre bereit, an seiner Stelle zu sterben. Keiner will sich opfern, auch seine Eltern nicht, nur Alkestis. Erst von da an gerät sie ins Zentrum der Aufmerksamkeit. Was folgt, ist die irritierende Passivität des Königs Admetos. Sie stirbt, ihn plagen Schuldgefühle, aber nicht er begibt sich in die Unterwelt, sondern Herakles. Natürlich hat Herakles mehr Chancen als Orpheus, ganz zu schweigen von König Admetos, der nicht einmal Lautenspieler ist. Am Ende ist Alkestis aus dem Reich der Toten in die Welt der Sterblichen zurückgekehrt. Das Paar ist wiedervereint, alle jubeln.

Zu viele Einzelheiten. Und noch das Happy End dazu, dem keiner glaubt. Auch wenn viele Orpheus-Opern, einschließlich der von Gluck, den Ursprungsplot ändern und Eurydike zum zweiten Mal wiederbeleben, haftet das Wissen vom unwiderruflichen Unglück an ihnen. Glück beeindruckt weniger als Unheil, vielleicht weil es, aller menschlichen Erfahrung zum Trotz, als Norm empfunden wird.

Wohl deshalb kupiert Rilke die Geschichte ums Happy End und belässt alles bei Alkestis' Tod. Sie lächelt lediglich zum Abschied ein Lächeln, das »beinah ein Versprechen war: erwachsen / zurückzukommen«. Sein Admet, der seine Eltern drängt, ihr altes nutzloses Leben für ihn zu opfern, erweckt kein Mitgefühl. Überhaupt ist er eine seltsame Figur, die Apotheose der Todesangst und des Egoismus, er spricht fast wortwörtlich aus, was Nikolai Fjodorow den egoistischen Fortschritt aussprechen lässt: »Wenn das Alte dem Jungen sagt: ›Du sollst größer werden und ich kleiner‹, dann ist das ein guter Wunsch, hier spricht die Vaterliebe. Wenn aber das Junge dem Alten sagt: ›Ich werde wachsen und du musst ins Grab‹, [...] spricht hier nicht die Liebe, sondern der Hass.«

Joan Didion liest Euripides' Tragödie, die sie mit 16 oder 17 Jahren gelesen hat, nach dem Tod ihres Mannes wieder. In ihrem Gedächtnis war das Ende nicht so wolkenlos. Ihre Erinnerung ließ Alkestis verändert und verstummt wiederkehren. Alkestis wolle nicht sprechen, werde von ihrem Mann dazu gezwungen, bleibe im Inneren aber eine Fremde. Zu dieser eigenen Version sagt Didion, dass sie neue Fragen aufwerfe: »Wenn die Toten wirklich zurückkämen, welches Wissen brächten sie dann mit? Könnten wir ihnen gegenübertreten? Wir, die wir ihnen erlaubt haben zu sterben? Das helle Tageslicht sagt mir, dass ich John nicht erlaubt haben kann zu sterben, dass ich diese Macht nicht besitze, aber glaube ich das? Und er?«

»Wir, die wir ihnen erlaubt haben zu sterben«, dieses Gefühl hat wohl jeder Trauernde, man habe die Verstorbenen sterben lassen. Jeder Trauernde ist nicht nur ein Orpheus, sondern auch ein Admetos.

Xenia von St. Petersburg, die nach dem Tod ihres Mannes behauptet, Xenia sei gestorben und sie sei Xenias Mann, will sein Leben loskaufen und mit ihrem eigenen Leben dafür bezahlen, wie Alkestis. Xenia ist die Alkestis von St. Petersburg. Weder rettet Xenia ihren Mann noch letztendlich Alkestis, egal, welche Heldentaten sie alle vollbringen, das Sterben wird im besten Fall nur etwas hinausgeschoben.

Kann man die hypothetische Unsterblichkeit schenken? Die Vorstellung, nach dem Tod festzustellen, unsterblich zu sein, aber dich nirgendwo zu finden, ist so, dass ich das nicht weiterdenken will. Selbstverständlich ist ALLES möglich, also auch das. Ist die Ewigkeit ironisch?

Wenn man sich bei solchen Überlegungen ertappt, fragt man sich, ob man von Kummer verblödet ist oder einfach nur blöd.

25. November
Vor vielen Jahren schrieb ich, dass eine Sammlung von Canettis Notizen über den Tod wünschenswert wäre. In der nächsten Hanser-Vorschau stand das Zitat aus meinem Artikel, das Wort »voilà!« und die Ankündigung eines solchen Buches (»Über den Tod«). Zehn Jahre später erschien eine umfangreichere Sammlung (»Das Buch gegen den Tod«).

Canetti, der mit sieben Jahren den Tod seines Vaters miterlebte und immer wieder vom Tod des Anderen angegriffen wurde – Mutter, Bruder, die Geliebten, die erste Frau Veza und schließlich die 28 Jahre jüngere zweite Frau Hera Buschor –, hat den Tod zu einem Feind erklärt: »Das ganz konkrete und ernsthafte Ziel, das eingestandene Ziel meines Lebens ist die Erlangung der Unsterblichkeit für die Menschen.«

Tod und Trauer bewohnen benachbarte, aber verschiedene Monde.
Wie Canetti den Tod nicht akzeptieren wollte, will ich die Annahme nicht akzeptieren, dass die Trauer überwunden werden muss. Die Trauer zu überwinden, bedeutet, den Tod zu akzeptieren.

Begriffe wie »anhaltende Trauerstörung« haben keinen Respekt vor der Größe und Unbegreiflichkeit des Ereignisses. In den ersten Monaten meiner Trauer habe ich gelesen, dass es in den USA unter Psychiatern die Meinung gibt, die Trauer, die länger als zwei Wochen dauert, sei pathologisch. Das klingt wie ein einfallsloser Witz.

Ich messe die Trauer wie eine Schwangerschaft: in Wochen und Monaten, auch Jahre kommen dazu. Der Unterschied ist das Fehlen irgendeiner Erwartung. Oder entspricht der Tod des Trauernden einer Entbindung?

Die Trauer ist eine Aufgabe, die keine Lösung hat. Begreife mich, sagt das Unbegreifliche. Ich gebe mir Mühe und komme zum Schluss, dass die einzige Lösung der Trauer die Wiederbelebung des Toten wäre.

Fjodorows Philosophie der Wiederbelebung aller Toten ist eine konsequente Antwort.

Canetti führt seinen Feldzug gegen den Tod im Bewusstsein der Hoffnungslosigkeit und kämpft (ebenso ohne Hoffnung) gegen diese Hoffnungslosigkeit.

Lévinas, der keine utopistischen Visionen hat, teilt mit Autoren wie Fjodorow oder Canetti die Weigerung, den Tod zu akzeptieren.

26. November
Roland Barthes: »Tod und Kummer sind nichts als: banal.«

Die Größe und Würde des Menschen liegt auch im Bewahren seines Rechtes auf banale und lächerliche Dinge wie Liebe und Trauer.

27. November

Nachdem das Bewusstsein »in einem dunklen Universum zum Denken erwachte«, wurde der Himmel immer größer und leerer.

Dass wir nun unter leerem Himmel trauern, ändert an der Natur der Trauer nichts. Aber vielleicht ist die Trauer etwas, was dieser Leere widerspricht. Religion ist Rebellion gegen die Macht der Sinnlosigkeit, ist Pascal'sche Würde des denkenden Schilfrohrs.

Alles, was am Anfang befreit, wird zu einem Unterdrücker, das ewige Hin und Her. Deshalb oszilliert der Mensch zwischen Religion und Atheismus.

Eine witzige Stelle in den Trauernotizen von Roland Barthes: Man war gegen die Kirche, als sie mit dem Staat und der Macht, mit Kolonialismus verbunden war, an all dem teilnahm, aber, fragt er, ist sie das immer noch? Vielleicht ist sie »der einzige Ort, wo man noch ein wenig an *Gewaltlosigkeit* denkt?« Als atheistischer Geist sagt er weiter: »Was mich jedoch deutlich von ihr trennt, ist der Glaube (und natürlich die Sünde)« – als würde man sagen, die Oper wäre okay, aber die Musik und der Gesang stören.

Die einen sehnen sich nach Glauben ohne Kirche. Die anderen nach Kirche ohne Glauben. Wie schlimm es ist, wenn eine Kirche eine politisch relevante Macht ist, sieht man am Beispiel des heutigen Russland. Wie schlimm es ist, wenn die

Kirche verdrängt ist, sieht man an den atheistischen Jahren der Sowjetunion.

Elias Canetti: »Ob Gott tot ist oder nicht: Es ist unmöglich, von ihm zu schweigen, der so lange da war.«

27. November 2019–2022

»Ich habe keinen Gott im Weltall getroffen!«, sagte Juri Gagarin nach einem kurzen Flug um die Erde am 12. April 1961. Das war ein perfekter Werbeslogan der atheistischen Ideologie, der in der Sowjetunion von vielen verspottet wurde. Westliche Intellektuelle, die eher mit der Kirche als mit dem Atheismus Probleme hatten, mochten den Spruch.

Aber das ist keine so eindeutige Sache: Emmanuel Lévinas sah im leeren Himmel, in dem Gagarin keinen Gott ausfindig machen konnte, den Sieg über heidnischen Aberglauben und die Bestätigung der Transzendenz Gottes, was er gleich 1961 in einem kleinen Aufsatz mit dem großartigen Titel »Heidegger, Gagarin und wir« festhielt. In Gagarins Flug sieht er die Befreiung von der kleinlichen nationalistischen Perspektive, die Menschen in »Einheimische und Fremde spaltet«: »Die Technik entreißt uns dieser Heideggerischen Welt und dem Aberglauben des Orts. Von nun an zeigt sich eine Chance: die Menschen außerhalb der Situation wahrzunehmen, in der sie sich vorübergehend aufhalten, das menschliche Antlitz in seiner Nacktheit aufleuchten zu lassen.«

Für Lévinas hat Gagarin die Natur entzaubert, »den Menschen in der Nacktheit seines Gesichtes entdeckt«.

Fjodorow träumte von der Vereinigung mit der Natur und war in dieser Hinsicht eher bei Heideggers »Ort« und »Ding«, bis hin zum Weltraum.

Wie sieht dieses Dilemma heute aus? Heute scheinen sich viele Menschen fest an den Aberglauben des Ortes, der Herkunft, der »Identität« zu klammern und sich nach keinem »menschlichen Antlitz in seiner Nacktheit« zu sehnen.

Der Krieg in der Ukraine brachte den (nie verschwundenen, nur verleugneten) Eurozentrismus zurück. Chauvinismus, Hass und obsolete Vorstellungen von Patriotismus, die jetzt aus dem offiziellen Russland kommen, erweisen sich als ansteckend.

Was bedeutet »politisches Denken«? Einige meinen, sie würden politisch denken, wenn sie gut geschimpft haben. Eine Wissenschaftlerin deutet in einer ZDF-Sendung an, Europäer hätten feinere Gefühle als Asiaten. Ein Bericht über die Sendung: »So sagte [die Politikwissenschaftlerin Florence] Gaub während der Sendung: ›Ich glaube, wir dürfen nicht vergessen, dass auch wenn Russen europäisch aussehen, dass es keine Europäer sind – im kulturellen Sinne‹.« Russen hätten einen anderen Bezug zu Gewalt und Tod. Sie findet: »Es gibt [bei Russen] nicht diesen liberalen und postmodernen Zugang zum Leben. Das Leben als ein Projekt, das jeder für sich individuell gestaltet. Sondern das Leben kann halt einfach auch mit dem Tod recht früh enden.« Russen gingen anders damit um, wenn Menschen sterben, denn »77 Prozent von Russland liegen in Asien, nicht in Europa. Manche Leute scheinen das nicht zu wissen«.

Gut. Dann trauere ich lieber mit Afrikanern und Asiaten weiter, bei denen ein Mangel an menschlichen Gefühlen gerne und schnell vermutet wird. Und die Europäer, auch die Russen, die kulturell natürlich Europäer sind, sollen ihre Vernichtung der Welt weitertreiben. Ohne mich.

Das bedeutet nicht, dass Europäer zu nichts gut sind. Lévinas, der an das Ende des Eurozentrismus glaubte, sagte in einem Gespräch: »Trotz des Endes des Eurozentrismus, der durch so viele Schrecklichkeiten disqualifiziert ist, glaube ich an die Außerordentlichkeit des menschlichen Antlitzes, wie es in den griechischen Schriften und in unseren Schriften, die diesen alles verdanken, ausgedrückt wird. Dank ihnen schämen wir uns unserer Geschichte.«

Im selben Gespräch formuliert Lévinas die Infragestellung des bloßen Kampfes ums Überleben: »... dass das, was am natürlichsten erscheint, am problematischsten wird. Habe ich ein Recht zu sein? Nehme ich, indem ich in der Welt bin, nicht den Platz von jemandem ein? Eine Infragestellung der naiven und natürlichen Beharrlichkeit im Sein!« Kann man vermuten, dass dieser Anfang eine Fortsetzung haben wird (auch wenn Philosophie eine nicht angewandte Wissenschaft bleibt)?

Eine Sache sind alte weiße Präsidenten der Supermächte mit ihren inadäquaten Ambitionen und Atombomben oder selbstgerechte Funktionäre, die von immer abstrakter wirkenden europäischen Werten sprechen, und eine ganz andere ist der alte weiße Mann, der mit der Stimme von Lévinas spricht und eine Kultur vertritt, die so reif geworden ist, dass sie zu sterben bereit ist, um anderen Platz zu geben. Und diese anderen? Werden sie dieses Sterben und die Auslöschung dieser wunderbaren leisen Stimme ohne weiteres annehmen und sich darüber freuen?

Entweder haben wir eine gemeinsame Zukunft oder keine. Je perfekter die technischen Möglichkeiten werden, das ganze Leben auf dem Planeten zu vernichten, desto deutlicher wird das.

Ein utopischer Traum: Wenn es keinen Rassismus, keine Misogynie, keine Homophobie mehr geben wird, wird man alle Werke entspannt lesen und begreifen, wie großartig sie alle, auch Heidegger, sind (oder, wer Kabarettkunst vorzieht, Lisa Eckharts Späße genießen). Wer sich zutraut, selbst urteilen zu können, wo und was als zeitbedingte Macke ausgeklammert werden kann, kann heute schon damit beginnen.

***

Natürlich hat auch Fjodorow, wie *alle* Philosophen und Dichter, seine dunklen Seiten, dazu ist uns der Verstand gegeben, damit wir unterscheiden können.

Wie bei jedem wirklichen oder potenziellen Gründer einer neuen Religion sind Fjodorows Ideen diktatorisch und haben Anspruch auf Universalität. Der Kampf gegen Unbrüderlichkeit und für Verwandtschaft aller Menschen soll wie so oft mit der Bekämpfung der falschen Lehren beginnen.

Vielleicht deshalb war der mit ihm verbundene »Kosmismus« mit dem komplizierten sowjetischen Ideologiehaushalt durchaus vereinbar. Lenin wurde einbalsamiert, weil man seine Leiche bis in die Zeit aufbewahren wollte, wenn es möglich sein würde, einen Körper wiederzubeleben, und das nicht ohne Einfluss von Fjodorows Ideen (Jahrzehnte später sind Leute auf den Gedanken gekommen, sich in der Hoffnung auf den medizinischen Fortschritt vorübergehend einfrieren zu lassen).

Fjodorows Ideenmischung erinnert an Dostojewski, übrigens wurde sein posthum veröffentlichtes Hauptwerk als Brief an Dostojewski angefangen. Es ist eher unwahrscheinlich, dass Lévinas Fjodorow kannte, aber Dostojewski war für ihn wichtig, und er zitiert öfter eine Stelle aus »Die Brüder Karamasow«: »Ein jeder von uns ist vor allen an allem schuldig, ich aber bin es mehr als alle anderen.« Selbstverständlich wusste er von Dostojewskis Xenophobie und Antisemitismus, konnte aber zwischen verschiedenen Facetten unterscheiden, genauso wie im Fall Heidegger, den er ein Genie nennt, ohne die geringsten Illusionen über ihn zu haben.

Fjodorow nannte die Historiker »Richter über die Toten, also über diejenigen, die bereits zur Todesstrafe verurteilt wurden.« Solche »Richter über die Toten« sind heute nicht nur die Historiker. Wobei sich die Bekanntschaft mit den meisten großen Werken nur lohnt, wenn man ihnen ohne das verbreitete Vorurteil begegnet, ihr Verfasser solle in allem perfekt sein.

Als Frau und als Mitglied einer jüdischen Familie habe ich mich daran gewöhnt, zwischen verschiedenen Facetten unterscheiden zu müssen. »Das geistige Vermögen der Frauen ist gewöhnlich den Anforderungen des engen Gedankenaustauschs und Umgangs nicht gewachsen, aus denen das heilige Band der Freundschaft hervorgeht«, sagt Montaigne, wäre das anders, meint er, wäre mit ihnen eine erfüllendere Freundschaft als mit einem Mann möglich, aber er sieht kein einziges Beispiel, »dass das weibliche Geschlecht bisher so weit zu gelangen vermocht hatte«. Ich habe mein Leben in genau solcher Freundschaft verbracht und eben deshalb berühren und reizen mich diese Worte Montaignes nicht, im Übrigen bezweifle ich keine Sekunde seine Großartigkeit, zu der auch Irrtümer und Widersprüche gehören.

Wenn wir alle, bei denen wir misogyne und/oder xenophobe Äußerungen finden, streichen, werden wir zu einer glücklichen Kindermenschheit, aber mit Atombombe und anderen Spielzeugen, die uns womöglich keine Zeit für die Entwicklung zur neuen Mündigkeit lassen werden.

***

Die Ethik der Kunst ist die Artikulierung der Welt. Alles andere liegt in der Verantwortung anderer Disziplinen.

Die »Bewusstwerdung«, das Zur-Sprache-Kommen der Welt kommt in den Werken der russischen Moderne und

Avantgarde zur Sprache, die von Fjodorows Ideen beein-
flusst wurden. Man kann Welimir Chlebnikow nennen,
Pawel Filonow, Andrej Platonow oder den Dichter Nikolai
Sabolozki (im Westen noch weniger bekannt).

Nikolai Sabolozki:
Alles, was die Seele hatte, ist scheinbar wieder
                                        verlorengegangen,
Ich lag im Gras, bedrückt von Trauer und
                                        Langeweile,
Der schöne Körper einer Blume stand über mir
Und vor ihm stand ein Heupferdchen wie eine
                                        kleine Wache.

Ich schlug mein schweres Buch auf,
Wo auf der ersten Seite die Skizze einer Pflanze zu
                                        sehen ist,
Und vom Buch zur Natur erstreckte sich, schwarz
                                        und tot,
Vielleicht die Wahrheit der Blume, vielleicht deren
                                        Lüge.

Die Blume schaute erstaunt ihr Spiegelbild an,
Als strebte sie danach, die fremde Weisheit zu
                                        begreifen,
In ihren Blättern zitterte ungewohnte Bewegung des
                                        Denkens,
Diese Willensanstrengung, die man nicht
                                        beschreiben kann.
Das Heupferdchen hob seine Trompete und die
                                        Natur erwachte augenblicklich.

Das traurige Geschöpf sang das Lob des Verstandes,
Die Nachahmung der Blume in meinem Buch
                                                 bewegte sich –
Und mein Herz bewegte sich ihr entgegen.

Übersetzt von Olga Martynova

Die Blume, deren Skizze und der Mensch sind durch eine Anziehung verbunden, die keinen sichtbaren Zweck haben kann, genauso praktisch nutzlos wie die Liebe zu einem Toten. Für Fjodorow steckte in der Solidarität mit den Toten die Ahnung von der Verbundenheit aller Wesen und Dinge (was Teilhard de Chardin später »Geist der Erde« nannte).

Heute wirkt diese Bewegung der sprachlosen Natur zu dem sprechenden Menschen als ein utopisches, anthropozentrisches und arrogantes Bild. Die jetzige Vorstellung ist die vom Menschen gequälte Natur, die ihm seine Anmaßung heimzahlt. Zu dieser immer komplexeren Beziehung verspricht auch das künstliche Gehirn sich zu gesellen, was von den einen begrüßt und von den anderen verdammt wird. Transhumanisten träumen davon, dass alle Dinge und Wesen auf der Erde ein gemeinsames Bewusstsein erlangen, ihre Gegner haben dystopische Vorahnungen.

Wieder Sabolozki (ebenso 1936, ihm bleiben zwei Jahre bis zur Verhaftung): Lebende und tote Natur (und auch die Toten, die weder der lebenden noch der toten Natur angehören) haben Gesichter und Stimmen der »Kultur«:

Die Gedanken der Toten um mich herum wuchsen
                                        zum Himmel.
Über das Blattwerk war Puschkins Stimme zu hören,
Und Chlebnikow im Vogelgesang am Wasser,
Und einem Stein bin ich begegnet. Der Stein war
                                        regungslos,
Durch ihn war Skoworodas Gesicht zu sehen.

»Skoworodas Gesicht« – Grigori Skoworoda (1722–1794)
ist einer der hellsten Punkte, in denen sich russische und
ukrainische Poesie und Philosophie jemals getroffen haben.

2022 – Der Krieg in der Ukraine

Am 7. Mai 2022 zerstörten russische Bomben das
Grigori-Skoworoda-Museum, das 1972 in einem
Gutshaus errichtet wurde, wo Skoworoda, der die
letzten Jahre seines Lebens auf Wanderschaft verbrachte, zu Gast war und wo er gestorben ist. Das
elegante Gebäude, wie es sich Gutsbesitzer im
18. Jahrhundert gerne erbauten, weiß-gelb gestrichen,
einstöckig, mit Portikus über der breiten Vortreppe.
Diesen Krieg bekommt man fast live zu sehen. Ich
sehe Fotos und sogar Videos: Nacht, alles ist vom
Feuer erhellt, das durch Fenster und Säulen drängt.
»Ukrainischer Sokrates«, »Russischer Sokrates«,
»Wandernder Philosoph«, er gilt als Anfang der
modernen russischen religiösen Philosophie. Übrigens ist er Urgroßonkel des russischen Philosophen
Wladimir Solowjow, der die frühe Moderne und den
Symbolismus stark beeinflusst hat. Skoworoda

schrieb Gedichte, Fabeln, philosophische Dialoge, schrieb schönes eigensinniges Russisch, manchmal Latein, Griechisch, konnte und verwendete in seinen Schriften Polnisch und Deutsch.
Berühmt, auch unter denen, die ansonsten keine Zeile von ihm gelesen haben, ist die von ihm verfasste Inschrift auf seinem Grab, sein Vermächtnis:

»Die Welt jagte mich, fing mich aber nicht.«

Dieser helle utopische Punkt wurde nun zerbombt. Es heißt, die Exponate, darunter Skoworodas Uhr und Geige, wurden rechtzeitig in Sicherheit gebracht. Ich greife zu Skoworodas Buch in meinem Regal, herausgegeben 1972 in Kiew bei dem Verlag »Naukowa Dumka« (ukrainisch für »Wissenschaftliches Denken«). Das Vorwort ist auf Ukrainisch, mich kostete es seinerzeit viel Mühe, es zu lesen. Skoworodas Texte sind in seinem eigenartigen Russisch belassen: »Naukowa Dumka« ist ein wissenschaftlicher Verlag. In Publikumsverlagen wird er in ukrainischer Übersetzung veröffentlicht. In den editorischen Angaben meines Buches steht nichtsdestoweniger, das Buch sei in ukrainischer Sprache. Ich denke, man kann sagen, dass Skoworoda einer der Zankäpfel der ukrainischen und russischen Kulturgeschichte ist. Er ist für die russische Poesie und Philosophie von großer Bedeutung (die idiotische Bezeichnung »Brudervölker« ist ein ideologisches Relikt aus dem 18. und 19. Jahrhundert, das die Wirklichkeit der komplexen kulturellen Verbindungen nur vernebelt).

Skoworodas Stärke lag im Vermeiden, im Ausweichen
in die Wanderschaft, keine Bindungen, er lehnte auch
die Mönchsweihe ab, was seine Karriere im System
der geistlichen Akademien verhinderte:

»Die Welt jagte mich, fing mich aber nicht.«

Ich sagte »Zankapfel« und dachte an das salomonische
Urteil: König Salomo schlug den beiden Frauen, die
ein Kind jeweils als ihr eigenes beanspruchten, vor,
das Kind mit dem Schwert zu teilen, so dass jede eine
Hälfte bekomme. Die wahre Mutter ist bereit, auf das
Kind zu verzichten, um es zu retten, und behält das
Kind. Man könnte sagen, die russischen Bomben
wurden von der falschen Mutter geworfen, aber das
wäre falsch: Diejenigen, die die Ukrainer angegriffen
haben, stehen nicht nur in keiner Verwandtschaft mit
der ukrainischen Kunst oder Philosophie, sondern
auch in keiner mit der russischen. Sie erheben keine
Ansprüche, wüssten nicht, um was für ein Kind es
ginge.
Sollen wir auch unsere Vorfahren posthum gegen-
einander ausspielen? Eigentlich werden sowohl
ukrainische als auch russische Dichter – von einer
Diktatur angegriffen. Und Skoworoda ist kein Kind,
sondern Ahne für beide.

29. November
Ich google nach einem Text von Oleg und lande auf einer
News-Seite: »Oleg Jurjew ist tot«. Digitale Brieftauben haben
sich in den Zeiten verirrt. Ich fühle mich um diese Zeit ge-

bracht, die wir (wäre das eine frische Nachricht) noch zusammen gelebt hätten.

6. Dezember

Flugzeug nach Moskau. Geplant:

Ich lese Olegs Gedichte bei einer russisch-lateinamerikanischen Lesung.

Präsentation der »Leningrader Chrestomathie«.

Gedenkabend für Oleg im Club, in dem wir drei Monate vor seinem Tod zusammen gelesen haben.

Wie gut der Gedenkabend im Sommer in Petersburg auch war und egal, was jetzt bevorsteht: dass ich all das mache, hat einen einzigen Grund: Oleg ist nicht mehr da und kann sich um seine Texte und Projekte nicht mehr selbst kümmern.

Ich möchte mich möglichst der Rolle entziehen, Oleg zu repräsentieren.

6. Dezember 2019–2022
Über Moskau: siehe S. 296–302

Die Katastrophe des Krieges blies wie eine Explosion alle Hoffnungen, die in meinem Artikel vorsichtig formuliert sind, weg. Die Schrecken der Geschichte werden fortgesetzt.

16. Dezember

Scheinbare Wege aus Apathie und Verzweiflung führen nicht hinaus, sondern, nach einem Bogen, wieder zu Apathie und Verzweiflung. So wird ein Fahrer auf einer unbekannten Autobahn vom Navigator immer wieder in eine falsche Richtung geschickt und dann wieder zum Ausgangspunkt gebracht.

Ich habe das erst jetzt bewusst wahrgenommen (oder? Alles wiederholt sich, auch das Gefühl, dass ich erst jetzt den Schmerz in seiner vollen Kraft kennenlerne).

22. Dezember
Fachliteratur und Berichte der Trauernden darüber, was einem in der ersten Zeit der Trauer passiert.

Einiges hatte ich:

Ich verlief mich in der nächsten Nachbarschaft. Bei einer fünfminütigen U-Bahn-Fahrt innerhalb einer seit Jahrzehnten vertrauten Route fragte ich in Panik die Mitreisenden, wohin der Zug fährt.

Atemnot und Kurzatmigkeit.

Ich verlor das Gefühl der Distanz und sprach zu Menschen viel offener als je davor und danach.

Ich konnte nicht essen.

Die Betäubung aller Sinne und trotzdem der unerträgliche *Schmerz*, ein Wort, das ärgerlich ausdrucksschwach ist, aber es gibt immer noch kein anderes.

Die Zeit wurde spürbar, sie fühlte sich wie eine physische Substanz an, die spinnt. Der Zeittunnel ohne Gegenwart.

Angesichts des Todes: Abwesenheit der Gegenwart. Gleichzeitiger Lauf der Vergangenheit und der Zukunft. Dazwischen ein Vakuumkorridor. Eine temporale Anomalie einer Grenzerfahrung.

Vielleicht erlaubt diese Abwesenheit der Gegenwart den unerträglichen Schmerz zu ertragen. Wozu nur?
Später überfährt dich die Gegenwart wie eine Lokomotive.

Bis der Trost eintritt, schimmert noch Hoffnung.

Die Wunde ist heiß, offen, sie riecht nach seidenem Blut. Die Narbe ist kalt, geschlossen und hässlich.

Später wird das Leben durch die Poren der Zeit durchsickern und mit seinem Gestank den sterilen Raum ohne Gegenwart mit Gegenwart füllen. Die Aggression der Gegenwart.

Das Leben steht still, bis die Wunde sich schließt.
Dann beginnt es sich zu bewegen.
Das Leben mit einem Henkergesicht.

Heute scheint mir unglaubwürdig, dass ich knapp einen Monat nach Olegs Tod bereits in der Lage war, etwas niederzuschreiben. Den ersten Satz dieser Notiz habe ich gestrichen, weil er mir zu schutzlos schien, er lautete: »Leben und Glück sind vorbei. Was bleibt? Und wozu?« Wie jeder authentische Aufschrei ist das unbeholfen und peinlich.

Die Zeit der Trauer ist eine paradoxe Zeit, in der die stete Veränderung aller Dinge gestoppt wird. Als wäre der Trauernde von diesem Gesetz ausgenommen.

Ein solcher Zustand verletzt das Gesetz der steten Veränderung. Die Welt ist Prozess. Der Mensch ist Prozess. Und der tote Mensch?

Dass die Trauer ihre Starre verliert, ist keine *heilende* Wirkung der Zeit, eher eine *kränkende*. Wird der Tote ebenso Veränderungen ausgesetzt? Ich meine nicht den Körper und nicht die Seele, ich meine die Toten im Bewusstsein ihrer Trauernden. Verändern und verfälschen wir sie in unseren Erinnerungen? Bestimmt.

22. Dezember 2020–2022

»Angesichts des Todes: Abwesenheit der Gegenwart. Gleichzeitiger Lauf der Vergangenheit und der Zukunft. Dazwischen ein Vakuumkorridor. Eine temporale Anomalie einer Grenzerfahrung.«

Später, als ich wieder einigermaßen denken konnte, fiel mir ein, wie nah an diesem Zustand die letzten Seiten von Wsewolod Petrows »Die Manon Lescaut von Turdej« sind (die deutsche Ausgabe war ein »Familienprojekt«, Daniel übersetzte das Buch, Oleg schrieb das Nachwort und ich den Kommentar).

Der Schluss des Buches sind die ersten Stunden der Trauer: »Unter meinen Füßen dieselbe Steppe, Regen und Wolken blieben dieselben. Vielleicht wandert die Seele so nach dem Tod. Vera war bei mir. Ich wusste, dass ich mich an der Grenze zwischen Leben und Tod bewegte und dass diese Grenze die Unsterblichkeit ist.«

Das ist eine Liebesgeschichte: Offizier und Krankenschwester in einem Spitalzug. Draußen ist der Zweite Weltkrieg. Er sieht in ihr eine neue Manon Lescaut (Oleg schreibt im Nachwort, dass Leser keine Vorkenntnisse über die ursprüngliche Manon Lescaut aus dem Roman von Abbé Prévost brauchen: »man muss sich lediglich daran erinnern, dass dieser Name für Liebe, Schönheit, Verrat und Unglück vor den Kulissen des 18. Jahrhunderts steht«). Die Krankenschwester, Vera, kommt bei einer Bomardierung um.

> Alles wurde anders: Das Gedächtnis hörte auf zu existieren, nichts blieb von den Verbindungen mit Menschen und Dingen ...

> ... die Zeit verging nicht. Ringsum war Leben –
> ein besonderes, das abseits aller Bestimmungen
> geschieht. Vera und ich waren dort ohne Namen
> eingetreten. So konnte ich Vera aufs neue leibhaftig
> fühlen. Die Nacht war nicht dunkel und nicht hell –
> es herrschte ein seltsames Dämmerlicht, in dem man
> wohl sehen konnte, nur erschien alles verschwommen;
> die Gegenstände wurden zu formlosen Erinnerungen.
> Ich ging weiter, ohne die eigene Bewegung zu spüren:
> Unter meinen Füßen dieselbe Steppe, Regen und
> Wolken blieben dieselben. Vielleicht wandert die Seele
> so nach dem Tod. Vera war bei mir. Ich wusste, dass
> ich mich an der Grenze zwischen Leben und Tod

bewegte und dass diese Grenze die Unsterblichkeit ist. Wahrscheinlich irrte ich lange durch die Steppe, bevor ich zum Fluss kam. Die Nacht wurde nicht dunkler und nicht heller. Möglicherweise fiel ich und stand wieder auf. Kann sein, dass ich im Kreis lief. Mir aber schien, dass ich immer geradeaus ging, wie an einem Faden entlang, der durch den Raum gezogen war.

Diese Novelle wurde 1946 geschrieben und erst 2006 publiziert. Etwas später wurden Petrows Tagebücher veröffentlicht, und seine »Manon«, die ganz aus dem Stoff geschaffen zu sein schien, »aus dem die Träume sind«, erwies sich als eine tatsächliche Liebesgeschichte, der Tod als ein wirklicher Tod und der Trauerzustand als in der Trance der wirklichen Trauer aufgeschrieben. Petrow selbst sah den Text, der sehr nah an seinem Tagebuch ist, trotzdem als literarisches Werk. Und auch zu Recht – die einzig verlässliche Regel der Kunst ist, dass es keine Regel gibt. Petrows Novelle verletzt alle Gesetze, ist ein authentischer Bericht und zugleich ein distanziertes und verfremdetes Erzählen.

Das Verhältnis zwischen Kunst und Leben wird unterschiedlich bewertet.

Barnes staunt, wie sehr die Trauer, die er fast dreißig Jahre vor dem Tod seiner Frau in einem Roman beschrieben hat, seiner eigenen Trauer ähnelt, und empfindet schriftstellerische Selbstzweifel: Ob er sein eigenes Leid vorausgesagt hat, was eine leichtere Übung wäre, als eine fiktionale Figur mit Gefühlen zu versehen.

Ein Freund erzählte, dass er bei einer Vorstellung des berühmten *Théâtre National Populaire* war, als das Theater in der Sowjetunion gastierte (das dürften die späten 1950er Jahre gewesen sein). Ich weiß nicht mehr, welches Stück aufgeführt wurde. Die Schauspielerin Maria Casarès weinte während eines Monologes, stoppte das Spiel, wischte sich die Tränen ab, entschuldigte sich bei dem Publikum für die Übertreibung und begann den Monolog von vorne. Das schien uns allen großartig. Wie »authentisch« war das, wie viel Berechnung steckte dahinter?

Der letzte Absatz in Petrows »Manon« strebt zu einer kathartischen Erhebung und zum Triumph des Lebens über den Tod, will ein erbauliches Schlusswort sein:

> Ein Dorf lag an der Straße. Ich betrat ein fremdes
> Haus, breitete meinen Mantel auf dem nackten
> Boden aus und schlief augenblicklich ein. Man
> weckte mich kurz nach vier. Der Morgen war kühl,
> rein und lieblich. Die Sonne – höchste Entfaltung
> und höchster Triumph der Form. Vom hohen Ufer
> des Sosna-Flusses sah ich die Pfade, Felder und
> Senken, über die ich in der Nacht geirrt war.

Diese letzten Worte sind eine Anspielung an das erste Lied von Dantes Commedia: Dante verirrt sich im Dickicht, schaut nach oben und sieht die Sonne, »den Planeten, der einen auf jeder Straße geradeaus führt«. Das nimmt ihm die Angst, er will den Berg hinaufsteigen und blickt zurück, auf die Pfade seiner nächtlichen Irrung. Wir wissen, dass ihm der Weg nach oben noch untersagt wird, dass er zuerst die

Hölle und das Fegefeuer zu durchwandern hat. Dass Petrows Erzähler schneller als Dante durch ist, bedeutet, dass er irgendeine wichtige Aufgabe ablehnt.

Sein Sieg über die Trauer ist ein Triumph des Todes.

26. Dezember

Ich vermisse die Selbstverständlichkeit, dass es Oleg gibt, der fast ich selbst bin?/ist?/bist. Neben meiner Liebe zu dem Mann, der gelebt hat, gibt es diese meine Liebe zu dir, wie du jetzt bist oder nicht bist, von dem ich nichts weiß.

29. Dezember

Was ich vermisse und was ich brauche, betrifft Oleg, der mit mir hier war. Oleg jetzt ist eine unbekannte Größe und der Welt der Lebenden gegenüber völlig passiv. Und schutzlos. Die Lebenden haben absolute Gewalt über die Toten. Auch wenn es um den Nachlass eines Dichters geht. Valery Schubinsky und ich können bei der Vorbereitung der zweibändigen Ausgabe von Olegs Gedichten alle Entscheidungen treffen, bei der Bestimmung der Reihenfolge, beim Kommentieren, bei der Wiedergabe der Gespräche aus unserem Gedächtnis.

2020

13. Januar

Aus Olegs Notizbuch 1989–90: »Die Zeit existiert gleichzeitig.«

Später, in einer Zeit, die am schwierigsten für ihn war, es war offensichtlich, dass er einer tödlichen Macht ausgeliefert war, aber wir hatten noch keine Diagnose, schrieb Oleg ein paar Zeilen in seinem Notizbuch nieder, die in ihrer Privatheit eine Ausnahme sind, denn ansonsten waren es Arbeitsnotizen eines Schriftstellers (aber auch diese fanden teilweise Platz im Monolog des am 4. Juni 1792 in Moskau sterbenden Jakob Michael Reinhold Lenz (in »Unbekannte Briefe«). »Es hat sich herausgestellt, dass die Abwesenheit der Zukunft (nicht der Zukunft insgesamt, sondern die Abwesenheit des inneren Gespürs für die Zukunft) gleichsam die Abwesenheit der Zeit insgesamt ist. Dabei kannst du nicht sagen, dass du jetzt lebst, du lebst scheinbar nicht, weil es dieses ›jetzt‹ nicht gibt, es war, hat sich herausgestellt, nur ein Schritt, nur eine Stufe in die Zukunft. Ebenso ist die Vergangenheit – obwohl es sie gibt – stehengeblieben, erstarrt, verlor ihre Bedeutung. Ich dachte immer (und sagte und schrieb), dass die Aufgabe der Literatur sei, die Zeit zum Stehen zu bringen. Vielleicht ist es auf eine andere Weise auch so, aber nun, sie ist gefühlt zum Stehen gebracht, und das macht einen nicht glücklich. Anscheinend ist Zeit – Zukunft.«

Vielleicht nenne ich »Gegenwart«, was Oleg »Zukunft« nennt (und auch er schreibt, dass es dieses »Jetzt« nicht gibt).

Gegenwart und Zukunft gehen scheinbar nahtlos ineinander über, aber es gibt Nähte, und die erstarrte Vergangenheit ist eine vernarbte Landschaft.

Als ich am 3. August das schrieb: »Angesichts des Todes: Abwesenheit der Gegenwart. Gleichzeitiger Lauf der Vergangenheit und der Zukunft. Dazwischen ein Vakuumkorridor. Eine temporale Anomalie einer Grenzerfahrung« – habe ich (gefühlt) die absolute Passivität der Toten geteilt. In einer Kluft zwischen der Zeit der Lebenden und der abwesenden Zeit der Toten sind Trauernde in der Nähe zu ihren Toten. Nunc stans, Zeitstarre, erstarrte Ewigkeit der Toten.

13. Januar 2020–2022

Über diese Zeitanomalie der Trauer wird selten gesprochen.

Erst als ich Denise Riley las, wusste ich endlich, dass ich nicht die Einzige bin. »Time Lived, Without Its Flow« heißt ihr Traueressay über die Herausnahme der Zeit aus dem Leben. Für sie heißt das: aus dem Leben eines Menschen, der um das eigene Kind trauert. Sie nennt das »Erfrieren der Zeit«, »Zeit unter Arrest«, sie versucht, das »Ausnahmegefühl der Atemporalität« zu vermitteln. Was ich als Abwesenheit der Gegenwart bezeichne, beschreibt sie als Abwesenheit der Zukunft (wie auch Oleg es tut). Man kann diesen Stillstand der Zeit als das Fehlen der Zukunft beschreiben oder als Abwesenheit der Gegenwart. In Olegs Notizen: »Es geht nicht darum, dass es die Zukunft nicht gibt, sondern darum, dass sie abwesend ist.«

Mein physisches Gefühl ist, dass Vergangenheit und Zukunft sich weiterhin bewegen, aber dass es mich nichts mehr angeht. Dass mich nichts mehr etwas angeht. Als wäre ich in einem Tunnel und wüsste, dass unten und oben Vergangenheit und Zukunft weiterfließen, ohne jede Auswirkung in meinem Tunnel.

»Als wäre« ist eine sprachliche Form, die nicht stimmt, weil man das am eigenen Körper, am eigenen Atem, an der eigenen Atemnot spürt.

»›Unser Glück ist nur in dem Gegenwartsmoment‹: Sentenz der Stoiker. Die Ironie liegt darin, dass du jetzt das Leben ausschließlich im ›Jetzt‹ perfekt erreicht hast, aber nur als Folge dieses Todes«, schreibt Denise Riley. Oleg: »Ich dachte immer (und sagte und schrieb), dass die Aufgabe der Literatur sei, die Zeit zum Stehen zu bringen. Vielleicht ist es auf eine andere Weise auch so, aber nun, sie ist gefühlt zum Stehen gebracht, und das macht einen nicht glücklich.«

Man kommt haptisch nah an irgendein begehrtes Geheimnis der Zeit und der Welt – aber nur auf Kosten einer existenziellen Katastrophe, wenn alles, auch alle Geheimnisse der Zeit und der Welt, egal geworden sind. Nicht ganz, in einer Hinsicht nicht egal, man denkt, wenn Zeit nicht so ist, wie man dachte, dann gibt es vielleicht irgendwelche uns unbekannten Naturgesetze, die uns und unsere Toten wieder zusammenbringen, »eine noch nicht verstandene Art der Heimkehr zu den Menschen, die wir geliebt und verloren haben«. (Susan Howe)

14. Januar

Einmal habe ich eine elektronische Komposition gehört: alle Symphonien Bruckners in ein vierminütiges Stück komprimiert. So kann das Leben nach dem Tod klingen: Die Zeit wird komprimiert, und alles passiert zugleich, nicht einmal in vier Minuten, auch nicht in einem Moment, weil ein Moment schon eine Dauer ist, sondern zeitentbunden gleich. Sich auf diese Weise an alles erinnern, was Oleg und ich zusammen erlebt haben, in der zeitfreien Gleichzeitigkeit, wäre das, was unser Leben war (ist).

14. Januar 2020–2022

Denise Riley fragt sich, warum es so wenige Zeugnisse von der temporalen Störung der Trauer gibt.

Auch sie kommt nicht an Orpheus vorbei, obwohl ihr Traueressay wenig Intertextualität aufweist, eben aus dem Grund, weil es zu dieser Zeitanomalie – bei aller Gewissheit dieses Zustandes – kaum Belege gibt.

»Wenn die abwesende Zeit«, schreibt sie, »die Zeit unserer Toten ist, dann gehst du mit ihnen in ihre abwesende Zeit.« Das ist das, was die Trauernden spüren und was schwer zu vermitteln ist, weil das nach draußen abschreckend und abnormal wirkt und innerlich als Fakt der Realität empfunden wird.

Wladislaw Chodasewitsch nimmt Fjodor Sologub, der auf seine tote Frau wartet, in Schutz und erklärt »... die banale Fabel, Sologub nehme Abendbrot in der unsichtbaren Anwesenheit der Verstorbenen«, zu einer Lüge. Aber ja doch, wir alle aus dem Fußvolk der Trauernden teilen unser täglich Brot mit unseren Toten.

Julian Barnes: »Bonnard malte sein Modell (dann Geliebte, dann Ehefrau) Marthe gern als eine junge Frau nackt im Bade. So malte er sie auch, als sie nicht mehr jung war. Nach ihrem Tod malte er sie weiterhin so. Ein Kunstkritiker nannte das in seinem Artikel über eine Bonnard-Ausstellung in London vor etwa zehn oder fünfzehn Jahren ›morbide‹. Ich empfand es schon damals als das Gegenteil und vollkommen normal.«
Trauernde leben wie unter Drogen, vielleicht kann man von Sucht sprechen, weil diese veränderte Zeitwahrnehmung die Nähe zu unseren Toten ist, und letztendlich will man die nicht loswerden.

Deshalb kommt Orpheus bei Denise Riley ins Spiel: »Wenn diese erstarrte Zeit in der Tat die gemeinsame Zeit mit unseren Toten wäre, dann würde dein ungewollter Wieder-Einstieg in den gewohnten Zeitfluss eben das bedeuten, dass du, wie der arme Orpheus, allein zurückkämst. Liegt die Macht dieser Geschichte darin, dass wir so lange in der Gesellschaft unserer Toten bleiben, solange wir nicht *merken*, dass sie wirklich getrennt von uns sind, gefangen in ihrem anderen Raum?«

Trauernde sind im Tunnel, in dem alle Gefühle betäubt sind, auch das Zeitgefühl, und das Leben dringt mit Gewalt in diesen Tunnel ein. »Später überfährt dich die Gegenwart wie eine Lokomotive.«
Was war Orpheus' Fehler aus der Sicht des Mythos? Was konnte/sollte er anders machen? In diesem wieder in Bewegung gesetzten Zeitfluss stehend, was sollte/konnte er machen? Er blickte zurück in der Hoffnung, sie würde

ebenso in diesen erwachten Zeitfluss hineingezogen, wie er das gegen seinen Willen wurde. Könnten die beiden immer an der Schwelle bleiben, weder ganz da noch ganz dort? Eigentlich leben so die Trauernden, manchmal sind sie an dieser Schwelle, und das fühlt sich als der einzig richtige Ort an. Aber die Zeit zuckt, springt, kriecht, bebt, zittert.

Wieder einmal Denise Riley: »Du bist weder identisch mit deinem Toten noch völlig getrennt von ihm.«

Ich begann, in allem, was ich lese, nach Spuren von der besonderen Beziehung zwischen den Trauernden und der Zeit zu suchen.

Michail Ryklin schreibt in »Buch über Anna«, dass die Uhr seiner Frau, die sich ins kalte Spreewasser stürzte, um zwölf Uhr stehenblieb und dass diese Uhr mit dem stehengebliebenen Zeiger noch einige Monate tickte und dass es schwer war, »das Gefühl loszuwerden, dass das Herz noch schlägt ...«

»Aus der Zeit fallen« heißt David Grossmans Buch, das seinem im Libanonkrieg gefallenen Sohn gewidmet und ein Langgedicht aus Stimmen der Eltern toter Kinder ist. Eine Frau, die Mutter eines toten Mädchens:

Nur der dünne S-s-sekundenz-z-zeiger z-z-zuckt

noch

hüpft die ganze Zeit, die noch bleibt,
rückt vor, wird zurückgerissen,
gibt nicht auf, prescht vor,
will unbedingt vorbei, will die Hürde nehmen ...

Denise Riley bemerkt, dass es – im Unterschied zu Waisen und Witwe(r)n – keine spezifische Bezeichnung für Eltern gestorbener Kinder gibt. Diese Menschen ohne Namen in menschlicher Sprache sind in Grossmans »Aus der Zeit fallen« auf der Suche nach »dort«, wo die aus der Zeit gefallenen Kinder sind. Sie gelangen nah an die Grenze zu »dort«, und das ist ebenso die Zeit, die sie trennt. Die Zeit der Toten und die Zeit der Trauernden vermischen sich beinahe. Aber nur beinahe. Der Vater eines toten Sohnes sagt:

> So auch du: Aus der Zeit gefallen bist du,
> aus der Zeit, in der ich bin und an dir vorübergeh:
> […]
> Ich sehe dich, berühr dich aber nicht.
> Mit meinen Zeitfühlern spür ich dich nicht.

15. Januar
Die räumliche und zeitliche Unsicherheit der Trauernden fühlt sich an wie das Teilen von Raum und Zeit mit den Toten.

15. Januar 2020–2022

Arnfrid Astel (1933–2018) fügte nach dem Tod seines Sohnes dessen Name seinem hinzu und wurde zu Hans Arnfrid Astel. Das ist eine dringend gefühlte Gemeinsamkeit eines Trauernden mit seinem Toten, geteilte Zeit des Nicht-ganz-»hier«-und-nicht-ganz-»dort«-Seins.
Ich kannte eine Frau, die einst mit Astels Sohn in derselben Berliner Kommune gewohnt hatte. Später hat sie Astel aufgesucht, um ihm zu erzählen, wie freundlich und

zuvorkommend sein Sohn ihr gegenüber war (sie kam aus der westdeutschen Provinz und fühlte sich unsicher). Aber dann hat sie ihm auch gesagt, sie finde es ganz schlimm, dass er den Namen seines Sohnes genommen habe, weil er ihm damit seine Persönlichkeit raube. Abgesehen von der ungeheuren Taktlosigkeit dem trauernden Vater gegenüber – hat diese Logik etwas Nachvollziehbares? Sie sah die Konstellation aus der Sicht der Kinder. Kinder, die ihre Freiräume vor ihren Eltern verteidigen, ihre Unabhängigkeit behaupten, sind, wenn sie tot sind, den Trauernden ausgeliefert. Auch Goethes Sohn, August von Goethe, auf dessen Grab auf dem Protestantischen Friedhof in Rom sein Vater keinen Namen des Sohnes schreiben ließ, nur den eigenen: GOETHE FILIVS / PATRI / ANTEVERTENS / OBIIT / ANNOR[VM] XL / MDCCCXXX (Goethe der Sohn / dem Vater / vorangehend / starb / mit 40 Jahren / 1830). Diese Inschrift schockiert und irritiert, aber Goethe wollte wohl den armen Sohn auf diese Weise umarmen, ihn bei dem eigenen Ruhm beherbergen. Natürlich nicht nur Kinder, alle Toten werden unser Eigentum. War es Orpheus' Fehler, Eurydike ganz in seinem Besitz zu glauben?

Und wie kann es anders sein?
Astels Gedichte an den toten Sohn sprechen von seiner Trauer, nicht über den Sohn, aber es wird klar, wie stark er seinen Sohn als Teil seiner selbst fühlt.

Unlängst dachtest du selbst.
Jetzt bist du selbst ein Gedanke.

Sie bleiben Gedichte Astels, mit seiner Lakonie und seinem paradoxen Witz, die nun auf die Trauer angewendet werden:

Es gibt dich
gar nicht mehr.
Aber ich
rede mit dir
wie mit Gott.

Novalis:
»Vor der Hand giebts kein anderes Mittel der Geisterwirkungen auf dieser Welt.«

Astel: *Reliquien*
Der Kreuznagel.
Warum also
nicht dein Gürtel?

10. Februar

Der noch Lebende steht mit seinem Toten weiterhin in einer Beziehung, und weiterhin bleibt diese Beziehung nur für einen Teil sichtbar. Es gibt psychotherapeutische Trauerbegleiter, die mit den Hinterbliebenen so vorgehen, als wäre das eine Paartherapie. Sie gehen die Dossiers durch, die Menschen im Laufe des Lebens übereinander führen, damit sich die Trauernden von Schuldgefühlen und/oder von alten Kränkungen befreien. Die andere Seite, die Toten, wenn sie bei einer solchen »Paartherapie« hätten mithören können, was würden sie meinen? Hätten sie viel Überraschendes erfahren? Hätten sie viel Überraschendes hinzufügen können? Bestimmt.

18. Februar

Wieder das absurde Gefühl, dass die Trauer stärker geworden ist. Dazu gesellt sich immer öfter die Verzweiflung, ein Zeichen von Selbstmitleid. Das heißt, die Trauer ist egoistischer geworden. Zuvor war ich völlig auf Oleg konzentriert. Jetzt bin ich mit im Fokus.

Die Wunde bin/bist ich.

20. Februar

Bei der ersten Begegnung mit der Geschichte von Hiob, wie ihm zuerst alles genommen und seine Treue zu Gott geprüft wird und er dann alles wieder zurückbekommt, weil er als Gerechter für Gott über den Teufel gesiegt hat (grob dargestellt, eigentlich ist da nichts eindeutig), dachte ich, das seien dieselben Kinder, die gestorben sind, die er wieder zurückbekommt. Denn wie kann man den Tod jener Kinder wiedergutmachen, wenn man ihm nicht dieselben Kinder zurückgibt? Ich war damals selbst ein Kind, und Kinder denken magisch.

Aber auch jetzt. Dieser vermeintlich glückliche Ausgang von Hiobs Geschichte ist genauso wenig überzeugend wie das Happy End bei Alkestis. Hiobs Name wird nie im Zusammenhang mit der Wiedergutmachung genannt, nur mit Leid: »Hiobsbotschaft«, »Hiobsstimme«. Ein Buch von Lew Schestow (1866–1938), dem Philosophen der Verzweiflung, heißt »Auf Hiobs Waage« und hat ein Motto aus dem Buch Hiob: »Wenn man doch meinen Kummer wägen und mein Leiden zugleich auf die Waage legen wollte! Denn nun ist es schwerer als Sand am Meer.«

Nicht nur ich als Kind wollte die Geschichte nicht bei den anderen Kindern belassen. Das steht am Anfang der modernen

Philosophie: Das Einzige, was uns mit Gott hätte versöhnen können, wäre, Hiobs (und unsere) Verluste ungeschehen zu machen: »Dieser Kampf ist das, was Kierkegaard existenzielle Philosophie nennt, Philosophie, die nicht bei dem Verstand mit seinen begrenzten Möglichkeiten nach der Wahrheit fragt, sondern bei dem keine Grenze kennenden Absurden«, wie es Lew Schestow in »Hegel und Hiob« formuliert.

»Moderne Philosophie«: die Aufregung und Erschütterungswoge von Aufklärung bis Postmoderne. Sie wollte eigentlich zurück zur Religion und prüfte die Möglichkeiten, die sich alle als nicht so sicher erwiesen. Regt sich heute noch jemand auf? Oder ist das ganze Denken nur abgeklärt und resigniert und beschäftigt sich mit den angewandten Einzelheiten?

Hiob bekommt nicht dieselben Kinder, geht trotzdem als Sieger aus dem Streit, will uns die Geschichte einreden. Vielleicht will sie es gar nicht, nur ihre Auslegungen, die die Stimme des Autors erträglicher zu machen versuchten, bis die Moderne merkte, dass etwas nicht stimmt. »Moderne Philosophie« ist dieser »Streik in der Noosphäre«, von dem Teilhard de Chardin spricht: Der reflektierte Blick, der infolge der Evolution entstand, das Bewusstsein, »das in einem dunklen Universum zum Denken erwacht«, verurteilt diese Evolution, die es zum Denken entwickelt hat, »… und das bedeutet wiederum Auflehnung, diesmal nicht mehr nur als eine Versuchung, sondern als eine Pflicht.«

Hiobs Buch ist das absurde Krippenspiel, das die Geburt der Auflehnung feiert. Seine Heiligen Drei Könige sind nicht Caspar, Melchior und Balthasar, sondern Hiobs Freunde Elifas,

Bildad und Zofar, die nicht ganz begreifen, was da geboren wurde.

Das abschließende Gespräch zwischen Hiob und Gott hätte in jedem absurden Stück der Moderne seinen Platz finden können: Hiob verlangt, dass ihm Gott erklärt, was er, Hiob, falsch gemacht hat.

Gott antwortet aus dem Sturm, wie großartig seine Schöpfung ist, insbesondere der Behemoth und der Leviathan

Mit diesen seltsamen Argumenten (dem Behemoth und dem Leviathan) überzeugt er Hiob. Hiob *gibt auf und bereut in Staub und Asche.*

21. Februar

Hiob ist Orpheus, dem sie statt Eurydike ein anderes Weib untergeschoben haben. Der eigentliche Orpheus wollte kein anderes Weib und ließ sich von den anderen Weibern ermorden, weil er sie nicht wollte.

Kurz vor Olegs Tod habe ich angefangen, eine kommentierte wissenschaftliche Übersetzung (ins Russische) vom Buch Hiob zu lesen. Ich war etwa in der Mitte. Seitdem habe ich das Buch kein einziges Mal aufgeschlagen. Heute aber wieder.

Die Heuchelei Gottes.

Orpheus war schon im Licht, draußen. Er schaute sich um, *unbeschreiblich freudig,* voller Erwartung, dass er *froh erschrocken* und *freudig erschreckt* sie neben sich sehen würde. Er konnte im Voraus nicht wissen, dass Eurydike noch einen Schritt lang im Schatten des Orkus war. Die Götter haben gemogelt.

22. Februar

Der Zustand der Trauer, wie unter Drogen gesetzt, bleibt bei aller Einmischung des Lebens. Sie teilen den Raum, das Leben und die Trauer. Die Trauer wird dadurch nicht kleiner. Wie jeder Gemeinschaftswohnraum ist auch dieser voll von Konflikten, Spannungen, gegenseitigen Missverständnissen.

»Endet nie des Irdischen Gewalt?«

24. März

Trauer und Depression. Ich glaube zu wissen, wann ich von Trauer und wann von Depression besetzt bin. Die Trauer ist die Verbindung mit dem Toten. Für »Werke und Tage« muss man sich ablenken lassen, und das fühlt sich an wie eine erneute Trennung. Die Depression hat, obwohl dabei scheinbar ebenso wie bei der Trauer alles egal ist, die Vorstellung im Hintergrund, es gäbe irgendeine Norm, und leidet an der Abweichung davon. Trauer hat das nicht, weil es ihre »Norm« – die Anwesenheit des Abwesenden – nicht mehr geben kann.

Freud sieht in »Trauer und Melancholie« mehr Ähnlichkeiten zwischen diesen beiden Zuständen als ich aufgrund meiner Selbstbeobachtung. Der Unterschied ist für ihn, dass die Trauer ein Zustand sei, der von selbst geheilt wird, die Melancholie jedoch nicht. Der Prozess der Heilung, die »Trauerarbeit«, soll auch den Verlust des Objektes überwinden. Viele Trauernde haben eine Abneigung gegen den Begriff »Trauerarbeit«, wie auch gegen die von Freud vorgezeichnete Perspektive: »Tatsächlich wird aber das Ich nach der Vollendung der Trauerarbeit wieder frei und ungehemmt.«

Als Trauernder erkennt man sich in dieser Beschreibung nicht, will auch nicht unbedingt wieder »frei und ungehemmt« werden. Freud selbst, zehn Jahre nach dem Tod seiner Tochter und vierzehn Jahre nach Erscheinen von »Trauer und Melancholie«, schrieb in einem Brief: »Gerade heute wäre meine verstorbene Tochter 36 Jahre alt geworden … Man weiß, dass die akute Trauer nach einem solchen Verlust ablaufen wird, aber man wird ungetröstet bleiben, nie einen Ersatz finden. Alles, was an die Stelle rückt, und wenn es sie auch ganz ausfüllen sollte, bleibt doch etwas anderes. Und eigentlich ist es recht so. Es ist die einzige Art, die Liebe fortzusetzen, die man ja nicht aufgeben will.« Eher in diesen Worten kann sich ein Trauernder erkennen, deshalb wird dieser Brief oft zitiert und erwähnt.

Roland Barthes hat beim Schreiben seiner Trauernotizen häufig Freud im Sinn. Mit Proust und dessen Trauer um die Mutter kann er mehr anfangen. Eine Notiz lautet: »Nicht von *Trauer* sprechen, das ist zu psychoanalytisch. Ich habe Kummer.«

25. März
Trauer und Depression haben nichts miteinander zu tun. Und – sie können nicht gleichzeitig passieren. Entweder Trauer oder Depression. Mich ärgert die Depression, weil sie die Trauer stört, weil sie egoistisch ist.

1. April
Als wäre ich allein verreist, und die Erwartung, dass ich bald zurück bin und Oleg auf mich wartet, ist immer da. So, und nicht andersrum, nicht, als wäre Oleg verreist. Vielleicht,

weil die Passivität der Toten ihnen nur einen Spielraum gibt, auf uns zu warten.

»… eine noch nicht verstandene Art der Heimkehr zu den Menschen, die wir geliebt und verloren haben« (Susan Howe)

Nächtlicher Mut, bleib still,
Du bist dem täglichen Entsetzen eine Bürde.

[aus Olegs Gedicht]

3. April

Ich entdecke oft, dass ich wortwörtlich etwas niederschreibe, was ich bereits mehrmals geschrieben habe, Schleifen der erstarrten Zeit, nunc stans.

Wieder (und immer wieder) die Frage: Würde ich mir wünschen, Oleg nie getroffen zu haben, damit mir das jetzt (das Jetzt) erspart bleibt? Aber was bedeutet »mir«? Ohne Oleg wäre ich ein anderer Mensch, für den ich nicht sprechen kann.

Montaigne: »Macht es mich glücklicher, die Gemeinschaft mit ihm genossen zu haben, oder unglücklicher? Ganz gewiss glücklicher!«

Ja.

4. April

Beim Abschreiben des Tagebuchs ins Manuskript: Ich weine den ganzen Tag hindurch.

Roland Barthes schreibt, dass er weint beim Wiederlesen seiner Notizen.

Jemand hat über W. H. Auden gesagt, er schreibe auf Papier, auf dem die Tränen getrocknet sind.

Ich schreibe auf dem von Tränen noch nassen Blatt und versuche, das Geschriebene mit dem Löschpapier abzutrocknen.

7. April

Korrekturen des Buches »Poets to Poet«, das am Ende des Jahres in Moskau erscheinen wird: eine Auswahl von Olegs Gedichten, die 22 Dichter aller Generationen getroffen haben, und jeder hat jeweils einen kleinen Essay dazu geschrieben. Dichter sind Vermittler zwischen der Welt und dem Gedicht. Jeder, der Gedichte der anderen für irgendein Projekt auswählt, wird zum Schutzpatron der ausgewählten Texte.

21. Mai

Traum: Oleg kommt, ich sage, wie gut, dass er nun Schubinsky und mir beim Kommentieren seiner Gedichte helfen kann, es gibt einiges, bei dem ich mir nicht sicher bin.

Er sagt, er wolle sich nur zuerst erholen, der Tod sei nämlich anstrengend, und legt sich hin.

29. Mai

Liebende fallen ineinander wie in eine Mausefalle.

(Lukrez: Sie wissen, verstehen nicht, was sie voneinander wollen.)

Das kann zu Recht Gegenstand von Spott sein wie bei Lukrez.

Und dann stirbt einer. Das Ganze wird dadurch nicht verständlicher und wahrscheinlich auch nicht weniger komisch.

Selbst Lukian von Samosata, der in seinen »Totengesprächen« alles verspottet, ist bei dem Gespräch, in dem ein toter Mann den Unterweltherrscher bittet, ihn für kurze Zeit zu seiner Frau zu lassen, nicht sarkastisch, sein Witz ist hier nicht hämisch, sondern zuspitzend. Protesilaos, der erste griechische Held, der vor Troja gefallen ist, sehnt sich nach seiner Frau: Eine gegenüber dem Orpheusmythos spiegelverkehrte Situation, er will nach draußen. Pluto staunt, dass Protesilaos nicht aus der Lethe getrunken hat. Doch, er habe getrunken, aber das habe nicht geholfen. Dem bürokratischen »das geht nicht« von Pluto stellt Protesilaos zwei Präzedenzfälle entgegen: Orpheus und Alkestis. Pluto lässt ihn gehen, aber nur für einen Tag. Protesilaos verspricht, zusammen mit seiner Frau zurückzukehren. Weitere Quellen erzählen, dass seine Frau Laodameia sich nach dem kurzen Treffen das Leben genommen hat. Eine seltsame Geschichte, die an die Volksmärchen vom toten Bräutigam erinnert (und an die Ballade »Lenore« von Gottfried August Bürger). Spottet Lukian? Pluto spottet: Was für ein Anblick würde der liebende Mann sein, mit dem »häßlichen nackten Schädel«. Dem wird zwar mit Hermes' Zauberei abgeholfen, aber ist all das nicht tatsächlich lächerlich? Roland Barthes: »Tod und Kummer sind nichts als: banal.«

Ein Raum zwischen Leben und Tod ist die Trauer (zwischen »häßlichen nackten Schädeln« oder Asche und dem unergründlichen Nichts). Die Trauernden spüren die materielle Realität dieses Raums, können aber nichts beweisen.

12. Juni

Traum: Oleg und ich sind in unserer alltäglichen Umgebung. Ich sage ihm von meiner Liebe und dass er das Wichtigste ist, was mir passiert ist. Ich sage das so einfach und so geschickt, wie man solche Dinge im wirklichen Leben nie sagen kann. Das ist ein einfaches, alltägliches Gespräch. Ich bin einerseits froh, dass ich all das nun sagen konnte. Andererseits weiß ich, dass Oleg tot ist, dass Oleg, zu dem ich spreche, ein Oleg nach dem Tod ist. Ich überlege mir im Traum, dass das trotzdem zählt, was ich sage, weil dieser Oleg sich an das Leben vor dem Tod noch erinnern kann.

Seit zwei Tagen bin ich unter dem Eindruck von diesem Traum und habe das Gefühl, eher in dem Raum zu leben, wo der Traum spielte, als »hier«.

So scharf ist die Grenze nicht. Manchmal.

15. Juni

Die Toten sind *vor* uns, denn die Lebenden laufen in die Richtung des Horizontes, hinter dem die Toten verschwunden sind; aber die Toten sind zugleich *hinter* uns, laufen nicht mehr mit.

16. Juni

Li Bo, Du Fu. Zwei große chinesische Dichter der Tang-Dynastie (das 8. Jahrhundert), die oft beide im selben Atemzug genannt werden.

Die Muster, die das Wirrwarr des Lebens zusammenhalten, erkennen wir, ohne zu wissen, ob wir sie imaginieren oder eine spielerische Hand sie für uns zeichnet (um uns zu ermuntern? Um uns zu verspotten? Oder gar nicht für uns und wir sind nur geduldete Zuschauer auf dem fremden Fest?).

Als Lena Schwarz mit 61 gestorben war, schrieb ich:

»Der große russische Sinologe Wassilij Aleksejew über Li Bo: ›Von der frühen Kindheit an war seine Begabung bemerkbar, sein Charakter war feurig, ungestüm, frei, er wollte sich nicht beschränken, auf nichts Rücksicht nehmen. Es heißt, er ertrank, als er, betrunken, versuchte, das Spiegelbild des Monds im Fluss zu umarmen.‹ Er war übrigens 61 Jahre alt. Jelena Schwarz starb zu Hause. Sie war 61 geworden. Von der frühen Kindheit an war ihre Begabung bemerkbar, ihr Charakter war feurig, ungestüm, frei, sie wollte sich nicht beschränken, auf nichts Rücksicht nehmen … Wahrscheinlich weinte der Mond, sie umarmend.

Dazu noch war sie, wie viele gemerkt hatten, ›einer chinesischen Prinzessin ähnlich‹.«

Gestern habe ich auf der Suche nach einem Gedicht von Du Fu, dem jüngeren Freund von Li Bo, gesehen, dass er elf Jahre jünger war als Li Bo (Oleg war elf Jahre jünger als Lena Schwarz) und dass er mit 58 starb, wie Oleg. Er starb in einem Boot während einer Reise über den Jangtse. In Olegs Gedichten taucht immer wieder die Vision des Weggehens in einem Boot auf. Aus den späten Gedichten:

Im eichennachen am kai werde ich mich hinlegen,
mit einer schelle läuten

und an den gläsern in schiefen schatten vorbei in
den letzten ofen hinuntergleiten.

27. Juni 2020–2022

Eine Frau in bunten Lumpen, nicht ohne Operettenchic,
kam nah an einen gerade seinen bestellten *coffee to go* be-
kommenden Mann und zeigte ein Schild, auf dem ihre
oder angeblich ihre Geschichte in einer ihm, aber nicht
ihr zugänglichen Sprache gekritzelt war. Sie trug keine
Schutzmaske, sprach unverständlich, aber laut und ihm
direkt ins Gesicht, als hätte sie in der jetzigen Zeit der Pandemie die Aufgabe, sich um Virenverbreitung zu kümmern, und wiederholte dieses Spiel mit allen, die sich in
der Umgebung befanden.
Wird dieser Mann nach kurzem Ärgernis diese Frau vergessen? Wird er am Abend nervös sein, ob sie ihn ange-
steckt hat? Wird sein Gewissen sich melden, wird er über
die Obdachlosen, die Wandernden, die Bettelnden nach-
denken müssen, wie sie jetzt leben, da der öffentliche
Raum ihnen gegenüber abrupt noch weniger freundlich
geworden ist?
Sie kam später auch zu mir. Sie war fordernd und unfreund-
lich. Sie hätte auch keinen Grund, freundlich zu sein. Sie
hat eine Funktion in der Welt: Sie und jeder Kollege von ihr
erschüttern unseren Solipsismus. Sie vertreten die Welt des
Anderen, die nicht immer bequem und nett ist, eigentlich
nie, diese Welt des Anderen ist erpicht darauf, dir deinen
coffee to go aus der Hand zu reißen oder wenigstens den
Appetit zu verderben. Und sie verlangen von der Welt, für
die Ausführung dieser Funktion zu bezahlen. Das ist fair.

Ich habe ihr »nein« gesagt und musste, wie immer, feststellen, dass ich mich im Nachhinein viel besser fühle, wenn ich etwas gebe, als andernfalls. Darin ist nichts Besonderes, und es geht wohl vielen ähnlich. Die Operettenfrau und ihre Kollegen beunruhigen mich, weil ich nicht wirklich weiß, wo die Grenze zwischen uns liegt.

Warum interessiert mich das? Und was hat das mit der Trauer zu tun? So ein zufälliger »Anderer« bricht en passant eine Mauer, widerlegt den Solipsismus. Das ist etwas anderes als Liebe und Trauer, ist aber grundsätzlich mit ihnen verbunden.

Lévinas: »… Begehren des Nicht-Fassbaren, Begehren des Unendlichen. Entgegen aller gesunden Logik […], das Unendliche, das mich in Frage stellt.« Es geht um die immer gefühlte und immer verdrängte Notwendigkeit, für den Anderen die Verantwortung zu übernehmen, denn zu leben hieße, dem Anderen gegenüber schuldig zu sein. Lévinas' Anderer ist allen meinen Begierden egal: »Bei dieser Umkehrung und dieser Verweisung des Begehrens auf das nicht Begehrenswerte – in dieser sonderbaren Mission, die die Annäherung an den Anderen gebietet – wird Gott der Objektivität der Gegenwart und dem Sein entrissen. Er ist nicht mehr Objekt oder Gegenüber in einem Dialog, seine Entfernung oder seine Transzendenz schlägt um in meine Verantwortung: Das Nicht-Erotische schlechthin.«

Was wäre, wenn Götter dem zurückblickenden Orpheus nicht Eurydikes Gestalt gezeigt hätten, sondern einen ver-

wesenden verwurmten Körper, wie ihn Izanagi sah? Und
gesagt hätten, er dürfe sie mitnehmen?

Soll diese unschöne aggressive Frau Begehren hervorru-
fen? Begehren (wenn wir es hier als ethische Kategorie
verstehen) nimmt die Form der Unruhe an, die solche Begegnungen hinterlassen. In dem Moment, in dem sie sich
mir oder dem Mann mit dem *coffee to go* nähert, vertritt
sie die Welt des Anderen. In einem Interview sagt Lévinas,
dass er einen bestimmten Begriff des Politischen habe, das
dabei in der Tatsache bestehe, »dass wir nicht zu zweit,
sondern mindestens zu dritt sind«.
Das wäre »Liebe ohne Begierde«, ohne Gegenseitigkeit
und ohne Eigennutz. Das ist für mich die beste Definition
des Politischen.

Und – Trauer ist Liebe ohne Gegenseitigkeit, aber auch
ohne Ablehnung, ohne Hoffnung, ohne Eigennutz, ohne
Dialog. Sie ist Begehren ohne ein klares Ziel. Liebe ohne
Begierde.

19. Juli
Roland Barthes:
  »Totale Präsenz
  absolute
  schwerelos
  Dichte, nicht Gewicht«

Die deutlich gespürte Anwesenheit des Toten.
  Diese Illusion ist nicht haltloser als die Illusion über eine
Person, die sich tatsächlich *physisch im selben Raum* befin-

det, aber innerlich abwesend ist. Keiner kann sicher sein, dass er von dem Anderen weiß, inwieweit er geistig präsent ist.

Dass bei einem Toten definitiv keine physische Anwesenheit der Fall ist, ist wenigstens eine Gewissheit.

Manchmal habe ich eine starke Sehnsucht nach Olegs physischer Anwesenheit. Ich will ihn zudecken, damit er nicht friert, ich will ein Glas Wein mit ihm trinken und fragen, ob ihm der Wein schmeckt, ich will, dass er mich umarmt, dass er mich fragt, ob mir der Wein schmeckt. Ein irreführendes Gefühl, weil ich den Mann liebe, den es nicht mehr gibt. Das heißt, dass meine Sehnsucht nur auf etwas anderes gerichtet sein kann als auf seine physische Anwesenheit. Ich habe das auf einmal begriffen oder eher gespürt. Seitdem ist meine Sehnsucht anders geworden. Das verstärkt die »totale Präsenz«, weil irgendeine störende Spannung gelöst wurde.

20. Juli
»… totale Präsenz …«

Was ist Sinnestäuschung: die gewohnte Welt oder die Erkenntnis, die sich in den existenziellen Momenten des Lebens ereignet? Vielleicht ist das gar nicht so unwahrscheinlich, dass uns Ausnahmesituationen etwas verraten? Menschliche Wahrnehmung ist so oder so Täuschungen ausgesetzt. Es passiert augenblicklich, dass wir ein Spiegelbild für eine wirkliche Figur halten, dass wir glauben, unser Zug fährt, wenn wir den Zug gegenüber fahren sehen. Das Gehirn justiert all das ständig nach. Jedes Wissen ist nur eine verfeinerte Form des Glaubens, und zu Ptolemäus' Zeit drehte sich die Sonne um die Erde. Man sagt, die Griechen verlachten die Gelehrten, die meinten, es sei andersrum.

2. August

In den Träumen weiß ich, dass Oleg tot ist. Und er weiß das. In den Träumen haben wir die gleiche Körperlichkeit, die, die man in einem Traum hat: weder Körper noch kein Körper.

Irgendwann werde auch ich keinen Körper haben.

Via Wi-Fi ins Nichts.

»Ich« werde keinen Körper »haben«, diese Formulierung enthält einen Widerspruch, denn wer ist »ich«, wenn ich keinen Körper mehr habe? Das wäre mir egal, wenn nicht die Frage wäre, wer bist du, wenn dein Körper zur Asche im Grund des jüdischen Friedhofs in Petersburg wurde.

2. August 2020–2022

Über denselben Widerspruch schreibt Lydia Davis in einer Erzählung (»Fragen der Grammatik«) in einem Band, den ich gelesen und sogar rezensiert habe, aber *vor dem Tod,* und ich habe mir damals diese Stelle nicht gemerkt. Lydia Davis fragt, ob man »hier liegt die Asche meines Vaters« sagen kann, wenn der Vater gestorben ist, wobei die Asche ihrem Vater nicht gehören wird, er wird nichts mehr besitzen, er wird »nicht mehr aktiv.« »... ob die Verwendung der Wörter *er* und *ihn* im Präsens korrekt ist. Ist er, wenn er einmal tot ist, immer noch *er,* und, wenn ja, wie lange ist er dann noch *er.«* Das sind Fragen, die etwas Wichtiges aufdecken, auf die Verbindung der Sprache mit etwas hinweisen, das mehr weiß als wir. Denise Riley dazu: »Vielleicht hat wenigstens die Sprache den Glauben an den Geist.«

3. August

Wenn Oleg kommen würde, würde ich ihm sagen: Erhole dich, und dann: Könntest du bitte die Bücher in Ordnung bringen, besonders im Regal mit unseren Belegexemplaren? Ich habe alles durcheinandergebracht, Schubinsky und ich schrieben den Kommentar zu deinen Gedichten, ich musste immer wieder etwas nachschlagen. Du wirst sehen. Ein paar Fragen sind immer noch offen, ich zeige es dir später. Und dann fahren wir in die Pfalz, und du wirst vielleicht das Buch »Leningrader Kindheit um 1960« schreiben, das du schreiben wolltest und von dem ich so wollte, dass du es schreibst, und du bist stattdessen gestorben.

Ich würde auch sagen: Stirb bitte nicht noch einmal. Ohne dich zu leben, war schlimm.

4. August

Emmanuel Lévinas über den Tod: »Ein Weggang, dem ich keinerlei Ankunftsort zuordnen kann.«

Manchmal bin ich eifersüchtig auf das, wo Oleg jetzt sein kann.

Die meisten Lebenden stellen sich die Toten ohne jede weitere Entwicklung vor. Als wären sie für immer so, wie sie gegangen sind, geblieben. Als hätten sie nichts Besseres zu tun, als auf uns zu warten. Und was, wenn sie uns dort vergessen? Sich verlieben? Andere Kinder adoptieren? Von anderen Eltern adoptiert werden?

»In der Totenwelt gelten diejenigen Kinder als verwaist, deren Eltern noch leben«, schreibt Robert Stripling. In seinem Freundeskreis gab es einen Suizid, der, glaube ich, einiges im Schreiben von diesen damals sehr jungen Autoren bestimmte.

An diesem Ort, an den niemand glaubt, auf den manche hoffen, vor dem manche Angst haben, an dem Ort, wo »eine noch nicht verstandene Art der Heimkehr zu den Menschen, die wir geliebt und verloren haben«, möglich ist.

> In der Flur der Seligen forschend,
> Fand er Eurydice nun, und umschlang sie mit
> > sehnenden Armen.
> Jetzo wandeln sie dort mit vereinigtem Schritte,
> > die beiden;
> Bald geht jene voran, und er folgt; bald eilet er selbst
> > vor;
> Und nach Eurydice darf mit Sicherheit Orpheus sich
> > umsehn.

Ist das Ovids böse Ironie? In dem Sinne, dass sie sich zwar treffen, aber was haben sie davon? Oder ist das eine glückliche Fügung, ernst gemeint und ein Geschenk von einem Dichter an den anderen?

Wird, nachdem ich gestorben bin, ein lebender Kollege für mich ein Gedicht schreiben, in dem Oleg und ich uns treffen?

Wird er schreiben, wie Oleg und ich dreimal versuchen, uns zu umarmen, und dreimal nur die Luft zu greifen bekommen und die eigenen Arme um den eigenen Leib schlagen, wie Odysseus und seine Mutter, wie Aeneas und sein Vater, wie Dante und sein Jugendfreund Casella?

1. September

W. H. Auden schrieb in einem seiner berühmtesten Gedichte vom Anfang des Zweiten Weltkrieges, »1. September 1939«: »We must love one another or die.« (Wir müssen einander lieben oder sterben.) Später korrigierte er diese Zeile: »We must love one another and die.« (Wir müssen einander lieben *und* sterben.) Denn sterben müssen wir in jedem Fall, und wenn schon, dann lieber liebend als hassend.

4. September

Das Wissen, dass es keinen Sinn gibt, macht das Leben erträglicher.

5. September

Traum: Wir (zuerst ich, unwissend, dass Oleg auch da ist) in einer sehr großen und verzweigten Wohnung. Die Gastgeberin bereitet etwas vor, an dem viele, die da sind, teilnehmen werden. Ich will einen Blumenstrauß, den ich mitgebracht habe, der Gastgeberin bringen, die gerade in einem entfernten Zimmer etwas mit einigen Gästen bespricht, aber ich will die Blumen im Badezimmer mit kaltem Wasser bespritzen. Aus dem Hahn läuft nur warmes Wasser, da merke ich, Oleg steht unter der Dusche, das Wasser ist kalt. Ich frage ihn, wie er das geschafft hat, kaltes Wasser zu bekommen, und ob ich kurz meine Blumen unter das Wasser halten darf, dann sage ich, dass ich gleich zurückkomme, nur die Blumen der Gastgeberin bringe. Wir beide wissen, dass das sehr wichtig ist, weil die Gastgeberin unser Treffen hier ermöglicht. Ich gehe zur Gastgeberin und stelle mir vor, wie ich zurückkomme und Oleg umarme und dass wir von da an wieder zusammen sein werden. Ich wurde wach mit dem Gefühl der Trennung.

Erstaunlicherweise ist es mir gelungen, wieder in denselben Traum einzuschlafen; Oleg und ich waren wieder im selben Raum, wo uns nun jemand fotografierte und dann das Foto zeigte: Wir standen nebeneinander, im Hintergrund waren Bücherregale unserer Petersburger Wohnung, auch Zeichnungen und Fotos mit uns, die zu verschiedenen Zeiten gemacht wurden, ich sagte: Das ist fraktal, und fragte mich, ob »fraktal« ein passendes Wort sei, und wurde wieder wach, mit demselben Gefühl der Trennung, das mich den ganzen Tag begleitete, auch am nächsten Tag.

1. Oktober

Selbst der so gepriesene Tod im Schlaf.

Selbst friedliches Entschlafen im Kreis der Familie nach dem gegenseitigen Segnen.

Der Verstand kann keinen Tod als »normal« empfinden. Alles, was an den Umständen des Todes die Hinterbliebenen quält, quält sie zu Recht. Aber es gibt keine theoretische Möglichkeit, dass der Tod als etwas richtig Stattgefundenes empfunden wird. Auch wenn besonnene oder erhabene letzte Worte gesagt wurden.

Die Stunden, nachdem die Ärzte gegangen sind, nachdem eine junge Polizistin gekommen war, weil das die Regel ist, wenn ein Mensch zu Hause stirbt und bei Ankunft der Ambulanz klinisch tot ist. Oleg lag im Schlafzimmer, und ich saß im Flur auf dem Hocker, und die Polizistin sagte, ich dürfe nicht in seiner Nähe sein, bis der Gerichtsarzt kommt. Wie unmenschlich ist das, einen Menschen, der gerade vor diesem Verlust steht und vor diesem Abgrund, zu sagen, nein, Sie dürfen nicht in seiner Nähe sein, und so vergingen Stunden. Daniel und ich saßen dann in einem anderen Zimmer. Und ich ab und zu wieder auf dem Hocker im Flur. Der Kriminalarzt war viel menschlicher als die Polizistin. Wie auch die Leute aus der »Pietät«. Ich küsste ihn zum letzten Mal. Es war eine kurze, aber sehr klare Vorstellung, dass ab jetzt alles nicht mehr mit diesem Körper verbunden sein wird, sondern mit dem Neuen und Unbekannten. Völlige Passivität dieses Unbekannten, die Schutzlosigkeit.

Was ich eigentlich schreiben wollte: Obwohl ich jeden Tag die Umstände von Olegs Tod vor mir oder in mir habe: Dass ich nicht da war, dass ich nicht sofort ins Zimmer durfte, dieses dumpfe Warten – was ändert das. Die Vorstellung von einem harmonischen Tod, alle haben es geschafft, sich zu verabschieden. Wird der Tod dadurch weniger »Skandal« (»Jeder Tod ist ein Skandal«, Lévinas)? Für mich, ungeachtet der langen Krankheit, war Oleg aus der Mitte des Lebens herausgerissen. Wir waren mitten in unserem Leben, wir waren bis zum letzten Tag eng verbunden, und dieses Band wurde abrupt abgerissen. Schmerzt das weniger, wenn das Band sanft und langsam gelöst wird? Ist so etwas überhaupt möglich? Ist Abschied von einem Lebenden möglich? Dieser Tod ist das letzte Ereignis unseres Zusammenseins, ich bleibe auf eine Weise für immer bei diesem Moment, weil er das Bindeglied zwischen uns ist.

2. Oktober

Der Tod des Anderen (meines Anderen, nicht nach Lévinas, sondern nach den Gesetzen der persönlichen Trauer) hinterlässt eine Wüste. Trauer ist wie eine Einsiedelei, wenn auch mitten im Treiben des Lebens. Die Wüstenväter haben es in der wirklichen Einöde einfacher. Als wirklicher Einsiedler kann man viel menschenfreundlicher sein, der Grundsympathie für alle Menschen stehen Menschen nicht im Wege. Lévinas: »Von ihrem Beginn an ist die Philosophie vom Entsetzen vor dem Anderen ergriffen, von einer unüberwindlichen Allergie.«

3. Oktober

Barnes: »Es gibt im Wesentlichen zwei Arten von Einsamkeit: dass man niemanden gefunden hat, den man lieben kann, und dass einem der Mensch genommen wurde, den man tatsächlich geliebt hat. Die erste Art ist schlimmer.«

Ich würde den zweiten Fall nicht Einsamkeit nennen. Trauer ist keine Einsamkeit. Einsamkeit ist keine Trauer. Auch Barnes ist dieser Unterscheidung auf der Spur: »›Das Heilmittel gegen Einsamkeit ist Alleinsein‹, rät Marianne Moore.«

4. Oktober

Psychologen sprechen von einem erweiterten »Ich«: Der Andere wird in einer Partnerschaft in allem, was man sich überlegt oder vorhat, mitgedacht. Ebenso kann die Trauer immer mitgerechnet werden.

6. Oktober

Roland Barthes in »Tagebuch der Trauer«: Er sehe nach dem Tod der Mutter keinen Sinn mehr im Fortleben in seinen Büchern, »keine Lust auf ein ›Denkmal‹« für sich allein.

Andererseits sei »Denkmal« eine nicht eindeutig bestimmbare Sache. »Weil sie nicht geschrieben hat«, hänge die Erinnerung an seine Mutter ganz von ihm ab, sagt Barthes und meint mit »Denkmal« nicht etwas Dauerhaftes, eher den Willensakt zu Die-Toten-nicht-Loslassen.

Ich kann nur über meine Trauer schreiben. Oleg *hat geschrieben*. Alles, was er bekannt geben wollte, hat er. Sein Werk *ist* er. Und meine Trauer ist bloß meine Trauer.

Joan Didion schrieb »Das Jahr magischen Denkens« nach dem Tod ihres Mannes, John Gregory Dunne, der Schriftsteller war, also *geschrieben hat,* und also hing die Erinnerung an ihn nicht von Joan Didion ab. »Das Jahr magischen Denkens« ist ein Buch über die Trauer. Als ein Jahr später ihre Tochter starb, schrieb sie »Blaue Stunden«, das von ihrer Tochter spricht, also steht nicht die Trauer, sondern der betrauerte Mensch im Fokus.

Es gibt Trauerbücher, die über die Trauer sprechen (»A Grief Observed« von C. S. Lewis; »Der Verlust der Tiefe« von Julian Barnes), und solche, die versuchen, für die Toten einen Raum zu schaffen. So ist »Tonio« von A. F. Th. van der Heijden, nicht nur ein »Requiem« (wie er es nennt), sondern auch ein Raum für seinen mit 21 Jahren tödlich verunglückten Sohn. Ebenso das »Buch über Anna« von Michail Ryklin.

Simone de Beauvoir berichtet in »Die Zeremonie des Abschiedes« von Sartres letzten zehn Jahren, sie verwendet ihre Tagebücher und kann sagen, was an welchem Abend getrunken wurde, wer zu Besuch kam, welche Weltgeschehnisse aufregend waren, aber das Hauptmotiv ist: Wie Sartre nach und nach von seinem Körper verraten wurde, wie alles zu versagen begann, das Augenlicht, das Gedächtnis, die Nieren, die Beine, das Gleichgewicht. Dass es um Sartre geht, ist letztendlich nicht wichtig, er geht *hin den Weg aller Welt*. Jeder, der die Krankheit eines geliebten Menschen begleitet hat, findet in diesem Buch viel Vertrautes. Simone de Beauvoir schließt es mit den Worten ab: »Sein Tod trennt uns. Mein Tod wird uns nicht wieder vereinen. So ist es nun einmal. Schön ist, dass unsere Leben so lange harmonisch vereint sein konnten.« Das würde ich nie sagen können. Niemand ist harmonisch vereint. »Harmonisch« ist das Leben nie. Und »lang« waren Olegs und meine gemeinsamen 37 Jahre nicht. Wären sie auch nicht gewesen, wenn uns noch diese 14 Jahre gegeben worden wären, die uns bis zu den 51 Jahren fehlen, die Beauvoir und Sartre miteinander waren.

6. Oktober 2020–2022
Was hat Orpheus falsch gemacht?

Von der Trauer zu sprechen, bedeutet, eine Schamschwelle zu überschreiten. Man sucht nach Umwegen. In Barthes' »Die helle Kammer« wird die Trauer hinter den Versuchen über Fotografie versteckt. Julian Barnes spricht in einem Drittel seines Trauerbuchs über die Luftballonfahrt, die aus derselben Aufbruchsstimmung des Fortschrittes wie die Fotografie geboren wurde.

Wenn es um die Trauer geht, misstraut Roland Barthes der Fotografie, sie ist für ihn heimtückisch wie Träume: Wenn er von seiner toten Mutter träumt (»und ich träume nur von ihr«), bleibt dasselbe qualvolle »›Das ist sie beinahe!‹ übrig wie beim Betrachten ihrer Fotos: Das *Beinahe*: schreckliche Herrschaft der Liebe und zugleich trügerisches Gesetz des Traums – darum hasse ich Träume.« Julian Barnes hingegen sagt: »… die Träume sind immer eine Quelle des Trosts.« Für mich auch.

Schwer zu sagen, warum. Uns wird etwas gegeben und gleich weggenommen. Das sollte enttäuschend sein, *qualvoll*. Trotzdem.

Barnes: »Manchmal lasse ich sie wissen, nachdem ich das Licht ausgeschaltet habe, dass sie schon länger nicht mehr in meinen Träumen erschienen ist, und oft kommt sie daraufhin zu mir (besser gesagt, ›sie‹ ›kommt zu mir‹ – ich denke nie auch nur eine Sekunde lang, dass das alles nicht aus mir selbst heraus entstanden sei).«

Am Geträumten nimmt man teil, und zugleich nimmt man daran nicht teil. Manchmal schwebt man beim Aufwachen zwischen diesen beiden Quasihandlungen und weicht doppelt von sich selbst ab: Im nicht ganz »Ich« des Traums und im nicht ganz »Ich« des noch nicht wachen Menschen. Und manchmal – wenn wir lesen, ein Bild betrachten, Musik hören – geraten wir in diese Zwischendimension: teilnehmen und nicht teilnehmen.

Daraus entsteht das Interesse vieler Künstler für Träume. Obwohl wir alle wissen, dass es kaum etwas gibt, das mehr langweilt als die Träume der anderen. Ein Traum verhält sich zu einem Kunstwerk wie ein wilder Obstbaum zu seinem kultivierten Vetter. Als Bruder des Traums ist der Tod auch mit der Kunst vervettert.

So gesehen ist jede Kunst »Agent des Todes«, wie Roland Barthes die Fotografen nennt, gerade deshalb, sagt er, weil sie das Leben aufbewahren wollen.

Die Höhlenmenschen waren genauso verblüfft von dem an der Höhlenwand gefangenen Hirschen wie ihre Nachkommen im 19. Jahrhundert von der Lokomotive, die die Brüder Lumière samt Perron und Passagieren in ein Pariser Café brachten. Sie sind alle längst tot, der Herr mit Schnurrbart, die Dame mit dem Hut, der Typ mit Fliege und Schirmmütze, der an einen Zuhälter aus irgendeiner Novelle von Guy de Maupassant denken lässt, ihre *sacs de voyage* sind längst vermodert. Was könnte einen heutigen Menschen so stark beeindrucken wie diese Lokomotive die ersten Zuschauer? Mit einem Mausklick kann ich sie alle auf diesem Bahnsteig zu ihrem Scheinleben auf dem Bildschirm meines Laptops erwecken. Milliarden von Fotos werden jeden Tag geschossen und auf Social Media zur Schau gestellt.

Sowohl Roland Barthes als auch Julian Barnes sprechen vom legendären Fotografen Nadar, dessen Sarah Bernhardt, Baudelaire, Flaubert, George Sand, hat man sie einmal gesehen, für immer *die* Sarah Bernhardt, Baudelaire, Flaubert, George Sand bleiben.

Ich musste dabei an ein Foto von Oleg denken: Er sitzt im Sessel und liest ein Buch, auf dem Umschlag steht: »Adorno – Benjamin. Briefwechsel«. Dieses Gesicht des lesenden Oleg kannte ich 37 Jahre: vollständig auf das

Buch konzentriert, ruhig, etwas abwesend, aber zugleich sehr präsent. Hier ist nicht nur er am Tag des Fototermins, nicht nur er in seinen späten Jahren, das ist er, wie ich ihn immer kannte. Das ist eine Tatsache, die weder tröstlich noch enttäuschend ist. Das ist einfach eine Tatsache, die nichts daran ändern kann, dass es diesen Oleg nicht mehr gibt. Obwohl das kein Trost ist, will ich, dass es dieses Foto gibt. Der Verlust dieses Fotos würde mich verletzen.

Als Oleg im März 2015 die Anfrage für das Interview bekommen hat, für das das Foto gemacht wurde, bat ich ihn zuzusagen, weil ich andere Bilder von Stephan Jockel, der diese Reihe als Fotograf begleitete, kannte.

***

»Ich spreche nur von mir. Ich kann nicht von ihr sprechen, sagen, wie sie war, kein überwältigendes Porträt von ihr liefern (wie Gide von Madeleine)«, schreibt Roland Barthes, und ich, wenn ich das lese, freue mich, dass er kein Porträt seiner Mutter hinterlassen hat: Was, wenn daraus statt der sanften, gütigen und bescheidenen Erscheinung, die wir hinter seinen spärlichen Andeutungen erahnen, ein überforderter und verdrossener Mensch werden würde, wie Gides Frau Madeleine Rondeaux in seinem »Et nunc manet in te«. »Et nunc manet in te« (»Und nun verbleibt es in dir«) ist überhaupt ein treffender Wappenspruch jeder Trauer. Alles, was zu Lebzeiten nicht geklärt wurde, verbleibt im Trauernden bis zu seinem Tod.

Gide fragt sich nicht, was Orpheus falsch gemacht hat. Er gibt Eurydike die Schuld: »Immer zögert eine Frau, wird unruhig, fürchtet, sich zu verlieren und mit ansehen zu müssen, wie der Faden reißt, der sie mit ihrer Vergangenheit verbindet. [...] Sie bringt Orpheus dazu, sich umzuwenden. Sie hat Angst.«
Gides Orpheus unternimmt einen verzweifelten Versuch, die Schuld an Eurydike weiterzuleiten.

Gide »liefert das Porträt« seiner Frau, das ein Katalog ihrer Fehler ist. Sie habe ihre schönen Hände verdorben, sich vernachlässigt, habe nicht mehr gelesen, sie habe ihre Anmut verloren, weil sie vor der Heirat nur so getan hätte, als wäre sie innerlich und äußerlich anmutig, um ihm zu gefallen ... Das klingt nach banalen Vorwürfen in vielen Ehen, und man darf zweifeln (im Gegensatz zu seiner eigenen Analyse), dass dies an seinen »homosexuellen Neigungen« lag, wie er das formulierte (zumal, aber nicht vorrangig deshalb, er zu allen möglichen menschlichen Bindungen fähig war, mit einer anderen Frau eine Tochter zeugte und liebender Vater war).

Sein »Et nunc manet in te« ist trotz allem ein Zeugnis der Liebe und Trauer.

Es gibt in der russischen Literaturgeschichte eine ähnliche Konstellation: Ein Dichter (Alexander Block) heiratet eine Frau (Ljubow Mendelejewa), die er anbetet, fast buchstäblich, im Sinne der mystischen Vorstellungen vom »Ewig-Weiblichen« oder der Sophia. Er vermeidet den sexuellen Kontakt mit ihr und geht davon aus, dass sie eine solche

Höhe der geistigen Beziehung von selbst begreift. Im Unterschied zu Gide lag der Grund nicht einmal in homoerotischen Neigungen des Mannes, seine (sehr ausgeprägte) Sinnlichkeit galt anderen Frauen. Im Unterschied zu Madeleine Gide, die sich in Frömmigkeit und Häuslichkeit einschloss, führte Ljubow Mendelejewa-Block ein selbständiges Leben einer Schauspielerin, hatte Liebschaften und gebar sogar von einem anderen Mann ein Kind, das Block zu lieben bereit war, das aber bald nach der Geburt starb. Gides Beziehung zu Madeleine endete damit, dass sie seine Briefe (die er als sein Opus magnum betrachtete) vernichtete und ihn schließlich verließ. Blocks/Mendelejewas Zusammenleben hatte seine Tiefen und Höhen und hielt bis zu Blocks Tod. Anscheinend war die Freiheit, die sich Ljubow Mendelejewa genommen hat, eine richtigere Antwort auf die unbegreifliche Situation: angebetet, aber ohne jegliche beweisbare Sinnlichkeit. Allerdings war Block über diese Freiheit seiner Frau nicht glücklich, und die innerfamiliären Spannungen beider Ehen sehen nach Allerweltsehen aus.

Höchstwahrscheinlich würden beide Ehen bei »normaleren« körperlichen Bedingungen genauso verlaufen: Madeleine würde sich »gehen lassen«, sich zu viel um den Haushalt kümmern; Ljubow Mendelejewa würde ihrer Sinnlichkeit in verschiedene Richtungen folgen (das Leben ist eine »banale Fabel«). Dabei würden die beiden Männer bei der trotz alldem intensiv durchlebten Liebe bleiben. Das sind seltsam ähnliche Geschichten. Vielleicht sind Alexander Block und André Gide auf die Spur von etwas gestoßen, das die Möglichkeit einer Bindung anderer Art wäre? Vielleicht werden posthumane Menschen einen Weg zu solchen Bindungen finden (wenn sie sich so entwickeln, wie Teilhard de Chardin und Nikolai Fjodorow für sie vorgesehen haben, was man als Priorität der Philosophie des Todes des Anderen gegenüber der Philosophie des eigenen Todes formulieren kann), und Lukrez' Liebende begreifen endlich, was sie voneinander wollen. Was wäre das? Gide versucht, das zu bestimmen: »Worin besteht also unsere Liebe, so fragte ich mich damals, wenn sie trotz des Zerbröckelns aller Elemente, aus denen sie sich zusammensetzt, weiterlebt? [...] Irgendetwas Immaterielles, Harmonisches, Strahlendes, das man wohl Seele nennen muss, wobei es auf das Wort nicht ankommt. Sie glaubte an die Unsterblichkeit; und mir täte es gut, daran zu glauben ...«

Ljubow Mendelejewa hinterließ ihre Memoiren, die keine strahlende Seele, kein »Ewig-Weibliches«, keine »Sophia« offenbaren, sondern eine ganz gewöhnliche Frau mit ihrer Eitelkeit (wie er sich um sie bemühte, welch ein modisches Kleid sie gerade hatte); mit ihrer physiologischen Kränkung, von der sie sehr offen spricht; mit ihrer Selbstbehauptung in allem. Welch ein Kontrast zu Gides Trauerschrift, in der es ihm trotz allem um das Geheimnis seiner Liebe geht, in dem er bei aller Egozentrik von der eigenen Schuld geplagt wird, wo auch der Katalog ihrer Fehler letztendlich seine Liebe ist. Hätte Block seine Frau überlebt, wäre er ebenso wie Gide von Schuldgefühlen geplagt und vom Rätsel seiner Liebe verfolgt gewesen. Und hätte Madeleine Gide überlebt? Ich vermute, dass die an die unsterbliche Seele glaubende

Madeleine genauso irdisch gekränkt gewesen wäre wie
Blocks Frau.

Welche zukünftigen Flügel haben die Eidechsen (Gide
und Block) gespürt? Irgendwelche bestimmt, wenn sie
auch weiterhin Eidechsen (also Menschen) blieben, mit
allen den Eidechsen eigenen Macken. Nur den Schmerz
der sich meldenden Flügelkeime haben sie zu spüren bekommen.

6. Oktober
Barthes konnte »nur von sich sprechen« und »kein überwältigendes Porträt von ihr liefern (wie Gide von Madeleine)«.
Aber auch Gide konnte nur von sich sprechen. Und ähnlich
ist es in allen mir bekannten Trauerbüchern.

Peter Handke »liefert« mit »Wunschloses Unglück« tatsächlich ein Porträt seiner Mutter, auch wenn er gesteht, dass
das eigentlich nicht möglich ist. Bei allem starken »Ich«
spricht dieses Buch nicht über die eigene Trauer und ist so
gesehen kein Trauerbuch. Das ist ein Protest gegen die Ver-
geblichkeit des Lebens, die manchmal am Leben des gestorbenen nahen Menschen mit ganzer peinigender Schärfe zu
sehen ist.

8. Oktober
Van der Heijden erzählt in »Tonio«, dass er mit seiner Frau
die Möglichkeit bespricht, noch ein Kind zu bekommen (das
wäre ein spätes Kind, die moderne Medizin verschiebt Grenzen). Sie entscheiden sich dagegen.

Manche Eltern empfinden das als Verrat am gestorbenen Kind, für die anderen ist das hingegen das Zeichen der Liebe zu ihm und Würdigung seines Seins. Dazu gehöre natürlich auch das Risiko, noch ein Kind zu überleben. Hatte man dieses Dilemma früher, als Familien groß waren und der Tod selbstverständlich zum Alltag gehörte? Hiob werden andere Kinder gegeben als die, die ihm genommen wurden, aber das wird als perfekte Wiedergutmachung dargestellt oder gedeutet.

9. Oktober

Als N. mit Ende fünfzig gestorben war, empörte sich ihr Mann, W. (der Mitte sechzig war), über einen Nachruf, wo sich jemand an die erste Begegnung mit N. erinnert und sie als eine »hübsche Frau« bezeichnet. »Was soll das?«, sagte W. »Sie war nicht ›hübsch‹, sie war eine Schönheit!« Das ist wahr, N. war eine Schönheit. Ein böszüngiger Literaturkritiker lästerte in einem Essay, er könne nicht verstehen, wie N. ihren ersten Mann, einen genialen Schauspieler, wegen eines mittelmäßigen Schriftstellers verlassen konnte, was W. gegenüber ungerecht war.

N. war während ihrer langen Krankheit vom Gedanken gequält, W. würde ohne sie nicht zurechtkommen. Als es mir einmal nicht gut ging, sagte N.: »Hab keine Angst, Oleg wird schon jemanden finden. Ein Mann findet immer jemanden.« So hat sie sich selbst getröstet.

In der Tat heiratete W. drei Jahre nach ihrem Tod wieder. Bald darauf erkrankte er ernsthaft und – wie seine zweite Frau nach seinem Tod erzählte – glaubte, seine Krankheit sei die Rache von N. aus dem Jenseits. Er habe zuerst an N.s

Grab gebeten, dass sie ihn in Ruhe lasse, dann sei er auf N. wütend geworden und habe sie Hexe genannt. (Als wollte er von der Toten wegfliehen, wie Izanagi von Izanami.) Ich würde vorziehen, all das der Phantasie seiner zweiten Frau zuzuschreiben.

Novalis hatte einen komplizierten Haushalt zwischen Dies- und Jenseits und der Sinnlichkeit hier und der erhofften anderen Sinnlichkeit dort (»Ich habe zu Söfchen Religion – nicht Liebe«).

W. war bei N.s Tod vierzig Jahre älter als Novalis, dem seine Braut gestorben war. Aber von innen heraus betrachtet ändert das nicht viel.

Und die Toten? Sie haben keine Möglichkeit, ihrer Loyalität Ausdruck zu verleihen.

10. Oktober 2020–2022
Orpheus und das Leben (5)

1. Der Tod; 2. die Geburt; 3. die erotische Erfahrung – sind drei Breschen in eine andere Dimension: In letzterem Fall bleibt das am häufigsten unbemerkt (asymptomatische kosmische Berührung). Im ersten wird es am häufigsten bemerkt (Lakota, Xenia von St. Petersburg).

Während nur wenige Menschen Unbehagen in der Nähe einer Geburt oder einer Verliebtheit empfinden, ist die Angst vor der Trauer genauso verbreitet wie die Trauer selbst. Ob sich der Tod, die Trauer und die Angst vor den beiden versöhnen können? Vielleicht in Städten wie Neapel oder St. Petersburg. Ihre Eingeborenen gewöhnen sich daran und merken nicht, dass sie auf der Schwelle zur Totenwelt balancieren.

Canetti, der als Siebenjähriger den Tod seines Vater erlebte und als Siebenundsechzigjähriger Vater wurde: »So hast du früh einen Tod und spät eine Geburt erlebt. Das ist es, was dich ausmacht, der Zwischenraum zwischen beidem, sechzig Jahre.«

Alexander Wwedenskij (1904–1941, neben Daniil Charms ein großer Dichter des Absurden, der im Unsinn das Werkzeug für die Ergründung der per Definition unergründlichen Welt sah) formuliert in einem Notizheft den Zusammenhang eines erotischen Geschehens und der Ahnung von der Transzendenz: Jedes Mal, wenn er einer Frau eine Liebeserklärung abgibt, knurre ihm der Magen oder werde die Nase verstopft. Weil er nervös werde. Aber warum nervös?, fragt er (er war ein Frauenliebling, die Option, abgelehnt zu werden, war eher unwahrscheinlich) und antwortet: »ein Geschlechtsakt oder etwas in der Art ist ein Ereignis. Ein Ereignis ist etwas für uns Neues, Jenseitiges. Es ist zweiweltlich. Wenn wir darin eintreten, treten wir quasi in die Unendlichkeit ein. Aber wir eilen bald nach draußen. Also empfinden wir das Ereignis als Leben. Und sein Ende als Tod. Nachdem es vorbei ist, ist wieder alles in Ordnung, weder Leben gibt es noch Tod.«

Frühjahr 2022. Der Krieg in der Ukraine

Alexander Wwedenskij siedelte in den 1930er Jahren nach Charkiw zu seiner Frau über, wo er kurz nach dem Überfall Nazideutschlands auf die Sowjetunion 1941 wegen »Defätismus« verhaftet wurde und unterwegs ins Lager unter ungeklärten Umständen umgekommen ist. Genauso wie sein Freund Daniil Charms, der im belagerten Leningrad im Gefängnisspital verhungert ist, ist Wwedenskij der vereinten Macht von Stalin und Hitler zum Opfer gefallen. Wwedenskijs Stiefsohn, ein alter kranker Mensch, der als Kind den Überfall Nazideutschlands überlebt hat und sich immer hingebungsvoll um den Nachlass seines Stiefvaters kümmerte, befindet sich momentan (Frühjahr 2022) im von den russischen Truppen bombardierten Charkiw. Der Petersburger Dichter Valery Schubinsky bleibt mit ihm in E-Mail-Kontakt, der alte Mann antwortet auf die besorgte Nachfrage: Danke, ich sage nur eines, man beschießt uns, trifft aber nicht, der Alltag ist im Großen und Ganzen in Ordnung.

In der Nähe des Todes zuckt die andere Zeit. Nicht, dass sie selbst zuckt, sie ist erstarrt, aber die gewohnte Zeit zieht und zerrt an einem, deshalb dieses Zappeln.

Orpheus und das Leben: Gefühlt ist man mitgestorben. Das Leben lächelt spöttisch.
David Grossman: »Die vergehende Zeit schmerzt.«

Die Zeit der Trauernden, die so anders ist als alle Naturgesetze (in der vielfach geschwächten Form ist das auch das Zucken der Zeit in der Nähe der Geburt und bei der erotischen Erfahrung).

11. Oktober

Traum: Oleg kommt zurück aus dem Tod. Wir beide wissen, dass er nicht mehr tot ist. Ich bin in freudiger Aufregung, überlege mir die Schritte, was ich als Erstes machen werde. Im Bürgeramt gültige Papiere besorgen, seine Mutter anrufen (zuerst ich, um sie sanft vorzubereiten), ins Krankenhaus fahren und Medizin holen.

Ich war danach lange Zeit mit diesem Traum im Kopf unterwegs.

11. Oktober 2020–2022
Trauer als Metapher

»Reise nach Petuschki« (1970) von Wenedikt Jerofejew (1938–1990) ist vielleicht das beste Prosawerk der spätsowjetischen Jahre, eine radikale Absage an die spießige spätsowjetische Ästhetik. Der Held ist ein alkoholisierter Intellektueller, deklassiert und unfähig (auch unwillig), mit der »normalen« Welt »normaler« Bürger zu tun zu haben. Es geht nicht um den Widerstand gegen die Sowjetmacht, und es ist nicht von Bedeutung, dass diese »normalen« Bürger sowjetische Bürger sind. Jerofejews deklassierter Held, Wenitschka, »flaniert« gegen das Spießertum. Eigentlich fährt er mit dem Zug von Moskau ins Städtchen Petuschki, flaniert im Zug, der zu einer fahrenden Stadt wird, von Menschen bewohnt, die keinen Platz im Leben finden.

Wenitschka erklärt sich selbst durch das in Russland berühmte Bildnis einer trauernden Frau: »... habt ihr zum Beispiel ›Das unstillbare Leid‹ von Kramskoj gesehen? Natürlich haben sie. Also hätte in diesem Moment eine Katze etwas, sagen wir, eine Schale aus Sevres Porzellan heruntergestoßen oder einen undenkbar teuren Peignoir zerrissen – würde diese Fürstin, diese Matrone nun ausrasten und mit Händen fuchteln? Nie im Leben, weil all das für sie jetzt Quatsch ist, sie jetzt – und sei es für einen Tag oder drei Tage – ›über allen Peignoirs und Katzen und allerlei Sevres‹ ist!
Was nun? Ist diese Fürstin langweilig? Sie ist furchtbar langweilig, wie könnte sie nicht langweilig sein! Ist sie leichtsinnig? Im höchsten Maße leichtsinnig!
So bin auch ich. Habt ihr nun begriffen, warum ich trauriger als alle anderen Säufer bin? Warum ich leichter als alle Idioten bin, aber auch finsterer als jeder Dreck?«

Wenitschka sagt nicht, um wen die Frau trauert. Iwan Kramskoj (1837–1887) begann das Bild nach dem Tod seiner Söhne und arbeitete daran vier Jahre. Er wollte das Bild, die eigene (und seiner Frau) Trauer, nicht verkaufen, sondern dem Kunstsammler Tretjakow für seine Galerie schenken, doch Tretjakow bestand darauf, dass das Bild bezahlt wird.

Wenitschka begründet mit diesem Vergleich seine Eigenart: »Bei anderen, ich weiß, passiert es, wenn jemand plötzlich stirbt, wenn der allerwichtigste Mensch auf der Welt stirbt. Aber bei mir ist das ewig so! – wenigstens das sollt ihr verstehen.«

In seinem Flanieren durch den Zug »Moskau – Petuschki« trifft er eine »Frau, schwarz bekleidet«, »ganz wie von dem Bild ›Das unstillbare Leid‹« und will ihr etwas Bedeutendes sagen, aber es kommt nur zu beiderseitigen unwirschen Beleidigungen. Denn das Leben ist unvereinbar mit diesem Zustand, der bei Jerofejew durch die Trauer metaphorisiert wird. Aus demselben Grund, warum Orpheus' Hölle in der Kunst des 20. Jahrhunderts ins Diesseits geholt wird, werden erhabene Gefühle nur in der persiflierten Form vermittelbar. Nur einem deklassierten Wenitschka kann man abkaufen, dass er echten Schmerz, echtes Mitgefühl, echte Sehnsucht hat. Die wirkliche Tragik der Welt ist manchmal nur mit Vulgarität erfassbar.

In »Reise nach Petuschki« wird durch den Zug flaniert, wie in Baudelaires Gedichten durch die Stadt. Beide schreiben in der Solidarität mit dem Abnormalen.
Auch bei Baudelaire sind trauernde Frauen die Hieroglyphen für die Abgeschiedenheit von der übrigen Welt. »A une Passante« (An eine, die vorüberging): eine flüchtige Begegnung mit der Frau in »hoheitsvollem Schmerz«, schneller Blick und Bedauern, dass sie sich nie mehr treffen, in einer Ewigkeit vielleicht.
Der Flaneur hier scheint sich mit dem Gestorbenen zu identifizieren und mit dessen Stimme die Frau anzusprechen: »o du, die ich geliebt hätte, o du, die es wusste!« Man kann das natürlich als die flüchtige Begegnung der

Blicke mit dem blitzschnellen Begehren deuten. Vielleicht aber anders: Der Mann imaginiert diese Frau, deren trauernde Gestalt ihn erotisch reizt, als *seine* Witwe. Wenn bei Poe ein Lebender die Antwort des Raben bekommt, dass er niemals (»nevermore«, »jamais«) seine tote Geliebte sehen würde, ist bei Baudelaire das womöglich der tote Geliebte selbst, der seiner lebenden Gefährtin sagt, sie würde ihn niemals (»jamais«, »nevermore«) sehen (oder doch in einer Ewigkeit?).

Vielleicht will jeder Dichter einmal seinen »The Raven« schreiben. Und vielleicht verfasste Poe seine theoretische Abhandlung darüber, wie man einen »The Raven« schreibt, um mögliche Nachahmer und Konkurrenten (auch die zukünftigen) auf die falsche Fährte zu locken. Denn es ist klar: Solche Gedichte werden nicht nach Rezepten geschrieben. Baudelaire (der Poe zu seinen Lehrern zählte und ihn auch übersetzte) lässt sich nicht täuschen und verwandelt das eindringliche Rabenkrächzen in einen flüchtigen Blick.

Trauer als Hippokrene, die Quelle der Dichter, die von Pegasus' Hufschlag im Fels geöffnet wurde. Nicht weil Trauer *interessant* wäre, sondern weil sie die Wirklichkeit in Frage stellt.
Einem Trauernden kommt die Welt wie eine schnell gefertigte Pappdekoration vor. Meistens täuscht diese Dekoration mühelos die Sinnesorgane, und nun, wenn die übliche Selbstfixierung aufgehoben wird, merkt man den Schwindel (der Schleier der Maya wird fadenscheinig).

Dantes Dichterwerk (beginnend mit »Vita nova«) verweist auf eine solche Quelle: Sein Held, Dante der Weltenwanderer, entringt mit der Kraft der Trauer dem Universum die Beatrice, die zuerst die Frau eines anderen und dann tot ist. Aber sein Weltenwanderer Dante bekommt die Beatrice ebenso wenig wie Orpheus seine Eurydike (also gar nicht), so sind die Spielregeln.

Der Präraffaelit Dante Gabriel Rossetti wurde von seinem Vater mit so einem Vornamen ausgestattet, damit ihm nichts anderes übrigblieb, als seine 1862 gestorbene Frau mit Beatrice zu identifizieren. Rossettis berühmtes Bild »Beata Beatrix« zeigt eher ein totes Gesicht, das bereits zu verwesen anfängt, als eine strahlende Seele. Eine Frau aus Fleisch und Blut stirbt realer als eine Vision.
In der zwischenweltlichen Schwebe der akuten Trauer hat er seine Gedichte zusammen mit seiner Frau beerdigt (»... weil all das für sie/ihn jetzt Quatsch ist, sie/er jetzt – und sei es für einen Tag oder drei Tage – ›über allen Peignoirs und Katzen und allerlei Sevres‹ ist!«). Sieben Jahre später holt er die Gedichte aus dem Grab zurück (sie sollen von ihren roten Haaren umflochten worden sein, die im Grab weitergewachsen seien).
Viel Nahrung für die Imagination: Wie er die zerfallenden Blätter mit den abgelösten roten Strähnen, die vom fremden Leben wimmeln, desinfiziert und das kleine fremde Leben beseitigt, wie er die verschwommenen Zeilen entziffert (He? Bist du ein Buchstabe oder ein zerdrücktes Würmchen?), wie die Seiten, die Spuren ihrer Körperlichkeit tragen, die entsetzende Lust erwecken (der Ekel, den Izanagi verspürte, nachdem er Izanami mit der Fackel beleuchtete,

erwacht mit). Aber das hat schon kaum etwas mit der akuten Trauer zu tun. Das Leben ist bereits in den sterilen Raum der Trauer eingedrungen. Die Zeit ist wieder in Bewegung. Hat er sich eingeredet, seine Frau würde sich wünschen, dass er seine Gedichte rettet? Barnes: »Die Fähigkeit, so weiterzuleben, wie sie es gewollt hätte (obwohl das ein heikles Terrain ist, auf dem sich Leidtragende leicht einen Freifahrtschein ausstellen können).«

Ted Hughes: »Das ist das Ende meines Lebens. Was bleibt, ist posthum«.
Man steht am liebsten gar nicht auf, rührt sich am liebsten gar nicht, und wird ins Leben hineingezogen, wie ein Schwimmer im Meer von einer großen Welle mitgetrieben wird. Das macht die Sache nicht einfacher, das Leid nicht geringer.

Selbst Orpheus, der Eurydike zum zweiten Mal an die Perfidie der Götter verloren hatte, stand nach sieben Tagen auf (Dante Gabriel Rossettis sieben Jahre; sieben Jahre Puschkins Witwe), lebte weiter, liebte Knaben, sang unterhaltsame Lieder, bis ihn Mänaden zerfetzten. Aber nachdem sie seinen Kopf abgerissen hatten, flüsterten seine weißen Lippen Eurydikes Namen. Denise Riley: »Ich hoffe nur, wenn ich am Sterben sein werde, seine Präsenz zu halluzinieren.«

Novalis in einem Brief nach der neuen Verlobung: »Also zurück im Lande der Träume und nun mit voller Seele bei Euch, treffliche Mitschläfer! Jetzt kann erst rechte Freundschaft unter uns werden, wie denn jede Gesellschaft nicht aus einzelnen Personen, sondern aus Familien besteht – nur Familien können Gesellschaften bilden –, der einzelne Mensch interessirt die Gesellschaft nur als Fragment und in Beziehung auf seine Anlage zum Familiengliede.«

Der Schwimmer wird zurück an Land gespült. Er niest den Ufersand heraus, in dem es von Leben wimmelt, steht auf, geht schwankend davon, aus dem sterilen Raum der Trauer zum begrüßend schmatzenden Leben.

Im sterilen Raum der Trauer war Novalis bereit, Sophies Tod als Befreiung von der Schwere des Lebens zu sehen (»die Todesverliebtheit der Romantiker«): »Gott hat mich und Sie für die schleichende Anstekkung der Gemeinheit bewahren – er hat Sie in eine höhere Erziehungsanstalt bringen […] wollen.« Er starb kurz nach seiner zweiten Verlobung, wir wissen nicht, was aus dieser hypothetischen Ehe hätte werden können; er hatte keineswegs vor, seine Trauer um Sophie aufzugeben: »Ich habe zu Söfchen Religion – nicht Liebe. Absolute Liebe, vom Herzen unabhängige, auf Glauben gegründete, ist Religion.« »Vom Herzen unabhängige« – weil sein Herz bereits von seiner zweiten Braut besetzt ist. Seine zweite Braut heiratete nach seinem Tod, auch sie lebte nicht lange; die Mode der Zeit war es, an Tuberkulose zu sterben, aber sie starb im Kindsbett, was auch verbreitet war. Ihr Mann heiratete ein Jahr später erneut, und die erste Tochter aus dieser Ehe wurde nach ihr benannt, Julie. Er wurde nach seinem Tod neben seiner ersten Frau Julie begraben (in der Familiengruft).

***

Eine andere Tradition der Darstellung der Trauernden als die von Baudelaire oder Jerofejew ist stärker. In Voltaires »Candide«, aber bestimmt gibt es dieses Motiv mehrmals auch woanders (einmal bin ich ihm in einer koreanischen Oper begegnet, vielleicht doch als Voltaire-Zitat): Eine Witwe, die gelobt hatte, so lange am Grab ihres Mannes zu trauern, wie das Wasser eines Baches vorbeifließt, will sich von dem Gelübde lösen und leitet den Bach um. Man findet die Konstellation lustig, die Witwe heuchlerisch. Ist sie natürlich nicht, sie hat ihre Gelübde abgegeben, als sie »über allen Peignoirs und Katzen und allerlei Sevres« war.

Es gibt Häme, die von keinen Regeln der modernen *political correctness* erfasst wird. Eher im Altertum findet man schützende Versuche, so gibt es im Judaismus ein strenges Verbot, Witwen zu beleidigen. Ansonsten wird man ihnen gegenüber schnell ungerecht und verletzend. Armen Witwen wurde das Rollenfach lästiger Schnorrerinnen eingeräumt, reiche Witwen wurden als Freiwild für Mitgiftjäger gesehen, junge Witwen waren eine bequeme Gelegenheit für eine Affäre ohne Verpflichtungen, alte Witwen sah man als langweilige Nervensägen – all das auch in beliebigen Kombinationen und gerne mit obszönen Witzen versehen. Natürlich hat sich viel geändert, und diese Rollenfächer sind in der gegenwärtigen Gesellschaft überholt. Aber eine gewisse Doppeldeutigkeit haftet an dem Wort »Witwe«. Es ist problemlos salonfähig, eine Künstler- oder Politikerwitwe als »professionelle Witwe« zu bezeichnen. Oder über eine Frau zu lästern, dass sie die anderen mit den Erinnerungen an ihren Mann behelligt.

Zwei auf der Schnelle aus dem Internet gefischte Beispiele:

Über die Witwe eines Schriftstellers: »Dass es schon unheimlich ist, wie Klischees recht haben können. Frau [...] entspricht für mich dem Klischee der Witwe, die alles für sich okkupieren möchte.«

Und:

In einer Besprechung eines Audiobuchs lobt man den Witz, mit dem eine Figur dargestellt wird, sie sei »die Inkarnation einer neugierigen, dummen Witwe, die ständig von ihrem lieben Mann faselt«.

»... die ständig von ihrem lieben Mann faselt«!

Ich bin der letzte Mensch, der sagen würde, es gäbe Wörter oder Konstellationen, die die Kunst nicht berühren darf. Ich wollte nur zeigen, wie die unbedarfte Redeweise des Rezensenten die Tatsache illustriert, dass weibliche Witwenschaft von den Errungenschaften des Feminismus ausgespart geblieben ist.

Hier ist mehr drin als Verachtung der Witwen. Das ist das übliche Problem der Trauernden (allerlei Geschlechts) mit der Gesellschaft und der Gesellschaft mit den Trauernden. Jene Witwe, die bei Voltaire den Bach umleitet, um ihre Trauer beenden zu dürfen, würde heute womöglich den Bach heimlich vertiefen, damit die anderen einsähen, dass sie immer noch das Recht auf Trauer hat.

Roland Barthes: »Die Trauer nicht zeigen [...], aber öffentlich das Recht auf die Liebes-Beziehung beanspruchen, die darin eingeschlossen ist.«

Das ist gut formuliert, aber schwer umzusetzen.

Über die Toten sprechen. Das ist das Einzige, was man gegen die Hemmung, die die anderen haben, über die fremden (manchmal über die eigenen) Toten zu sprechen, machen kann. Einfach und mit einer Selbstverständlichkeit, wie man über Lebende spricht.

»... die ständig von ihrem lieben Mann faselt ...«– so ist auch der von Mänaden abgerissene Kopf von Orpheus, der in den Fluss geworfen wurde und im Schwimmen Eurydikes Namen sang und das Leben mit seiner Klage störte.

12. Oktober
Der plötzliche Herztod wird als Zufall, als nicht unvermeidbar empfunden. Er strich quer durch die Krankheit, die wir scheinbar mehr oder weniger im Griff hatten.

14. Oktober
Beim Vergleich verschiedener Trauersituationen dachte ich an Canetti: Man heiratet eine viel jüngere Frau und denkt, man würde eine schöne junge Witwe haben. Und sie stirbt einem weg.

16. Oktober
Was hier versäumt war, bleibt versäumt.

Canetti: »Die illusorische Wiedergutmachung gegen Tote: Man kann nichts besser machen, sie wissen von nichts. So lebt jeder mit unabsehbaren Schulden weiter, und ihre Last wächst und wächst, bis man erstickt. Vielleicht stirbt man an seinen wachsenden Schulden gegen Tote.«

Wenn jemand einige Male am Rande des Todes und zurück ins Leben ist, beginnt man zu glauben, alles wäre überwindbar. Und nun: Damit leben, dass mein Wille versagt hat, sich schwächer als der Tod erwies. Das klingt wie eine dumme Anmaßung und ist es auch. Trotzdem.

Wäre ich als Erste gestorben, wäre jetzt Oleg damit beschäftigt, ob er für mich gut genug war. Du warst viel besser, als jemand verdienen kann. Hörst du mich?

»Hörst du mich?«, fragen uns unsere Toten, selbst wenn es sie nicht mehr gibt, nirgends.

17. Oktober

23. Oktober
Jemand schreibt über mich: »Olga Martynova hat 2018 ihren Mann verloren.« Was für ein Wort. Etwas zu verlieren, ist fast eine aktive Handlung, man war nicht achtsam genug, hat etwas übersehen, nicht aufgepasst.

Ich habe dich verloren. Ich war nicht achtsam genug, habe etwas übersehen, nicht aufgepasst.

9. November
Manchmal, unvermittelt und intensiv das Gefühl, dass sich der Streich zu lang hinausgezogen hat, dass du schon wieder zurück hättest sein sollen.

27. November
Der Tod des Anderen ist die eigene Niederlage.

1. Dezember
Jeder Versuch, Trauer mit anderen Wörtern zu benennen, scheitert: Schmerz, Verzweiflung, Lebensunlust, alles ist nicht das. Man sagt Schmerz, weil einem nichts Besseres einfällt.

Der Schmerz schmerzt, na ja.
    Via Wi-Fi ins Nichts.
    Ein Beispiel für Heidegger'sche Tautologie aus dem 17. Jahrhundert (Quirinus Kuhlmann): »Tod tödtet gantz das Bild vom Engel oder Mensch ...«. Die Sprache spricht, das Ding dingt, »der Tod tödtet« ... Oder nein, richtiger wäre: Der Tod ist tot, tötet nicht, sondern »totet«.

2. Dezember
Seit einiger Zeit antworte ich, es gehe mir gut, ich fände mein Gleichgewicht. Das ist eine Lüge aus Höflichkeit. Ossip Mandelstamm in einem ganz anderen Zusammenhang: »Einen tiefen Sinn gibt es im kultivierten Verstellen, in der Höflichkeit.« Gleichgewicht? Zwischen was und was? Zwischen Leben und Tod? Sie wissen nicht voneinander. (Gefühlt) kommen sie innerhalb eines Trauernden nah zueinander, was aber zu keiner Erkenntnis führt, zu keinem Gleichgewicht.

2. Dezember 2020–2022

Demeter konnte, nachdem ihr der Todesgott Hades die Tochter Persephone geraubt hatte, aushandeln, dass die Tochter einen Teil des Jahres (Winter) bei ihm bleibt und einen Teil (Frühling, Sommer, Herbst) zu ihr zurückkommt. Denise Riley schreibt, Demeter handelte eine bessere Vereinbarung aus als Orpheus, »geteiltes Sorgerecht«. Was für eine Bedeutung hat dieser Mythos außer der poetischen Erklärung der Jahreszeiten? Was hat Demeter besser gemacht als Orpheus?

Wir und unsere Toten teilen uns die Zeit, die tote Zeit, nunc stans, von der Gegenwart ausgenommene Gegenwart – und die dynamische Zeit, die man physisch fühlt, wie Wind, wie trockener Sand oder Staub, was in einem normalen Zustand unmöglich ist. Als Trauernde hat man ein physisches, nicht imaginäres Gefühl dieser Teilung. Hat Demeter das anerkannt (»geteiltes Sorgerecht«) und Orpheus seine Tote ganz aus ihrer erstarrten Zeit in die dynamische Zeit ziehen wollen?

OLEG JURJEW:

Du wachst auf, wenn sich ein bisschen Eibenknorpel
Hinterm Glas trübt und sich der Himmelskasten
Im Fenster etwas öffnet, –
Du siehst das über mich gestreute Aschenlicht:
Als fiele trockener Sand auf die Stirn, die Lider,
In die Ohrmuschel, als rieselte hier Pulver –
So mulmt die Zeit, Sekundenschläge, kleinst;
Du beugst dich, und die Schwärze beugt sich mit;

Und ich, in meinem traumlosen, tränenlosen Schlaf,
                                        spüre
Berührung und Atemhauch, nutzlos:
Nein, diese Asche haucht man nicht weg.
                Doch Glück – ist diese Zeile:
Sowohl deiner Lippen Wärme als auch die Kälte
                                deiner Lippen.

(6.5.2011)
Übersetzt von Olga Martynova

3. Dezember

Montaigne, der Mann des Maßes und Feind der Affekte, sagt über das Leben nach dem Tod seines Freundes, es sei: »… nichts als freudlose, dunkle Nacht«.

Was antwortete Montaigne auf »Comment ça va?« – »Je vais bien«? Oder wie hieß es im 16. Jahrhundert?

4. Dezember

Eine starke Grippe übernimmt einigermaßen den Schmerz, … dass Oleg die letzten Jahre jeden Tag mit dem physischen Leiden lebte, der Schwäche, der Unsicherheit.

C. S. Lewis: Es sei eine Lüge, dass der seelische Schmerz genauso stark sei wie der körperliche (in Gedanken an die Krankheit seiner Frau).

Der seelische Schmerz berührt den Körper, denn andere Rezeptoren haben wir nicht. Der körperliche Schmerz schaltet den Verstand ab.

Beim physischen Leiden mutet das Wort »Schmerz« nicht albern an.

Wenn so ein zurückhaltender Brite wie Julian Barnes »Schmerz« (pain) und »Leid« (grief) verwendet, dann ist das wohl unvermeidlich. Umschreiben kann man natürlich alles. Manchmal geht es allerdings nicht um die Vermittlung eines Zustandes, sondern um einen Namen dafür. Aber woher nimmt man diese Bezeichnung, wenn Wörter nur Notenzeichen sind und an sich nichts ausdrücken können.

5. Dezember

Der Körper glaubt nicht, dass er stirbt, dass er dazu geboren wurde zu sterben. Der Verstand kann sich, wenn nicht *vorstellen*, dann wenigstens logisch *darstellen*, dass es ihn irgendwann nicht mehr geben wird. Der sterbliche Körper fühlt sich unsterblich an. Die Seele, der Unsterblichkeit nachgesagt wird, ist sich nicht sicher, ob das stimmt. Die rein körperliche Reaktion auf eine Bedrohung ist der Punkt, wo sich der Körper und der Verstand treffen: Der Verstand gibt dem Körper die Ahnung vom Ende, der Körper gerät in Panik und reißt den Verstand mit (wie sich Jeronimo Rugera in Kleists »Das Erdbeben in Chili« um die Rettung seines Lebens bemüht, das er eine Sekunde davor sich durch einen Strick nehmen wollte: »gleich als ob sein ganzes Bewusstsein zerschmettert worden wäre, hielt er sich jetzt an dem Pfeiler, an welchem er hatte sterben wollen, um nicht umzufallen«).

6. Dezember

Philosophie befreit sich (und uns?) vom Absurden und Widersprüchlichen (?). Dichtung lebt vom Absurden und Widersprüchlichen (wir auch?).

Oder andersrum.

Lévinas: »… es scheint mir manchmal, dass die ganze Philosophie nur eine Meditation zu Shakespeare ist.«

Die ganze abendländische Philosophie ist eine Fußnote zu Platon (Alfred North Whitehead), und Platon ist eine Meditation zu Shakespeare (die Zeit der Kunst ist nicht linear).

Ich kenne auch buddhistische Auslegungen von Shakespeares Werken, die überzeugend sind.

Dichtung befreit sich (und uns?) vom Absurden und Widersprüchlichen (?). Philosophie lebt vom Absurden und Widersprüchlichen (wir auch?).

Oder andersrum.

Mit dem trauernden Orpheus sind orphische Hymnen und eleusinische Mysterien verbunden. Die Mysterien von Eleusis waren der trauernden Mutter, Demeter, gewidmet. Jede Mutter, die ihre Tochter verliert, ist Demeter, aber ohne die zweite Hälfte des Mythos. Um irdische Trauernde ist immer Winter.

Zuerst war der Tod des Anderen der Spiegel des eigenen Todes. Gilgamesch aus dem mesopotamischen Epos begreift die Sterblichkeit, als er im Nasenloch seines toten Freundes Enkidu den Wurm sieht. Die Angst vor dem verwurmten Körper überwindet die Trauer und verschiebt den Fokus auf den eigenen Tod.

Izanagi flieht vor der vermoderten Izanami.

Gilgamesch begibt sich in die Unterwelt, aber nicht, um seinen Freund herauszuholen, sondern um der eigenen Unsterblichkeit willen. Er scheitert zwar, nicht einmal die ewige Jugend kann er bekommen, weil ihm eine Schlange die Zauberpflanze stiehlt, will aber mit seinen großen Taten wenigstens für seinen Namen Unsterblichkeit erlangen. Was ihm dank Keilschrift und Tontafeln auch gelingt. Seit man sumerisch-akkadische Schriften entziffert hat, ist er wieder bei uns. Geburt der Schriftkultur aus der Todesangst.

Der Tod des Anderen als Anfang der Dichtung. Das Ausmaß von Achills Trauer um Patroklos ist mit Homers Hexameter gemessen.

Hubert Fichte in seinem Essay über die »Ilias« verbindet den Anfang der Poesie mit der gleichgeschlechtlichen Liebe: »Der erste große ganze Liebesroman der Weltliteratur ist eine Liebesgeschichte unter Männern, wie vorher – in Bruchstücken – *Gilgamesch* und *Enkidu*, kurz in der Bibel David und Jonathan.« Alle diese Beispiele sind zugleich die ersten Zeugnisse der Trauer in der Weltpoesie. Das passt zusammen. Trauer ist ein Ausnahmezustand. Homoerotik – wie Fichte sie auffasst – auch, Homosexualität als Ausnahmezustand und folglich Privileg der Götter: »Homosexualität sei gegen Gott gerichtet, warum, vergessen Okzident und Orient zu formulieren, und der Gläubige mag fragen: Wenn Gott alles geschaffen hat, muß er doch auch die Männerliebe geschaffen haben.

Homer gibt uns einen Hinweis: Homosexualität ist das Privileg der Götter!«

Seit Hubert Fichte das geschrieben hat, ist ein halbes Jahrhundert vergangen. Heute ist das kein Ausnahmezustand mehr, sondern eine Art der Liebe unter anderen. Ich frage mich, was diese Stelle besetzen wird, denn die Welt braucht Ausnahmegestalten. Die Trauernden bleiben auf jeden Fall in der Nähe der Götter (Lakota, Xenia von St. Petersburg).

Mir sind die fließenden Geschlechtergrenzen der heutigen Welt nah und verständlich (wobei man in anderen Bereichen immer mehr auf irgendeiner »Identität« besteht, was ich immer weniger verstehen kann, aber es gibt nichts, woraus Menschen keine Feindschaften zu entwickeln in der Lage sind). Ich weiß seit Olegs Tod, dass Alter, Geschlecht und Art der Beziehung für den Ausnahmezustand der Trauer egal sind.

Roland Barthes registriert in seiner Trauer um die Mutter, die er, als sie erkrankt war, pflegte, die Rollenvermischung: »Monatelang war ich ihre Mutter. Es ist, als ob ich eine Tochter verloren hätte.«

Orpheus' erstes Sterben ist Eurydikes Tod. Das zweite Sterben von Hand der feiernden Frauen hat er der Menschheit noch geschuldet, sonst hätte er gleich in der Unterwelt bleiben können, wenn er schon da war. Als ich als Kind die Nacherzählung des Orpheusmythos gelesen habe, war ich von der Szene, wie ihn Mänaden zerreißen, noch mehr erschrocken als vom zweiten Verlust der Eurydike.

7. Dezember

Die Mythologie ist keine Mythologie mehr, das heißt, sie ist als Wirklichkeit angekommen: Heute werden die phantastischsten Vorstellungen, die mit der Reflexion der Trauer verbunden waren, immer weniger phantastisch:

Der ägyptische Gott Osiris wurde von seinem Bruder getötet. Seine trauernde Frau Isis fand die Leiche und empfing von dem Toten ein Kind. – Heute kennen wir Geschichten von dem konservierten Sperma, das nach dem Tod eines

Mannes eine Frau befruchtet und einem Toten ermöglicht, Nachkommenschaft zu haben.

Im Mythos weiter: Der auf solche Weise gezeugte Sohn Horus gibt dem toten Vater das eigene Auge zu schlucken, und daraufhin wird Osiris wiederbelebt.

Ist das nicht der altägyptische Kern der futuristischen Utopien von Nikolai Fjodorow, wie er sie am Ende des 19. Jahrhunderts erträumte?

8. Dezember

Nicht mit seinem außergewöhnlichen Leid rührte Orpheus die Unterweltgötter, das Leid ist bei allen gleich. Er konnte singen.

Einmal, während eines Literaturfestivals, kam die Nachricht, dass der Sohn eines der anwesenden Dichter tödlich verunglückt sei. Der Dichter verfasste und las bereits am nächsten Tag ein Gedicht in memoriam seines Sohnes. Diese Eile wirkte schockierend. Heute weiß ich, dass jeder Trauernde fast unbewusst handelt, verzweifelt und ohne wirklich zu verstehen, was er gerade tut oder sagt und warum.

Von außen gesehen scheint vieles, scheinen wir (»das riesige Heer der Trauernden«) unangemessen, und man lästert über uns: Einer stecke zu fest in der Trauer, einer habe sich zu früh erholt, einer belästige oder manipuliere gar alle mit seinen Klagen, einer habe zu schnell eine neue Liebe gefunden, einer mache einen auf»untröstlich«, wenn man aber daran denke, wie er den Verstorbenen behandelt habe …

»Leute, ihr habt keine Ahnung«, würde ich sagen wollen, aber wem? Jeder von uns, wenn er gerade nicht zu den Trauernden gehört, hat keine Ahnung.

9. Dezember

Immer noch prüfe ich bei jeder Gelegenheit die Nachrichten auf meinem Smartphone, als könnte Oleg mir eine E-Mail schreiben: Die Körperlosigkeit der elektronischen Kommunikationsmittel lässt sie transzendent wirken (die traditionelle Post war anders, da fehlte diese Gleichzeitigkeit und Stofflosigkeit). Angefangen hat das mit dem Telefon: Zwei Stimmen unterhielten sich wie zwei körperlose Seelen.

13. Dezember

Gleichheit von Vergangenem, Zukünftigem und Imaginärem. Aus der Sicht der Gegenwart existieren sie alle drei in gleichem Maße nicht.

Wenn wir in der Vergangenheit zusammen sind, ist das für die Gegenwart genauso unwirklich wie die *Vorstellung*, wir seien weiterhin zusammen oder würden uns in irgendeiner Weise noch treffen, in einer »noch nicht verstandenen Art«. *Gedächtnis* und *Imagination* sind zu Streichen aufgelegt, *Zukunft*, die nur in Form der *Imagination* existiert, auch. Andererseits – da die Gegenwart fließend ist und noch weniger als Vergangenheit und Zukunft existiert – ist die Imagination das realste von vier Gebieten.

Nach dem Tod vereinen sich alle in der sich immer wieder abspielenden Wirklichkeit des Vergangenen, die nirgendwohin führt, in sich geschlossen ist wie ein Kunstwerk (ein Film, ein Foto, ein Roman). Dort, wo Hiob immer wieder seine Töchter und Söhne verliert und andere, die neuen, »zurück«bekommt, weil Behemoth und Leviathan ihn von Gottes Gloria überzeugen.

15. Dezember

Canetti: »Seit man die Toten nicht mehr fürchtet ...«
»... nicht mehr fürchtet« – ich muss immer wieder feststellen, wie ungern Menschen über die Toten sprechen, wenn das außerhalb von den dafür vorgesehenen Räumen wie Gedenkveranstaltungen oder Beerdigungen ist, wo man sie beweint, damit sie nicht zurückkommen.

Die Angst vor Toten hält viel länger als der Aberglaube, den sie einst geboren haben.

16. Dezember

Der Tod gilt als Tabuthema. Stimmt das?

16. Dezember 2020–2022

Alle *weisen* Gesellschaften hätten die Veräußerlichung der Trauer vorgeschrieben, und es sei ein Missstand der unseren, dass sie die Trauer leugnet.
Aber waren die Formalitäten der Trauer nicht dazu da, dass man sie später *ablegen* konnte? Sogar *musste*?

Joan Didion liest die Empfehlungen für den Umgang mit Trauernden von vor hundert Jahren: »Etikette« von Emily Post (die als amerikanisches Äquivalent des Knigge gilt). Das seien gute, freundliche Regeln, nur, bemerkt Didion, Mrs. Post schrieb das in einer Zeit (1922), als Trauer in der Gesellschaft noch akzeptiert wurde und es erlaubt war, sie zu zeigen.
Joan Didion teilt (tue das auch ich?) die verbreitete Meinung, dass die Ohnmacht der Trauer dem heutigen Ideal

der Selbstoptimierung widerspricht und die Trauer aus dem Alltag verdrängt wird. Sie belegt das mit Zitaten, denn auch sie hat dieses Bedürfnis vieler Trauernder, über die Trauer zu lesen. Der Tod in den westlichen Ländern sei ab den 1930er Jahren »peinlich und verboten« geworden, »ausgelöscht, er verschwand« (Philippe Ariès: »Geschichte des Todes«); die Trauer sei dem modernen »Imperativ, nicht zu tun, was den Spaß anderer verringern könnte«, gewichen und würde als »eine morbide Form, sich gehen zu lassen, betrachtet« (Geoffrey Gorer: »Tod, Leid und Trauer«).

Spontan will ich das bestätigen. Zugleich bin ich mir nicht sicher, ob das stimmt.

Auch ich sage und denke, dass die Trauer früher ein natürlicherer Teil der Gesellschaft war. Der Tod war zwar immer ein unangenehmes Thema, aber im höheren Maße ein Bestandteil des Lebens, man begegnete ihm viel früher, vom Dutzend geborener Kinder blieb einer Familie im Durchschnitt wahrscheinlich weniger als die Hälfte, Eltern starben relativ jung, Seuchen fegten die Städte und Dörfer leer. Verschiedene Lebensphasen waren deutlicher. Niemand verlangte von einem alten Menschen, jung zu sein, oder von einem trauernden, nicht zu trauern. Heute wird vorausgesetzt, dass man sich Mühe gibt, nicht alt zu werden; dass man sich Mühe gibt, nicht zu trauern. Aber vielleicht ist das die übliche Verklärung der Vergangenheit? Man verlangte zwar von den alten Menschen nicht, dass sie jung sind. Dafür schloss man sie aus vielen Bereichen des Lebens aus, die heute für sie genauso selbstverständlich sind wie für die jungen. Und die Toten? Wenn sie nicht aus irgendeinem Grund in der jeweiligen Gemeinde prominent waren, waren sie nach einer Weile für alle außer den unmittelbar Trauernden lästig, genauso wie die Trauernden selbst, wenn sie die anderen mit ihren Toten belästigten.

Auch wenn früher mehr Menschen bereits in jungen Jahren wussten, was Trauer bedeutet, vermute ich, dass Trauernde zu allen Zeiten eine unangenehme Gesellschaft waren und bei anderen Unsicherheitsgefühle verursachten.

Das offene Sprechen von der eigenen Trauer hat sich in den letzten Jahrzehnten sogar emanzipiert, zusammen mit vielen anderen Offensiven gegen die spießige Gesellschaft der »Norm« (wobei natürlich neue »Normen« und neue Spießigkeiten entstehen). Bei alldem ist jeder konkrete Trauernde letztendlich mit seiner Trauer allein. Deshalb werden die Behauptungen, das Sprechen über Tod und Trauer sei unerwünscht, gefühlsmäßig als wahr empfunden.

Eltern gestorbener Kinder geraten oft in die Isolation, weil dieser Verlust besonders abschreckend wirkt. Die Familien mit Kindern beginnen ihre Freunde zu meiden, die ein Kind verloren haben, aus Ratlosigkeit, weil sie nicht wissen, wie sie mit ihrem Glück, kein Kind beweinen zu müssen, auf die Trauernden wirken. Es gibt auch die nicht laut ausgesprochene Angst, dass das Unheil ansteckend ist. Alma Mahler war empört, als Gustav Mahler Friedrich Rückerts Kindertotenlieder vertonte. Sie hat ihn beschimpft, dass er sich mit so etwas beschäftige, während seine beiden Kinder munter im Garten spielen. Man will gar nicht daran denken, was sie ihm sagte, als wenig später eines der Kinder, die Tochter, an Diphtherie gestorben war.

Der Tod wird nicht als »Tabu«, sondern als Taktlosigkeit empfunden. Obwohl alle einverstanden sind, dass der Tod zum Leben gehört, wurde und wird diese offensichtliche Tatsache gerne verdrängt (oder irgendwie relativiert). Wie jedes Verdrängen ist das bestimmt nicht gesund. Umso interessanter ist, dass dies in der Zivilisation fortdauert, die Gesundheit zum Götzenbild macht.

So beschreibt Nietzsches Zarathustra die »Menschen der Zukunft«, also aus seiner Perspektive uns heutige:

> »Die Erde ist dann klein geworden, und auf ihr hüpft der letzte Mensch, der alles klein macht. […] der letzte Mensch lebt am längsten.
> […]
> Krankwerden und Mißtrauenhaben gilt ihnen sündhaft […]
> Ein wenig Gift ab und zu: das macht angenehme Träume. Und viel Gift zuletzt, zu einem angenehmen Sterben.
> Man arbeitet noch, denn Arbeit ist eine Unterhaltung.
> […]
> Man hat sein Lüstchen für den Tag und sein Lüstchen für die Nacht: aber man ehrt die Gesundheit.«

Ich dachte, die im Zusammenhang mit der neuesten Pandemie täglich veröffentlichten Todeszahlen würden dazu führen, dass man sich daran gewöhnt, an den Tod zu denken. Aber das führte eher zu noch stärkerem Verdrängen, nicht *memento mori*, sondern der noch intensiver gewordene Wunsch, mit dem richtigen Handeln Unsterblichkeit zu erlangen.

Was, wenn Morgennachrichten nicht nur zu Zeiten einer Seuche über die Zahl der Toten am Vortag berichten würden? Vielleicht auch differenziert, wie viele sind an Herzversagen gestorben, wie viele an Krebs, wie viele an Armut und Ausweglosigkeit, wie viele wurden getötet, wie viele sind im hohen Alter »natürlichen Todes« gestorben.
Eigentlich ist es immer so in den kleineren Dorfgemeinden: die Todesanzeigen an der Schautafel am öffentlichen Platz. Warum nicht auf größerer Ebene?

Den Tod nicht von sich ausgehend zu denken, wird wahrscheinlich häufiger werden, weil der Tod aus der eigenen Perspektive schon bis zur Fadenscheinigkeit betrachtet wurde.

Memento mori würde nicht so sehr eine Warnung sein, sondern vielmehr ein Ruf: des Unendlichen (Lévinas), der Vorfahren (Fjodorow), der Aufforderung zur Revolte (Canetti). Egal, ob Lévinas, der vom »Jenseits des Seins« spricht, Fjodorow, der alles »diesseits« will, oder Canetti, der die metaphorische Wirklichkeit der Kunst erschafft, die der Berührungspunkt von Dies- und Jenseits ist – sie führen den Tod aus der Schweigezone heraus, aber sie reden ihn nicht harmlos. Der Tod als Skandal und Tragödie, und wenn er einen Platz im Alltag hat, ist er menschlich, genauso wie jeder Skandal und jede Tragödie.

17. Dezember

Die Frage bleibt: Wie und vor wem kann man das Recht auf Trauer verteidigen? Niemand sagt uns dieses Recht ab. Nur ist vieles so arrangiert, dass Trauer überflüssig, unbequem und taktlos ist.

Canetti: »Es gibt Beschränkung auf Tote. Es gibt Öffnung durch Tote.

Das erste ist furchtbar, es hat zu allem Unglück geführt.

Das zweite wird die Welt durch Erbarmen retten.«

23. Dezember

Ich habe viel über den Tod nachgedacht und über ihn gelesen. Womöglich habe ich einige Einzelheiten begriffen. Aber den Tod habe ich nicht verstanden. Gilgamesch hat das auch nicht. Auch Canetti nicht? Auch Lévinas nicht? Von allem mir Bekannten, was über den Tod gesagt wurde, ist er am nächsten zu dem, was sich als richtig anfühlt: »Der Tod ist nicht Welt. Er stellt immer einen Skandal dar und ist in diesem Sinne stets der Welt transzendent.«

Über die Trauer habe ich noch mehr nachgedacht und gelesen. Vielleicht habe ich über sie noch mehr Einzelheiten begriffen. Und sie noch weniger verstanden.

Gilgamesch, David und Aischylos haben das auch nicht.

25. Dezember

Bei der Beantwortung einer einfachen Frage nach Olegs und meiner Zugehörigkeit zu Deutschland oder Russland (für eine Publikation unserer Gedichte) stocke ich und weiß nicht, was ich schreiben soll: Wir beide *schreiben* in beiden Sprachen oder *schrieben*. Fühlt sich an als Aufforderung, sich zu trennen.

27. Dezember

Canetti: »Man kennt den Menschen, der einem gestorben ist, alle Lebenden verkennt man.«

Nicht einmal das.

Oleg, der immer da ist, bleibt genauso nah und genauso verschlossen, wie er immer war. Wenn man von einem Toten sagt, »… er hätte das gewollt / nicht gewollt …«, ist das Willkür, die die Autonomie des Anderen verletzt, der sich nicht wehren, nichts korrigieren kann.

Oleg *ist* in der Welt, in der *ich* lebe. Der Mensch, der ich für Oleg war, ist im selben Moment gestorben. Ich stehe vor dem Spiegel und sehe Nichts.

28. Dezember

Van der Heijden schreibt am Ende seines Buches, dass sie, seine Frau, sein toter Sohn und er, weiterhin zu dritt sind. Mit einem ähnlichem Gefühl leben wir fast alle, die dem »riesigen Heer der Trauernden« angehören.

Barnes: »Das Paradox des Leids: Wenn ich die nunmehr vier Jahre ihrer Abwesenheit überlebt habe, dann darum, weil ich vier Jahre in ihrer Gegenwart verbracht habe.«

Fast keiner aus dem »riesigen Heer der Trauernden«, die ich immer wieder lese, glaubt ans Wiedertreffen. Hinter ihrem Nicht-Glauben schwebt ein »Trotzdem«.

29. Dezember

Aus einem Interview mit dem französischen Philosophen Alain Finkielkraut, der bereut, seinen Vater, den Holocaustüberlebenden, nicht konsequent genug nach dieser Erfahrung gefragt zu haben: »Ich glaube nicht an Gott. Aber ich habe eine gewisse Hoffnung, das wiedergutzumachen. Ich hoffe, dass ich meine Eltern wiedersehe, um dann die Fragen stellen zu können. Es ist, zugegeben, eine sehr schwache Hoffnung.«

Roland Barthes zitiert Proust, der um die Mutter trauert, damit er die Worte sagen kann, die er eigentlich nicht sagen kann: »das Wahrscheinlichste [sei] noch immer das ewige Leben der Seelen und ihre künftige Wiedervereinigung«.

C. S. Lewis schreibt von dem Gefühl der Gegenwart seiner toten Frau, dem er nicht zu glauben wagt: »Ein Augenblick der letzten Nacht [...]. Ich bin nicht so verrückt, ein solches Erlebnis als Beweis für irgendetwas zu nehmen.«

Hat Novalis abseits seiner Poesie an die mystische Erfahrung am Grab seiner Braut geglaubt? »Das Grab blies ich wie Staub, vor mir hin – Jahrhunderte waren wie Momente – ihre Nähe war fühlbar.«

Aber was sind wir abseits unserer Poesie.

War Beatrice für Dante nur eine erzähltechnische Notwendigkeit?

31. Dezember

Ich kenne Witwen, die sich gegen das Wort wehren, sie sagen: Ich bin keine Witwe von ***, ich bin seine Frau. Sie wehren sich gegen die Anerkennung des Todes. Denise Riley spricht von »Eltern der toten Kinder«. Man kann auch Mann der toten Frau sein (statt Witwer), Kind der toten Eltern (statt Waise). Es geht letztendlich nicht um das Wort. Es geht um das Nicht-Aufgeben der eigenen Toten. Denise Riley: Jedes Mal, wenn sie sagt, dass ihr Sohn tot ist, nehme sie es als selbstdramatisierende Lüge wahr oder als Illoyalität ihm gegenüber. Ich, und ich denke, viele Trauernde, können das nachvollziehen und bestätigen.

Es geht nicht um das Wort, es geht um den Mut, den Tatsachen mit offenem Visier zu begegnen. Und zugleich um den Mut, den Tatsachen zu trotzen.

2021

1. Januar

Es heißt in der Trauerliteratur, das erste Jahr sei das schwierigste, auch die Feiertage: zum erstem Mal ohne den nun Toten. Ich weiß nicht. Am Anfang steht man unter Schock, ist betäubt, alles ist egal. Ich habe keine besondere Beziehung zu Daten und Feiertagen. Doch gestern war ich unruhig, und – ich weiß nicht, welches Wort passen würde – das war schlimm. Ich musste daran denken, wie gut und ruhig und warm unsere Neujahrsfeiern gewesen waren, besonders wenn wir zu dritt (Oleg, Daniel und ich) zu Hause geblieben waren. Das ist wohl mehr Selbstmitleid als Trauer.

Trauer um: Trauer als Liebe.

Trauer wegen: Trauer als Selbstmitleid.

4. Januar

Die einfachsten Dinge: den Schneefall hinter dem Fenster aus dem Sessel im warmen Zimmer zu sehen und Bach zu hören (Englische Suiten, von András Schiff gespielt, die wir früher zusammen gehört haben) – werden von einem Bedürfnis durchdrungen, das mit dir zu teilen. Montaigne: »mir ist, als raubte mein Überleben ihm seinen Teil.«

5. Januar

Mit der Dauer der Trennung vermisse ich dich immer stärker, was nur logisch ist. Wenn eine Bindung 37 Jahre des Lebens überdauerte, wie kann sie der Trennung weichen.

Denise Riley über ihren toten Sohn: »Ich habe mich von ihm nie abgewendet, wenn er am Leben war, und ich habe nicht vor, jetzt damit anzufangen, bloß weil er tot ist.«

10. Januar

Je mehr Zeit vergeht, desto vermeidlicher scheint mir Olegs Tod. Im Nachhinein. Ich stand in der Küche mit allen nötigen Papieren im Rucksack und wartete, dass wir bald ins Krankenhaus fahren, bis die Ärztin mir sagte, sie könnten nichts mehr machen … Einige Minuten zuvor kam der Arzt in die Küche und sagte »Krankenhaus« … Ich weiß noch, dass mir das Wort »Krankenhaus« oder »Klinik« vertraut und beruhigend vorkam … Und sie versuchten weiter, und ich wartete … Dann habe ich gehört, wie die Ärztin den Kollegen »okay, ich mache das« sagte, sie kam, und sie lächelte, ich dachte, wieso lächelt sie … Sie sagte, »wir konnten nichts mehr machen, wir haben alles versucht« … Und ein junger Arzt fürchtete, dass er sich von Olegs Blut infizieren würde, und fragte mich, ob Oleg Hepatitis oder noch etwas habe … Ich sagte: »Keine Sorge, er hatte nichts Ansteckendes«, und es ging und geht mir so, als hätte Oleg tatsächlich nicht nur nichts Ansteckendes, sondern überhaupt nichts, als wäre er nicht über Jahre krank gewesen und hätte nicht von so einem plötzlichen Tod geträumt. … Danach lagen in der ganzen Wohnung Kardiogrammbänder mit schnurgerader Linie … Ich erwache manchmal von dem Gedanken, die Ärzte hätten etwas länger probieren sollen … Oder sie hätten ich weiß nicht was machen sollen … und ich hätte ihnen sagen sollen, sie sollen noch weitermachen …

Je mehr Zeit vergeht …

11. Januar

Tolstoi, aus den Tagebüchern:

»Ein in kleinen Schritten sterbender Mensch spürt etwas, was ein aufkeimendes Korn spüren soll, dass sich sein Bewusstsein aus dem Korn in den Spross nicht umgesetzt hat.« Hat sich dein Wissen um mich dorthin umgesetzt, wo du bist? Werde ich mit dem Wissen um dich ankommen? Um jeden Grashalm soll sich ein Gottesengel kümmern, heißt es in einem hebräischen Buch, ich weiß nicht mehr, in welchem. Auch um uns, dass wir uns fänden?

14. Januar

Traum: Wir waren zu zweit, wir wussten, dass Oleg tot ist und ich noch am Leben, dass wir in verschiedenen Dimensionen sind, deshalb, obwohl wir uns im selben Raum befanden, nannten wir dieses Wiedersehen »Telefonieren«. Wir versuchten herauszufinden, was wir machen sollen, damit dieses »Telefonieren« öfter klappt. Ansonsten haben wir davon gesprochen, wie wir uns über dieses Treffen freuen. Ich lebe mit diesen Träumen einige Tage und Wochen, wie man mit einem Gedicht einige Tage und Wochen leben kann.

Wenn ein Traum in Vergangenheitsform erzählt wird, zeigt das, dass der Erzählende ihn als eine »Wirklichkeit« sieht, an die er sich erinnert.

15. Januar

Traum: Wir sind zu Hause, mit demselben Wissen, dass wir aus zwei verschiedenen Welten in diesen Raum kommen, der unserer Wohnung ähnelt. Oleg hat gerade ohne mich ferngesehen, das war eine Sendung, die mich interessiert hätte, und ich sage, dass es sehr schade sei, dass er mir nicht Bescheid gesagt hat. Sofort beim Aufwachen war ich beunruhigt von diesem Traum, eigentlich haben wir seit Jahrzehnten nicht ferngesehen, und die Sendung (ein Gespräch zwischen jemandem (habe gleich vergessen wem) und dem Autor Victor Jerofejew) wäre das Letzte, was mich je hätte interessieren können. Ich begann zu überlegen, wofür dieser Traum symbolisch steht, was Oleg ohne mich gemacht hatte, was mich verärgert hat. Das Einzige, was in Frage kommt: Er ist ohne mich gestorben.

16. Januar

Traum: Ich fahre mit dem Zug, eine Fahrt, wie sie waren, wenn wir als Kinder aus Leningrad »nach Süden« gebracht wurden, die Fahrt dauerte ein paar Tage, so wurde das Zugabteil zu einer Wohnung auf Zeit. Der Zug hält. Ich sehe Oleg auf dem Bahnsteig und weiß zuerst, dass er in einer anderen Dimension ist, unerreichbar, dann begreife ich, dass ich kurz hinauskann. Auf dem Bahnsteig umarme ich ihn, er umarmt mich, nicht wie Schatten bei Homer, Vergil und Dante, die nur die Leere umschlingen, sondern wir stehen dicht aneinander und spüren die Dichte des anderen Körpers. Ich sage, wir sollen uns nun nicht trennen, ich bin weniger als ein Halbmensch ohne dich, er sagt, ja, das stimmt. Ich weiß, dass ich meine Reise mit dem Zug fortsetzen muss, wir verabreden uns »in zwei Wochen hier«; ich bin nur leicht beunruhigt, ob das klappen würde. Und dann sind wir zu Hause, ich bin wegen der bürokratischen Dinge besorgt, ich weiß, dass Oleg in der Welt als tot gilt, ich sage, wir haben bald eine Online-Präsentation deines Buches, (ich nenne ein paar Namen) werden dein Buch vorstellen, wirst du teilnehmen? Wir können allen vorübergehend sagen, dass du aus dem Jenseits online bist (ich meine das als Scherz, weil er nun wieder ganz da ist), dann sage ich, wir müssen wegen der Papiere überallhin, du brauchst einen Pass, eine Krankenversichertenkarte, er sagt, er will all das nicht, er kann auch so leben, hat er doch diese ganze Zeit so gelebt. Und ich kann das ein bisschen nachvollziehen, denn, ja, irgendwie konnte es diese ganze Zeit, seit er tot ist, ohne die Versichertenkarte gehen. Ich schaue Oleg an, er schläft ein, weil er müde nach der langen Reise hierher ist. Ich frage mich, wie es sein kann, dass sein Körper derselbe ist, denn ich weiß genau, dass sein Körper Asche geworden ist. Ob das beim Abschied im Krematorium eine Fälschung war, frage ich mich. Ich frage Oleg, ob wir frühstücken sollen. Er sagt, warum, es ist noch zu früh. Ich sage, ja, ich habe die Uhr falsch angeschaut.

17. Januar
Wsewolod Petrow notiert einmal im Tagebuch, dass er seine gestorbene Geliebte gebeten hatte, im Traum zu kommen, dann aber selber die Verabredung versäumte: Er schlief nicht ein.

18. Januar
Auf der Suche nach irgendeiner E-Mail habe ich alte Absagen an einen Fotografen gefunden. Wir haben uns so ungern fotografieren lassen, als würden wir ewig leben oder am selben Tag sterben. Wir haben nur wenige Fotos zu zweit.

19. Januar
Fragen sich die Toten, ob es ein Leben vor dem Tod gibt?

20. Januar

Noch ein literarisches Zeugnis von der Zeitstarre in der Nähe des Todes: das Gedicht von Alexander Block von 1905. Viele denken, dass er es auf den Tod des neugeborenen Kindes seiner Frau schrieb (aber das Gedicht wurde vier Jahre davor geschrieben und kann höchstens als Vorahnung eines Dichters gesehen werden). Ich habe dieses Gedicht nie als Zeichen dieser temporalen Anomalie gesehen, sogar wenn ich in diesen Notizen hier von Alexander Block und seiner Frau schrieb (im Zusammenhang mit der erstaunlichen Ähnlichkeit von Blocks Ehe und der von André Gide). Jetzt sehe ich, dass Block eben diesen Stillstand der Zeit ausspricht.

AUS DIESEM GEDICHT VON ALEXANDER BLOCK:

In der blauen fernen Schlafstube
Entschlief dein Kind.
Leise kam ein kleiner Zwerg heraus
Und stoppte die Uhr.

Alles ist, wie es war, nur herrscht
Eine seltsame Stille
Und unheimlich ist die neblige Straße
In deinem Fenster.

Als wäre etwas nicht ausgesprochen,
Was immer klingt, immer ...
Irgendein Faden wurde gelöst,
Der die Jahre zusammenhielt.

[...]

Und, der Zeit gleich ohne Tagesanbruch,
Verwelkte sich bewegende Dunkelheit.

Es wurde still in der fernen Schlafstube:
Blauer Halbschatten und Ruhe,
Weil der kleine Zwerg
Mit der Hand die Pendeluhr hält.

Übersetzt von Olga Martynova

2. Februar

»Abwesenheit der Gegenwart. Gleichzeitiger Lauf der Vergangenheit und der Zukunft. Dazwischen ein Vakuumkorridor.«

Dabei fließt die Zeit und hat ihre übliche Wirkung: Wir werden älter, wir werden sterben, Dinge werden verschlissen, die Tages- und Jahreszeiten rotieren, ich wundere mich, wenn ich all das registriere. Vielleicht ist das doch nicht die Zeit, die diese zerstörerische Arbeit erledigt? Nach Olegs Tod dachte ich, ich würde mir nie etwas kaufen, weder Kleidung noch Haushaltsdinge. Dann aber gehen die Gegenstände kaputt, von Zeit (?) getroffen, man braucht wieder einen Rucksack, Schuhe, einen Wasserkocher, einen Koffer. Ich dachte, ich würde mir immer die gleichen Dinge kaufen, um in der toten Zeit zu bleiben, die mich mit Oleg vereint, aber die Industrie, die Mode, die Regeln des Konsums verhindern das, es gibt meistens keine gleichen Dinge mehr. Die Zeit bleibt bei ihrer Arbeit, sie zu überlisten bedeutete, eine Möglichkeit aufzuspüren, unseren Toten zu begegnen: in dem erstarrten Jetzt, im nunc stans. Einstein, sind unsere Toten in der Lichtgeschwindigkeit (das Licht wird nicht älter, verschleißt nicht)? Ist eine trauernde Person auch zu einem

Teil dort, gespalten zwischen »des Irdischen Gewalt«, also der weiterfließenden Zeit, und der erstarrten Ewigkeit?

3. Februar

Heute bin ich so alt, wie Oleg am Tag seines Todes war. Ich bin jetzt gerade so viel Zeit auf dieser Welt ohne Oleg, wie Oleg ohne mich war, d. h. vor meiner Geburt.

Bis heute konnte ich es gerade noch nachvollziehen, dass ich noch hier bin.

Ich werde das Tagebuch nicht mehr weiterschreiben, sondern innerhalb der Einträge ergänzen, die späteren Einschübe werden entsprechend markiert. Ich werde kürzen, Wörter wie »Schmerz«, wo es nur geht, streichen.

Ich habe keine letzten Worte für dieses Manuskript, die erbaulich wären.

OLEG JURJEW: *Für O.*

in russland klein und doppelt
in seiner glänzend woge
waren wir schlaf und vordemkrieg
und hinterdemkrieg aus dem spiegel

wir schliefen im geschmiedeten wasser
in seiner gusseisenlocke
in federnden flammen und allerorts
wo wir zwei losfielen

wo es zwei fenster gab und vordemkrieg
und hinterdemkrieg hinterm heulen
der autos bei nacht – und eine tasse schlaf
unter der sonnenlocke

und wo – den anderen weder mit ellenbogen
noch mit knie sichtbar –
wir auch jetzt noch liegen
im kriegsmodernden feuer

Übersetzt von Olga Martynova

Anm. der Ü.: Der Kaffee klein und doppelt (entspricht dem italienischen *ristretto*; doppelte Menge Kaffee für die gleiche kleine Menge
Wasser) war im Leningrad der 1970er und 80er Jahre ein Kultgetränk in
den Underground-Kreisen. Im Gedicht ist Russland klein und doppelt,
ein utopisches Land für zwei, eine Ewigkeit für zwei, ein Nichts für zwei.

Anhang

Bücher (»Wie ein krankes Tier ein bestimmtes Kraut frisst‹, lese ich bestimmte Bücher«)

Hans Arnfrid Astel: *Grabschriften für Hans Astel*. In: Punktzeit: Deutschsprachige Lyrik der achtziger Jahre. Eine Anthologie. Wunderhorn, Heidelberg 1987

Hans Arnfrid Astel: *Jambe(n) und Schmetterling(e) oder: Amor und Psyche*. Wunderhorn, Heidelberg 1993

Julian Barnes: *Lebensstufen*. Aus dem Englischen von Gertraude Krueger. Kiepenheuer und Witsch, Köln 2015

Julian Barnes: *Levels of Life*. Jonathan Cape, London 2013

Roland Barthes: *Die helle Kammer. Anmerkungen zur Photographie*. Aus dem Französischen von Dietrich Leube. Suhrkamp, Berlin 2016

Roland Barthes: *Tagebuch der Trauer: 26. Oktober 1977–15. September 1979*. Aus dem Französischen von Horst Brühmann. Hanser, München 2010

Simone de Beauvoir: *Die Zeremonie des Abschieds*. Rowohlt, Reinbek bei Hamburg 1986

Paulus Böhmer: *NO HOME*. Peter Engstler Verlag, Ostheim/Rhön 2019

Karl Heinz Bohrer: *Der Abschied – Theorie der Trauer: Baudelaire, Goethe, Nietzsche, Benjamin*. Suhrkamp, Frankfurt am Main 1996

Elias Canetti: *Das Buch gegen den Tod*. Hanser, München 2014

Elias Canetti: *Über den Tod*. Hanser, München 2003

Pierre Teilhard de Chardin: *Auswahl aus dem Werk*. Mit einem Nachwort von Karl-Schmitz Moormann. Aus dem Französischen von Lorenz Häflinger, Joseph Bader und Karl Schmitz-Moormann. Walter-Verlag, Freiburg 1964

Pierre Teilhard de Chardin: *Der Mensch im Kosmos*. Aus dem Französischen von Othon Marbach. C. H. Beck, München 2018

Lydia Davis: *Formen der Verstörung*. Deutsch von Klaus Hoffer. Droschl, Graz 2011

Lydia Davis: *Varieties of Disturbance*. Farrar, Straus and Giroux, New York 2007

Joan Didion: *Blaue Stunden.* Aus dem Englischen von Antje Rávik Strubel. Ullstein, Berlin 2019

Joan Didion: *Blue Nights.* Knopf Doubleday Publishing Group, New York 2012

Joan Didion: *Das Jahr magischen Denkens.* Aus dem Englischen von Antje Rávik Strubel. Ullstein, Berlin 2021

Joan Didion: *The Year of Magical Thinking.* Knopf Doubleday Publishing Group, New York 2007

Hubert Fichte: *Homosexualität und Literatur 1.* S. Fischer, Frankfurt am Main 1987

Hubert Fichte: *Homosexualität und Literatur 2.* S. Fischer, Frankfurt am Main 1988

Nikolai Fjodorow [*Фёдоров Н. Ф. Сочинения. Издательство Мысль,* Moskau 1982]

[Siehe auch: *Die Neue Menschheit. Biopolitische Utopien in Russland zu Beginn des 20. Jahrhunderts.* Herausgegeben von Boris Groys u. Michael Hagemeister. Suhrkamp, Frankfurt am Main 2005]

Erich Fried: *Izanagi und Izanami. Ein Spiel für Sprechstimmen, Gesang und Musik.* Iudicium, München 2004

André Gide: *Et nunc manet in te und Intimes Tagebuch.* In: André Gide: Autobiographisches. Bd. 4. Deutsche Verlags-Anstalt, Stuttgart 1990

Lidia Ginsburg [*Лидия Гинзбург: Проходящие характеры: Проза военных лет. Записки блокадного человека* (2011), Новое издательство, Moskau 2011]

[Siehe auch: Lidia Ginsburg: *Aufzeichnungen eines Blockademenschen.* Aus dem Russischen von Christiane Körner. Suhrkamp, Berlin 2014]

David Grossman: *Aus der Zeit fallen.* Aus dem Hebräischen von Anne Birkenhauer. Fischer Taschenbuch Verlag, Frankfurt am Main 2016

Peter Handke: *Wunschloses Unglück.* Suhrkamp, Frankfurt am Main 2001

A. F. Th. van der Heijden: *Tonio. Ein Requiemroman.* Aus dem Niederländischen von Helga van Beuningen. Suhrkamp, Berlin 2011

Friedrich Hölderlin: *Gesammelte Werke.* Herausgegeben von Hans Jürgen Balmes. Frankfurt am Main, Fischer Taschenbuch Verlag 2008

Susan Howe: *Das Nahen des Entschwindens. In Erinnerung an Peter H. Hare (1935–2008).* Aus dem Englischen von Uta Gosmann. In: Neue Rundschau 2 (2019), S. 32–50.

Susan Howe: *The Quarry: Essays*. New Directions Publishing Corporation, New York 2016

Wenedikt Jerofeev [*В. В. Ерофеев Москва – Петушки. Прометей,* Москва 1989]

[Siehe auch: Venedikt Erofeev: *Moskau–Petuški. Ein Poem*. Aus dem Russischen von Peter Urban. Kein & Aber, Zürich 2005]

Jüdisches Denken in Frankreich. Gespräche mit Jacques Derrida, Emmanuel Lévinas, Jean-François Lyotard u. a. Herausgegeben und aus dem Französischen von Elisabeth Weber. Suhrkamp Jüdischer Verlag, Frankfurt am Main 1994

Oleg Jurjew: *Frankfurter Stier, ein sechseckiger Roman*. Aus dem Russischen von Elke Erb und Sergej Gladkich. Edition Pixis bei Janus Press, Berlin/München 1996

Oleg Jurjew: *In zwei Spiegeln. Gedichte*. Aus dem Russischen von Elke Erb, Daniel Jurjew, Gregor Laschen und Olga Martynova. Jung und Jung, Salzburg 2012

Oleg Jurjew: *Von Arten und Weisen. Ein Poem*. Gutleut Verlag, Frankfurt am Main 2018

Oleg Jurjew: *Von Orten: Ein Poem*. Gutleut Verlag, Frankfurt am Main 2010

Oleg Jurjew: *Von Zeiten. Ein Poem*. Gutleut Verlag, Frankfurt am Main 2015

Emmanuel Lévinas: *Gott, der Tod und die Zeit*. Aus dem Französischen von Astrid Nettling und Ulrike Wasel. Passagen, Wien 2013

Emmanuel Lévinas: *Jenseits des Seins oder anders als Sein geschieht*. Aus dem Französischen von Thomas Wiemer. Verlag Karl Alber, Freiburg/München 2011

Emmanuel Lévinas: *Schwierige Freiheit. Versuch über das Judentum*. Aus dem Französischen von Eva Moldenhauer. Suhrkamp Jüdischer Verlag, Frankfurt am Main 2017

Emmanuel Lévinas: *Die Unvorhersehbarkeiten der Geschichte*. Aus dem Französischen von Alwin Letzkus. Verlag Karl Alber, Freiburg/München 2006

Clive Staples Lewis: *Über die Trauer. Der Begleiter für schwere Stunden*. Aus dem Englischen von Alfred Kuoni. Insel, Frankfurt am Main 1999

Ulrich van Loyen: *Neapels Unterwelt. Über die Möglichkeit einer Stadt*. Matthes & Seitz, Berlin 2018

Michel de Montaigne: *Essais*. Aus dem Französischen von Hans Stilett. Eichborn Verlag, Frankfurt am Main 1998

Novalis: *Gesammelte Werke*. Herausgegeben von Hans Jürgen Balmes. 2. Aufl. Frankfurt am Main, Fischer Taschenbuch Verlag 2015

Ovid: *Metamorphosen*. Lateinisch–Deutsch. Übersetzt und herausgegeben von Michael von Albrecht. Reclam, Stuttgart 1994

Wsewolod Petrow: *Die Manon Lescaut von Turdej*. Aus dem Russischen von Daniel Jurjew. Weidle Verlag, Bonn 2012

Wsewolod Petrow [*Всеволод Петров. Из литературного наследия. Галеев-галерея*, Moskau 2017]

Roger Peyrefitte: *Vom Vesuv zum Ätna*. Aus dem Französischen von Johannes Piron. Stahlberg Verlag, Karlsruhe 1955

Platon: *Symposion / Gastmahl*. Griechisch–Deutsch. Übersetzt und herausgegeben von Barbara Zehnpfennig. Felix Meiner, Hamburg 2012

Fabrizia Ramondino, Andreas F. Müller: *Neapel*. Arche Verlag, Zürich 1988

Denise Riley: *Time Lived, Without Its Flow*. Picador, London 2019

Michail Ryklin: *Buch über Anna*. Aus dem Russischen von Gabriele Leupold. Suhrkamp, Berlin 2014

Lew Schestow [*Лев Шестов: На весах Иова*. In: *Лев Шестов. Сочинения в 2 томах., т. 2* М., Наука, 1993]

Arno Schmidt: *Über die Unsterblichkeit. Erzählungen und Essays*. Suhrkamp, Frankfurt am Main 2009

Hansjörg Schneider: *Nachtbuch für Astrid: Von der Liebe, vom Sterben, vom Tod und von der Trauer darüber, den geliebten Menschen verloren zu haben*. Diogenes, Zürich 2012

Jelena Schwarz: *Buch auf der Fensterbank und andere Gedichte*. Aus dem Russischen von Daniel Jurjew. Matthes & Seitz, Berlin 2022

Robert Stripling: *Über Flüche*. In: Federlesen 13 (2018). Herausgegeben von der Jürgen Ponto-Stiftung und dem Herrenhaus Edenkoben

Yoko Tawada: *Orpheus oder Izanagi*. Hörspiel, Till, Theaterstück. konkursbuch, Tübingen 1998

Wladimir Toporow [*В. Н. Топоров: Петербургский текст русской литературы. СПб.: Искусство*, СПБ, 2003]

Vergil: *Georgica / Vom Landbau*. Lateinisch–Deutsch. Übersetzt und herausgegeben von Otto Schönberger. Reclam, Stuttgart 1994

Hölderlin und die braunen Frauen daselbst

Die knapp vier Monate, die Hölderlin Anfang 1802 in Bordeaux als Hofmeister in der Familie des Hamburger Weinhändlers Daniel Christoph Meyer verbrachte, hatten große Folgen. Erstens für ihn. Das war sein letzter Versuch, selbständig zu leben. Niemand weiß, warum er die Stelle und die Stadt verlassen hat, nur, dass er nach wochenlanger Fußreise verstört und verwildert in der Heimat ankam und sein Schicksal von da an auf die Autenrieth'sche Klinik und die abschließenden 36 Jahre im Tübinger »Turm« zusteuerte.

Das Haus in den Allées de Tourny steht immer noch und beherbergt eine Filiale von »Air France« und ein Immobilienbüro, das den Namen von Hölderlins Brotgeber trägt. Ich verbringe zwei Herbstmonate in Bordeaux und gehe jeden Tag an diesem Haus vorbei, in der unbestimmten Hoffnung, etwas zu entdecken. Anders als in Tübingen und ähnlich wie in Frankfurt spüre ich nichts. Wahrscheinlich hat das mit dem kaufmännischen *esprit du lieu* beider Städte zu tun. Dass zu dem sogenannten Korkenadel von Bordeaux viele Deutsche gehörten, ist heute kaum bekannt, zumal das nach dem Zweiten Weltkrieg ein heikles Thema war, weil die Stadt stark kollaboriert hatte, obwohl man nicht sagen kann, dass das speziell die deutschstämmigen Familien gewesen wären. In den 1970er Jahren konnte der damalige FAZ-Korrespondent in Frankreich, Thankmar von Münchhausen, sie aufspüren und betitelte seinen Bericht über Bordeaux »Buddenbrooks im Midi«. Jutta Bechstein-Mainhagu, die ehemalige Leiterin des hiesigen Goethe-Instituts, kennt noch manche von ihnen: Auch die Nachkommen des berühmten Frankfurter Bankiers Bethmann seien da. Auch der Hamburger Bruder von Hölderlins großer Liebe Susette Gontard hatte Kontakte zu den Bordelaiser »Buddenbrooks«. Abends laufe ich durch die Gegend Chartrons, wo sie residierten, und suche (nicht ganz ohne Erfolg) neben den bronzenen Türklopfern nach deutschen Namen.

Auf der kurzen und breiten Allee zwischen dem »Hölderlin-Haus« und dem Grand Théâtre treffe ich auf einen alten weißen Mann in breitem weißem Zweiteiler über dem weißen Hemd. Zusammen mit dem cremefarbenen Hut kann er mit gleicher Wahrscheinlichkeit ein auf sein Äußeres achtender Clochard und ein nonchalanter »französischer Herzog« sein. Mit der Spitze seines Stützschirms hebt er den

Deckel einer Mülltonne auf. Doch ein Clochard? Aber wozu? Die Franzosen haben keine Pfandflaschen. Er klopft die Asche von seiner Zigarre in die Mülltonne ab und senkt den Deckel. Ich kann meine Begeisterung nicht verbergen, worauf er etwas mit der Sprachmelodie eines französischen Herzogs sagt und seinen Weg Richtung Garonne fortsetzt.

»Geh aber nun und grüße / Die schöne Garonne«, heißt es im Gedicht »Andenken« von 1803 (noch eine Folge von Hölderlins Bordelaiser Zeit), das seinerseits auch Folgen hatte, nämlich eines der Hauptwerke der Trümmerliteratur, Günter Eichs 1946 publizierte »Latrine«, wo diese zwei hymnischen Freiverse Hölderlins virtuos in ein gereimtes Gedicht hineinmontiert werden, weil sie in den Ohren des über der Latrine hockenden Soldaten klingen. *Was ihm Garonne, was ist er ihr?* Können wir uns im 21. Jahrhundert überhaupt noch vorstellen, wie es ist, Hölderlin im Ohr zu haben und nicht zu wissen, ob er trotz oder wegen der von der NSDAP geförderten »Hölderlin Feldauswahl« (von 1943) da ist? Der Soldat hockt über der Latrine, neben ihm hockt Hölderlin über all dem blutigen Kot und ist schlechter dran: Der Soldat hockt vor dem neuen Anfang, in dessen Fortsetzung wir heute leben. Hölderlin ist nichts als ein Häufchen Elend und damit ein Schutzpatron der seltsamen Gestalten des 20. Jahrhunderts (Bruno Schulz, Fernando Pessoa, Ossip Mandelstamm, jeder kann die Liste mit eigenen Lieblingen fortsetzen), die nichts außer schreiben konnten, und so gesehen ist es sinnlos, nach dem Grund ihres Scheiterns zu suchen. Sie können einer menschenfressenden Macht zum Opfer fallen, sie können einfach unfähig sein, sich im Leben einzurichten. Selbst wenn die Tragik eines solchen Lebens unspektakulär bleibt, ist diese Unscheinbarkeit Teil dieser Tragik. Niemand kann (und niemand ist verpflichtet zu) wissen, dass sie lebensunfähige Genies sind. Auch von Hölderlins Mutter, die ihn mit ihren Erwartungen überstrapaziert hat, darf man dieses Wissen nicht verlangen. Manche Menschen sind allerdings einfach lebensunfähig, ohne Genies zu sein, und ihre Leben sind ebenso tragisch, und die lebensunfähigen Künstler sind Stellvertreter für alle: Menschenwürde für alle (was in Zeiten des Neoliberalismus eine unschöne Aktualität bekommt). Ich erforsche weiter, was das alte deutsche Feuilleton über Bordeaux schrieb. 1953 schreibt Marion Gräfin Dönhoff in »Die Zeit« über den in Bordeaux durchgeführten Prozess gegen SS-Offiziere und meint über das Massaker in Oradour-sur-

Glane von 1944, »dass jene Szene aus der Unterwelt, aufgeführt mitten in Europa, fern der östlichen Sphäre, uns alle angeht«. Was ist denn mit den Grausamkeiten in der östlichen Sphäre? Gut, 1953 meinten die Deutschen unter sich zu sein und zu sprechen, wie im eigenen Wohnzimmer, für die Nachbarn unhörbar. Heute können wir das nicht (egal, wer »wir« jeweils sind). Die Menschheit vermischt sich. Ich (aus der östlichen Sphäre) bin da. Die Nachkommen der Sklaven aus Afrika sind daselbst. Ich denke an meinen Vater, der als Sprössling einer gebildeten russischen Familie mit Goethe und Hölderlin aufgewachsen ist und dessen jüngerer Bruder während eines der unzähligen Massaker in »der östlichen Sphäre« umgebracht wurde. Aber sie schreibt – im Text unvermittelt, für mich wegen Hölderlin in Bordeaux aber völlig nachvollziehbar – weiter: »das totalitäre System Hitlers, das die geistig Armen umbrachte, weil sie unnütze Esser seien [...], hat dieser äußersten Demoralisierung erst zum Durchbruch verholfen.« Das stimmt. Hölderlin wäre im Dritten Reich als Geisteskranker vergast worden. Die Biographie des Autors hat sich dank dem poststrukturalistischen Tod des Autors in der Unterwelt erholt (wie Persephone im Winter) und kann wieder berücksichtigt werden.
Vom prächtigen Meyer-Haus mit seinem Säulenportal waren es für Hölderlin fünf Minuten zu Fuß zur Garonne und nicht einmal eine Minute vom Haus in der Rue Saint-Rémi, wo er vermutlich mit den anderen Hausangestellten sein Quartier teilte (die zweideutige Lage eines Hauslehrers; eben zu dieser Zeit waren die von der Revolution bis nach Russland geflohenen Franzosen oft in einer vergleichbaren Situation).
Eine Frau mit großporiger Haut, die unter den Augen bordeauxfarben hängt, sitzt auf einer Vortreppe und klopft die Asche ihrer Zigarette mit einer aristokratischen Geste ab, die Hand etwas vor ihren nackten Knien haltend. Diese unverwechselbare Geste lässt mich an alte russische Damen denken, die ich als Teenager bewunderte. Sie waren Überlebende jeweils einer Auswahl von: der stalinistischen Lager, des Zweiten Weltkriegs, der Belagerung Leningrads durch die Wehrmachttruppen, der antisemitischen Hetzkampagne des Spätstalinismus, der Ausrottung von nicht sozialistisch-realistischer Kunst; das war eine breite Palette. Ihr großes Wissen, ihr Witz und ihre Selbstsicherheit beleuchteten ihre manchmal alkoholisierten Gesichter von innen. Diese Ähnlichkeit kann kein Zufall sein: der alt gewordene weibliche Hölderlin, der keinen Platz im Leben finden kann.

Jeden Tag zum »Hölderlinhaus« zu kommen, hat sich gelohnt. Ich entdecke auf der Rückseite eine zuerst übersehene Bäckerei, nur ein bisschen (wenn überhaupt) größer als Hölderlins Zimmer in Tübingen, ein paar Tische, eine Steckdose für mein Notebook und keine Musik. Der Raum sieht nach einem späten Zubau aus. Womöglich war hier der Hof mit dem Feigenbaum aus »Andenken« und liefen die »braunen Frauen daselbst« vom selben Gedicht hier vorbei. Wer sind sie eigentlich?

Noch eine Folge von Hölderlins Aufenthalt in Bordeaux ist der Streit um die Identität der »braunen Frauen«. Adorno will sie vor Heidegger retten und von dem Verdacht, sie seien deutsche Frauen, entlasten, wobei er Französinnen meint: »während Hölderlins Verse eher von der erotischen imago der Südländerin entzückt sind, gestattet Heidegger unvermerkt den Übergang zu den deutschen Frauen und ihrem Lob.« Aus heutiger Sicht deutet man das manchmal als Streit von zwei »alten weißen Männern« darüber, ob die afrikanischen Sklavinnen deutsch, französisch oder eventuell griechisch waren. So schreibt zum Beispiel 2015 der Philosoph René Sebastian Dorn: »Dass dort braune Frauen vorkommen, ist nicht verwunderlich, wenn man bedenkt, dass sich zu der Zeit der zweitgrößte Sklavenmarkt (traite négrière) Frankreichs an den halbmondförmigen Quais von Bordeaux befand.« Dagegen spricht natürlich die zu Hölderlins Zeiten verbreitete Bedeutung des Wortes »braun« als gebräunter Teint: »das braune Mädel« (Goethe), »meine braune Trutschel« (Hölty) und viele andere. Jedes Landei war ein braunes Mädchen. Schade! Denn es wäre noch ein Wunder dieses Gedichtes gewesen, dass zum ersten Mal in der deutschen Sprache die »braunen Frauen« ganz normal zu dem Straßenbild gehörten, in solchem Maße nichts Besonderes, dass man streiten konnte, ob sie Deutsche oder Französinnen seien (*avenidas y mujeres y un admirador*)!

Aus der Sicht von morgen wird alles wieder anders sein: Als ich in einer Abiturklasse eines deutschen Gymnasiums von den »alten weißen Männern« zu sprechen begann und merkte, dass der Begriff nicht auf irgendein Verständnis traf, fragte ich, ob er jemandem bekannt vorkomme. Keinem! Nur ein Mädchen wusste etwas von den »alten weisen Männern« bei »Asterix und Obelix«.

Aus meiner heutigen und naturgemäß feministischen Sicht haben Frauen bei Hölderlin weder mit Hüterinnen des Seins (lies: Küche)

noch mit angewandter Sinnlichkeit (lies: Bett) zu tun; die späten Gedichte Hölderlins lesen sich sowieso als Kommentare zu »Hyperion«,
und jede Frau, egal welcher Farbe, trägt entsprechend die Funktion
der eingeweihten und von jeder Vulgarität des Lebens freien Diotima
sowohl des »Symposions« als auch des »Hyperions«. So gesehen
musste Diotima sterben (sie kann keine Ehefrau werden); Susette
Gontard (die »wirkliche« Diotima) wünschte sich die Romanwendung
anders, aber Hölderlin musste der Logik des Werkes folgen.

Ich gehe nun und grüße die schöne Garonne, an deren Ufer eine bronzene Marthe Adélaïde Modeste Testas (1765–1870) steht und Abertau-
sende von Sklaven repräsentiert. Sie war, wie viele schwarze Sklaven,
nur für kurze Zeit in Bordeaux und wurde von ihrem Besitzer, dem sie
zwei Kinder gebar, in seinem Testament befreit und mit Land auf Haiti
versorgt, wo sie hundertfünfjährig starb. Einer ihrer Enkelsöhne
wurde Präsident der Republik Haiti. Das Denkmal ist erst seit Mai
2019 da. Die Stadt will ihre Geschichte nicht mehr verbergen. Das ist
neu. Thankmar von Münchhausen schreibt in seinen Bordeaux-Tex-
ten der 1970er Jahre nur über den Weinhandel, erwähnt die Sklaverei
als zweite Säule des Wohlstands mit keinem Wort.

Ein Schwarzer Junge auf dem Fahrrad lehnt sich gegen eine Hauswand
und dreht sich einen Joint. Er und sein Fahrrad sind so schmal und
matt, dass sie auf die Wand gemalt scheinen.

»Braune Frauen« (und Männer) im gegenwärtigen Sinn gehörten
schon zu Hölderlins Zeiten zum Straßenbild von Bordeaux. Zu dem
von Frankfurt, Heidelberg oder Nürtingen eben nicht. Sie sind in
Frankreich schon so lange zu Hause, dass sie niemandem auffallen,
weder missgünstigen noch wohlwollenden Passanten, während man
in Deutschland immer noch beobachten kann, wie ungelenk jemand
zum Beispiel seinem Sitznachbarn im Bus zu verstehen geben will,
dass er kein Rassist sei. Was natürlich auf befremdete Reaktionen sei-
tens der »Schwarzen« stößt, schließlich wollen sie den »Weißen« nicht
auf Schritt und Tritt beweisen, dass sie nichts gegen deren Hautfarbe
haben. All das besagt nicht, dass Deutsche größere Rassisten seien. Die
Zeitskala ist eine ernste Sache, ein Paar Kerben zu überspringen ist
nicht so einfach.

Weiter mit Adorno denkend: Zu gerne würde ich Hölderlin eine
Romanze mit einer schönen Sklavin gönnen: *Fremdling*, wie sich die
frühromantischen Dichter bezeichneten, und *Fremdlingin*, wie Höl-

derlin die Nacht nannte. Weder er noch sie fühlen sich wirklich wohl in ihrer Haut, in ihrem Leben, die Welt ist verständnislos, für seine Dichtung, für ihr Schicksal, ein feilgebotenes Ding zu sein. Sie würde verkauft, und er würde sich gezwungen sehen, nach Hause zu kommen, wo er vom Tod seiner Geliebten erfahren und es als Strafe für seine Untreue und dafür, dass er sie in seinem Roman bereits umgebracht hat, empfinden und immer endgültiger in die Nacht, die Fremdlingin, versinken würde. Aber sowohl die Literatur als auch ich sind aus dem Alter für solche Phantasien.

Ich bin fast die Letzte in einem Café. An einem verlassenen Tisch sind Brotkorb und Teller noch nicht abgeräumt. Jemand nimmt im Vorbeigehen eine Baguettescheibe, tunkt sie in die Soße im Teller und isst sie in einiger Entfernung; ich versuche, ihn möglichst unauffällig zu beobachten, damit ich ihn nicht hindere, eine zweite Scheibe zu nehmen. Er ist groß und dünn, mit dem goldenen Haar eines Erzengels von einem Renaissance-Bild und verlangsamten Bewegungen, die den Drogenabhängigen ein weltfremd verachtendes Aussehen verleihen. Er holt aus einer Mülltonne ein beschriebenes Blatt Papier heraus, liest beide Seiten, zuckt enttäuscht mit den Schultern und lässt es zurück in die Mülltonne fallen; wäscht sich die Hände unter dem öffentlichen Wasserhahn und entfernt sich langsam, einen Tick über dem Boden schwebend. Der Brotkorb bleibt halbvoll auf dem Tisch zurück.

Wenn Gedichte gleich gut als patriotische Stärkung in die Soldatentornister, als Traum der Revolution in den linken Diskurs und als Transistor des Seins in den konservativen passen, dazu noch Vorbote der modernistischen Idee der Ersetzung der Religion durch die Kunst sind, bedeutet das nicht Beliebigkeit, sondern Universalität, weswegen jede Analyse der Texte nur bedingt möglich ist. Bei aller Bewunderung etwa für die hermeneutischen Studien Szondis oder Befremdung bei den prosaischen, aber pythischen Nacherzählungen Heideggers kann man beide und alle anderen Deutungen als gleichberechtigt sehen. Alle beanspruchen solche Dichter für sich, wie eine Landschaft, die erst Menschen mit Inhalten beladen, die aber nichts als sich selbst repräsentiert. In allen unseren Ohren klingt Hölderlin, egal, ob wir links oder rechts sind, Deutsche oder Russen (Japaner, Kameruner oder wer auch immer), er ist da, wenn uns, warum auch immer, deutsche Gedichte (oder überhaupt Gedichte) etwas bedeuten. Diese Aussage hat eine Generationengrenze, die nicht dadurch erklärbar ist, dass

Hölderlins Gedicht nun veraltet wäre, sondern dadurch, dass er aus der Schullektüre verschwunden ist und Menschen ab einem gewissen Jahrgang keine Chance haben, auch nur eine Zeile von ihm zu lesen. Ich hoffe, ich irre mich, obwohl ich aus einiger Erfahrung heraus spreche. Mir war die nicht so einfach aufspürbare, aber klare Präsenz von Hölderlin in Bordeaux auch deshalb wichtig, weil im Archiv des 2018 verstorbenen Oleg Jurjew ein von ihm handbeschriebener Zettel von 1980 (ein Jahr bevor wir uns trafen) gefunden wurde: »Sich in einem ästhetischen Untergrund befindend. Goethe – in diesen Zeiten ist das nicht möglich. Heine – dieser Weg ist bereits beschritten. Hölderlin – bleibt Hölderlin. Darauf hofft jeder.« Und aus derselben Zeit ein Gedicht mit der Zeile: »Kommt eine Taube, sagt: Hölderlin.« Später bedeutete Hölderlin für Oleg Jurjew tatsächlich sehr viel. Aber damals? Das heißt, dass ein zwanzigjähriger sowjetischer Dichter, der in dem sozialistischen Kulturbetrieb einen Weg für sich weder sah noch wünschte, in Hölderlin einen Schutzpatron gefunden hatte. Der »ästhetische Untergrund« in der spätsowjetischen Literatur war nicht inhaltlich, sondern bestand darin, einfach anders zu schreiben und zu denken als verlangt. Die Anforderungen der sowjetischen Ästhetik waren beinah dieselben wie die des freien Marktes: einfach, für alle zugänglich, ein bisschen Gefühle, ein bisschen gute Gesinnung, politisch der aktuellen Norm entsprechend. Es ging um die Art und Weise, zu schreiben und zu leben, abseits des Mainstreams, der einem gefügigeren Autor ein bequemes Leben sicherte, ohne dass er seine Seele besonders stark an die Kommunisten verkaufen musste. Deshalb ist es in der Tat vergleichbar.

Kann es sein, dass Künstler, die ihren Weg abseits des jeweiligen Zeitgeistes gehen, auch heute in Hölderlin einen Schutzpatron haben?

[Aus: Frankfurter Allgemeine Zeitung vom 7. Januar 2020]

Kalte Schokolade. Vier Tage mit Walter Benjamin

Erster Tag. Sagst du »Moskauer Tagebuch«, denkst du an Walter Benjamin. Mich berührt, dass er ebenso am 6. Dezember in Moskau ankam, nur 93 Jahre früher, 1926. Draußen fror er. Drinnen war es überhitzt. Die lettische Theaterkünstlerin Asja Lacis, derentwegen er eigentlich

hier war, wohnte in einem Sanatorium und ließ ihren Lebensgefähr-
ten, den deutschen Regisseur Bernhard Reich, seinen Vergil sein. »Der
Bolschewismus hat das Privatleben abgeschafft«, schrieb er. Abge-
schafft worden war aber *sein* Privatleben, das 1924 in Süditalien mit
derselben Asja so gut funktioniert hatte, »porös und durchsetzt ist das
Privatleben«, heißt es in ihrem gemeinsamen Text zu Neapel. Ich bin
hier wegen zweier Gedenkveranstaltungen für Oleg Jurjew auf der
»Biennale der Dichter« und der Buchmesse »Nonfiction«. Benjamins
Liebeskummer passt zu meiner Stimmung, die Toten können unsere
Liebe nicht mehr erwidern.
Die Taxifahrt zwischen Flughafen und Moskau ist für mich die Fahrt
über den Acheron, den Fluss, der die Welten trennt, die beide gleich
meine sind, wie für Persephone die Unter- und die Oberwelt. Als wir
1991 nach Deutschland gekommen sind, war die sowjetische Zivilisation gerade beendet. Wenn Oleg Jurjew gefragt wurde, warum wir uns
in Deutschland aufhielten, schien allen die Antwort »warum fragen
Sie, sagen wir, Handke nicht, wieso er in Frankreich lebt« nachvollziehbar, sowohl in Deutschland als auch in Russland. Man sieht, wie
viel sich inzwischen geändert hat. Freilich ist auch viel Zeit vergangen.
Ich will mich von dem Privileg, beide Welten als meine betrachten zu
können, nicht verabschieden.

Die diesjährige »Biennale der Dichter« hat den Schwerpunkt Latein-
amerika, ich treffe da russische Freunde und Dichter aus Brasilien,
Kolumbien, Bolivien, eine gemeinsame Lesung dauert über drei Stunden und um Mitternacht ist in der Umgebung nur bei einem Japaner
die Küche auf, die Gastgeber scherzen verlegen, die Russen äßen so
viel Sushi, dass es getrost als russische Spezialität gelten könne.
[…]
Zweiter Tag. Beim Frühstück schäme ich mich vor Benjamin, der in
Moskau in kargen Verhältnissen wohnte, wegen meines Hotels, das
nach heutiger Mode mit dezenter Eleganz eingerichtet ist, anders als
das »weit nach dem Osten vorgeschobene europäische Luxushotel«, in
dem Benjamin 1926 Joseph Roth besuchte und nicht ohne Sarkasmus
notierte: »er ist als (beinah) überzeugter Bolschewik nach Russland
gekommen und verlässt es als Royalist. Wie üblich, muss das Land die
Kosten für die Umfärbung der Gesinnung bei denen tragen, die als
rötlich-rosa schillernde Politiker (im Zeichen einer ›linken‹ Opposition

und eines dummen Optimismus) hier einreisen.« Ich rechtfertige mich damit, dass mir wichtig ist, wieder in diesem Raum zu sein, wo Oleg und ich bei einer Lesereise 2018 untergebracht wurden, »aber in einem Luxushotel wirst du alles verzweifelt verfluchen, bis du heraus-findest, wie die Dusche funktioniert«, füge ich hinzu, und Benjamin erwidert mit der Beschreibung der Waschgelegenheit in seinem Zim-mer: »Das Becken ist auf dem Grunde mit Abflusslöchern versehen, die man nicht schließen kann. Aus einem Hahn fließt ein dünner Was-serstrahl.«

Ein älterer Herr an einem Fenstertisch hebt seine Augen von einem dicken englischen Buch über den Spanienkrieg auf eine junge Kellne-rin und fragt sie (gemischt in exzellentem Englisch und dürftigem Russisch) etwas zu interessiert nach den Besonderheiten des russi-schen Buffets. Es gibt einen Topos der russischen Literatur des 19. Jahr-hunderts: Ein Mädchen aus der Provinz findet auf ihrem ersten Ar-beitsplatz ihren ersten Gönner und wird schnell zu einem versoffenen armen Ding. Die Breiten um Moskau herum sind voll von hübschen ehrgeizigen Kids. »Stell dir vor, Walter, als ich vor vielen Jahren für eine Berliner Zeitung die postsowjetische Lage der russischen Frauen beschrieb, hat mir der Redakteur den Satz ›Die Befreier haben sich als Freier entpuppt‹ herauszensiert!« Ich denke, es ist nicht angebracht, Tote zu siezen.

Es hieß seit spätestens dem 19. Jahrhundert, Petersburg sei dem Charakter nach männlich und Moskau weiblich. Moskau verführe mit herzlicher Gastfreundlichkeit, scheinbarer Zwanglosigkeit, sei tückisch und trügerisch; Petersburgs unterkühlte Höflichkeit verspreche von Anfang an nichts Gutes. Moskau bleibt Moskau, ein Riesenjahrmarkt und eine Machtzitadelle zugleich. Der Rote Platz ist, statt mit Panzern, Raketen und schnurgeraden Marschkolonnen, wie die ganze Welt sie dort vermutet, voll mit Karussellen, Süßwarenbuden und Lichtgirlan-den und ähnelt Benjamins Moskauer Stadtbild: »Ich aß im Gehen Schokolade, die ich unterwegs mir gekauft hatte. Der Markt war mit Weihnachtsbuden, Spielzeug- und Papierständen in seiner ersten Reihe bestanden, die an der Straße entlanglief« – es war die letzte Zeit der »Neuen Ökonomischen Politik«, der marktwirtschaftlichen Libe-ralisierung nach dem Hunger des »Kriegskommunismus«; nachdem sie beendet worden war, wurde der kaufmännische Geist der Stadt bis zur Perestrojka blockiert. Auch der sowjetische Kulturbetrieb unterdrückte ab Mitte der 1920er Jahre alle avantgardistischen und modernistischen Strömungen, was Benjamin als Reduktion der Lebensfülle empfindet: »Die Großbourgeoisie ist vernichtet; das neu entstehende Kleinbürgertum ist materiell und geistig nicht in der Lage, Beziehungen zum Auslande zu vermitteln«, hier klingt eine natürliche Herablassung des zwar oft mit knappen Mitteln gelebt habenden, aber aus großbürgerlichen Verhältnissen stammenden Benjamin an, nicht direkt den Armen gegenüber, sondern dem Lebensstil der Armen. Die Reisen der westlichen Intellektuellen in das Sowjetrussland der 1920er und 30er Jahre sind mit den Reisen ins sozialistische Vietnam der 60er Jahre vergleichbar. 1968 schreibt Susan Sontag in »Esquire«, sie könne in Vietnam leben, aber nicht ohne einen großen Teil von sich selbst zu verlieren. Sie lebe in einer unethischen Gesellschaft, die ihr aber große intellektuelle Freude gewährleiste. Andererseits bemerkt sie allmählich, dass die vietnamesische Gesellschaft so ethisch auch nicht ist. Das ist ein universales Problem: die Kluft zwischen dem schönen Traum vom Kommunismus und der hässlichen Realität.

Nun aber sind wir in der modernen Weltmetropole Moskau. Solidarisch esse ich die von der Kälte hart gewordene Schokolade, die einer Nuss mit Schokoladengeschmack ähnelt und zu einem depressiven und nicht praktisch veranlagten Flaneur wie Benjamin gut passt: ohne Handschuh friert die Hand, mit Handschuh will die Tafel herunterfallen. Da Benjamin dank Gershom Scholem mit der kabbalistischen Zahlenmagie in Berührung gekommen ist, fällt mir auf: Zwischen seiner Reise nach Moskau und seinem Selbstmord auf der Flucht vor der Gestapo an der spanisch-französischen Grenze vergingen 14 Jahre, ebenso wie zwischen Olegs und meinem ersten Besuch der Biennale und jetzt. Was passt in 14 Jahre? Von 1926 aus gesehen: Mitte der 1930er Jahre werden Asja Lacis und ihre gemeinsamen deutschen Freunde Benjamin nach Moskau rufen, wofür er sich letztendlich nicht entscheiden wird. 1938 wird Lacis ins Lager geschickt werden (nach ihrer Befreiung 1948 wird sie aktiv am Theaterleben Sowjetlettlands teilnehmen und wieder der kommunistischen Partei beitreten). Es ist klar, dass die Lage 1926 unerfreulicher war als 2005, und 1940 erst recht schlimmer als 2019. Aber auch in den letzten 14 Jahren ist die Welt ungemütlicher geworden. Die langsame (aber sichere?) Wiederherstellung des Kalten Krieges, die man als dessen Fortsetzung sehen kann (der Zweite Kalte Krieg) lässt mich an Benjamins »Engel der Geschichte« denken, der bei den Katastrophen der vergangenen Zeit heilend verweilen will, aber immer weiter getrieben wird und wie immer nicht helfen kann. Als stünde ich auf einer Eisscholle, die genau zwischen meinen Füßen entzwei ist und auseinanderdriftet.

[...]

Auf der Buchmesse, die in einer klassizistischen Einkaufspassage aus dem 18. Jahrhundert beherbergt wird, präsentieren wir die beim Ivan-Limbach-Verlag erschienene »Leningrader Chrestomathie«, eine von Oleg Jurjew über viele Jahre gepflegte Sammlung von Gedichten, die in St. Peterburg geschrieben wurden, als die Stadt Leningrad hieß, und begleitenden Essays. »Es geht darum, was wir aus der Sowjetzeit nach Petersburg mitnehmen«, schrieb er einmal der Verlegerin Irina Kravtsova. Valery Schubinsky, unser Weggefährte in der Leningrader inoffiziellen Szene der 1980er Jahre, Michail Aizenberg, der den Moskauer Underground der 1970er Jahre vertritt, und der junge Moskauer Dichter Lew Oborin sprechen über die 70er bis 80er Jahre, die letzte Zeit der Nachkriegsweltordnung, die uns hoffnungslos und trist schien, aber große Literatur, die damals in Schreibmaschinenkopien verbreitet wurde, hervorbrachte. Nicht nur literarisch, auch politisch ist die Gegenwart die Folge dieser Jahre, die deshalb mehr Aufmerksamkeit verdient hätten, aber der Engel der Geschichte wird unaufhörlich weitergetrieben.

Dritter Tag. Die übertriebene Liebenswürdigkeit des Herrn mit dem englischen Buch im Frühstücksraum gilt derselben schönen Kellnerin. Am Nachbartisch loben zwei deutsche Damen aus der Buchbranche die Buchmesse, zu der sie angereist sind, dafür, dass sie mitten in der Stadt ist und zur Weihnachtszeit die Möglichkeit bietet, Bücher zu verkaufen.

Zwei Frauen in der Schlange vor der Gainsborough-Ausstellung im Puschkin-Museum meinen, ich sei für das Wetter falsch angezogen, schicken Schubinsky und mich Tee trinken und halten für uns den Platz in der Schlange. Als wir zurück sind, sind sie (und unser »Platz«) schon beim Einlass: »Gott sei Dank, wir dachten, wir hätten Sie für den Wächter fotografieren sollen, damit er sie reinlässt!« Das ist neu. Egal ob zu Sowjetzeiten oder in den Jahrzehnten danach war die Stadt für mich immer mit einer frohen Grobheit verbunden (ein bisschen wie Berlin). Moskauer bestätigen, dass alle viel höflicher geworden sind, können das aber nicht erklären.

Aber Benjamin interessiert sich für eine andere Sammlung, die Tretjakow-Galerie mit den Künstlern der sogenannten »Wanderer«-Gruppe vom Ende des 19. Jahrhunderts: »Der Proletarier findet hier Sujets aus der Geschichte seiner Bewegung, so zum Beispiel ›Ein Konspirator von Gendarmen überrascht‹.« Allerdings haben diese Künstler nicht das Kunstwerk, sondern das Publikum *reproduziert*, indem sie mit ihren Ausstellungen durch das Land gereist sind. Heute werden solche Bilder auf Social Media gerne persifliert, womit die geschichtlichen Parallelen betont werden: »Ein Konspirator wird wegen eines Dislikes auf Facebook verhaftet.«

Unterwegs zu einer Veranstaltung besichtigen wir im berühmten Kaufhaus GUM die sogenannte »Historische Toilette«. Die Tafel vor dem Eingang erzählt von so prominenten Gästen wie Nikita Chruschtschow und Jurij Gagarin. Wie jeden Petersburger freut mich der Moskauer Kitsch.

[…]

Vierter Tag. Heute hat die schöne Kellnerin im Frühstücksraum mehr Zeit für die anderen Gäste, am Tisch des Herren mit dem Buch sitzt eine Studentin, die von ihm mit übertriebener Aufmerksamkeit nach ihrem Studium befragt wird. Ich freue mich für die Kellnerin, die ich in dieser Seifenoper, die hier für mich gespielt wird, als Sympathieträgerin ausgewählt habe. Andererseits, was kann den beiden schon passieren, wir sind ja längst nicht mehr im 19. Jahrhundert.

Meine letzte Station (Benjamin bleibt bis zum 1. Februar in Moskau): Ein Gedenkabend für Oleg Jurjew, zu dem Dichter aller Generationen gekommen sind, in »Chinesischer Pilot Zhao Da«, einem der Kultklubs Moskaus. Dass Oleg weiterhin als Dichter unterwegs ist, ändert nichts an der Tatsache, dass er mein verstorbener Mann ist. Ich bin sehr bewegt und allen dankbar, gehe aber gleich nach der Veranstaltung unter dem Vorwand des frühen Fluges ins Hotel, wo ich unten in der Bar bleibe.

Ich will genauso wenig Wein, wie ich davor Schokolade wollte. Aber 2018 haben wir nach der Lesung in demselben Klub hier gesessen. Der Wein (Spanien) schmeckt, der unsichtbare Benjamin erklärt seine Schlaflosigkeit: »Ich schrieb am Tagebuch und glaubte nicht mehr, dass Asja noch kommen würde. Da klopfte sie. Als sie hereinkam, wollte ich sie küssen. Wie meist, misslang es.« An der Bartheke sitzen drei Franzosen (darunter eine Frau) und drei Männer, die Russisch sprechen, einer erklärt den Franzosen auf Englisch, er sei aus dem irakischen Kurdistan, seine Frau sei Russin und die Schwiegermutter lebe in Israel, unvermittelt beginnt er auf Russisch ein komplexes Jonglieren mit den sogenannten »Mutterflüchen«; insbesondere aktualisieren Diminutive das ansonsten unwahrnehmbare obszöne Element dieser Flüche. Nach dem Kodex der Männer, die sie verwenden, dürfen sie auf keinen Fall im selben Raum mit einer Frau ausgesprochen werden. Die Französin ist der Sprache unkundig und zählt nicht, außer mir sind noch eine Frau mit ihrem Weißwein und Smartphone und ein junges Paar mit einem milden mittelasiatischen Akzent bei Abendessen und Tee da. Nach besagtem Kodex sind die Flüche in Anwesenheit seiner Frau ein direkter Angriff auf den jungen Mann. Er erhebt sich von seinem Stuhl. Es wird sehr still. Nach Blickkontakt mit dem Barmann hält er inne; der Barmann spricht für mich unhörbar mit dem Fluchenden; danach herrscht Ruhe; das Paar zahlt und geht. Ich äußere meinen Respekt vor des Barmanns Professionalität mit einem hohen Trinkgeld, wünsche den nichts mitbekommen habenden Franzosen *bonne nuit* und höre die Russen sprechen: »Ich glaube an Russland nicht«. »Warum?« Der Fahrstuhl schließt, die Antwort höre ich nicht.

Einmal habe ich bei einem Empfang in Stockholm, nachdem ich eine Stunde Englisch gesprochen hatte (»international artists pidgin«, wie die Dichterin Brigitte Oleschinski das bezeichnet) und mich endlich neben dem Leiter des schwedischen Goethe-Instituts befand, aus dem Gefühl der Vertrautheit und Erleichterung heraus, dass ich wieder Deutsch sprechen konnte, begonnen, Russisch zu sprechen. Wenn ich nun die Lufthansa-Flugbegleiterinnen höre, empfinde ich dasselbe. Ich schließe die Augen und entspanne mich. Zu Hause. Wie ist das Wetter heute in den Pyrenäen, Walter?

[Aus: Frankfurter Allgemeine Zeitung vom 2. Mai 2020]

»Sowohl Roland Barthes als auch Julian Barnes sprechen vom legendären Fotografen Nadar, dessen Sarah Bernhardt, Baudelaire, Flaubert, George Sand, hat man sie einmal gesehen, für immer *die* Sarah Bernhardt, Baudelaire, Flaubert, George Sand bleiben.

Ich musste dabei an ein Foto von Oleg denken: Er sitz[t] im Sessel und liest ein Buch, auf dem Umschlag steht: ›Adorno – Benjamin. Briefwechsel‹. Dieses Gesicht des lesenden Oleg kannte ich 37 Jahre: vollständig au[f] das Buch konzen[triert, ru]hig, etwas abwesend, aber